传承之道

深圳博物馆藏史部古籍善本（下）

深圳博物馆 编

文物出版社

展览筹备委员会

图录编辑委员会

目录

前言　〇〇二
凡例　〇〇六
名山事业　〇〇八
世本　清刊本　〇一〇
国语　明万历张一鲲刊本　〇一四
战国策　明刊本　〇一六
战国策　明闵刻朱墨黛三色套印本　〇一八
战国策　明万历张一鲲刊本　〇二〇
吴越春秋　清康熙七年《秘书廿一种》丛书本
史记题评　明嘉靖十六年福州府胡有恒、胡瑞刊本
孙月峰先生批评史记　明崇祯九年刊本

汉书评林　明万历九年吴兴凌氏刊本　〇二二
大唐创业起居注　清光绪刊本　〇二四
贞观政要　明成化十二年崇藩刻本　〇二六
辽志　明刊本　〇二八
辽史拾遗　清光绪江苏书局刊本　〇三〇
稽古录　清光绪九年解梁书院刊本　〇三二
路史　清嘉庆刊本　〇三六
通鉴总类　明天启刻本　〇三八
通鉴答问　元刻明修本　〇四〇
皇朝名臣言行别录　元刊本　〇四二
绎史　清刊本　〇四六
元朝秘史　清抄本　〇四八
元朝秘史　清光绪三十四年叶氏观古堂本刊本　〇五〇
元朝秘史注　清光绪二十二年通隐堂刊本　〇五四
元史新编　清光绪三十一年邵阳魏氏慎微堂刊本　〇五六
北征录　明嘉靖二十九年吴郡袁褧嘉趣堂《金声玉振集》从书本　〇六二
明纪　清同治十年江苏书局刻本　〇六四

南疆绎史勘本　清北京琉璃厂半松居士活字本　〇六六
明季稗史汇编　清流云居士木活字本　〇六八
绥寇纪略　清嘉庆九年照旷阁张海鹏刊本　〇七二
皇朝武功纪盛　清阳湖赵氏寿逻草堂刊本　〇七四
国朝先正事略　清同治刊本　〇七六
圣武记　清道光二十四年刊本　〇七八
钦定英杰归真　清咸丰十一年抄本　〇八四
全史论赞　明嘉靖四十五年项氏万卷堂自刻本　〇八八
历代史论　清光绪刊本　〇九四
历代史表　清广雅书局刻本　〇九八
十七史商榷　光绪十九年广雅书局刊本　一〇二
廿二史札记　清嘉庆湛贻堂刻本　一〇四
读史论略　清光绪刻本　一〇六
史筌　清咸丰刊本　一〇八
历代帝王纪年考　清道光二十三年慎修堂刻本　一一八

禹贡河山

禹贡要注　清光绪十年古虞朱氏朱墨套印本　一二四
山海经　明万历吴中珩师古斋刊本　一三二
山海经释义　明万历四十七年大业堂刊本　一三四
山海经新校正　清乾隆四十八年经训堂刊本　一三八
山海经笺疏　清嘉庆十四年琅嬛仙馆刊本　一四〇
山海经广注　清康熙六年刊本　一四二
水经注　附山海经　明嘉靖十三年黄省曾刊本　一四四
水经注　明万历十三年文枢堂刊本　一四八
水经注　清乾隆武英殿聚珍本　一五二
水经注　清光绪十四年薛氏校刊本　一五四
合校水经注　光绪十八年思贤讲舍刻本　一五六
水经注图　清光绪三十一年观海堂刻本　一五八
楚汉诸侯疆域志　清光绪二年金陵书局本　一六二
汉书西域传补注　清《畿辅丛书》本　一六八
三辅黄图　清王谟《增订汉魏丛书》本　一七〇

大唐西域记　明吴氏西爽堂刊本　一七二
大唐西域记　清宣统元年常州天宁寺刻本　一七六
元丰九域志　清乾隆五十三年冯集梧德聚堂刊本　一七八
舆地广记　光绪六年金陵书局刊本　一八二
北边备对　明刊本　一八六
广舆记　明万历刊本　一八八
徐霞客游记　清乾隆四十一年徐氏刊本　一九〇
徐霞客游记　清光绪七年瘦影山房活字本　一九二
帝京景物略　清金陵弘道堂刊本　一九四
日下旧闻　清朱氏六峰阁刊本　一九六
钦定日下旧闻考　清乾隆刊本　一九八
海国图志　清咸丰二年古微堂重刊本　二〇二
海国图志　清光绪二年平庆径固道署重刊本　二〇六
瀛寰志略　清道光三十年红杏山房刊本　二一〇
光绪顺天府志　清光绪刊本　二一二
湘潭县志　清光绪十五年刊本　二一八
同治上海县志　清同治刊本　二二〇

江南通志　清乾隆《钦定四库全书》本　二二六
山西通志　清乾隆《钦定四库全书》本　二二八
华阳国志　清乾隆《钦定四库全书》本　二三〇
华阳国志　清杭州增补何允中《广汉魏丛书》本　二三二
西湖志　清雍正九年两浙盐驿道库刻本　二三四
长白山录　清康熙刊本　二三六
岱史　明万历十五年刻清顺治康熙增补本　二三八
泰山道里记　清光绪四年刊本　二四四
黄山志定本　清康熙闵氏自刻本　二四八
金山志　附续金山志　清乾隆二十七年雅雨堂刻本　二五四
焦山志　清同治刻本　二五六
武夷山志　清道光重刊本　二五八
历代地理志韵编今释　皇朝舆地韵编增补　清光绪长沙草素书局刊本　二六二
大元混一方舆胜览　新编事文类聚翰墨全书本　元刊本　二六六

百代典章

通典　明刊本　二九六
通典　清乾隆十二年武英殿本　二九八

通志　明刊本　三〇〇
文献通考　明嘉靖三年司礼监刊本　三〇四
文献通考纪要　清刻本　三〇八
皇朝通志　清光绪八年浙江书局仿武英殿聚珍本　三一〇
唐会要　清武英殿聚珍本　三一四
元典章　光绪杭州丁氏藏本重校本　三一六
大清律例增修統纂集成　清同治七年刊本　三一八
钦定宫中现行则例　清光绪刻本　三二四

艺文见存

钦定四库全书简明目录　清纪晓岚写本　三二八
直斋书录解题　清武英殿聚珍本　三三六
天一阁书目　清嘉庆十三年阮氏文选楼刻本　三三八
钦定四库全书简明目录　清刊本　三四〇
钦定天禄琳琅书目　清光绪十年长沙王氏刊本　三四六
读书敏求记　清道光十五年阮氏小琅嬛仙馆增补本　三五〇
元史艺文志　清嘉庆刊本　三五二
拜经楼藏书题跋记　清道光刻本　三五四
士礼居藏书题跋记　清光绪元和江氏据江阴缪氏刻本　三五六

金石耀古

泊如斋重修宣和博古图录　明万历十六年程氏泊如斋刻本　三六〇
西清古鉴　附钱录　清乾隆十四年武英殿刻本　三六八
攀古楼彝器款识　清同治十年吴县潘氏京师滂喜斋刻本　三七四
金石录　清乾隆二十七年卢见曾雅雨堂刊本　三八二
雍州金石记　附记余　清乾隆《惜阴轩丛书》本　三八四
金石萃编　清同治十年青浦王氏经训堂刻本　三八六
金石萃编补略　清光绪八年杭州抱经堂书局刊本　三八八
京畿金石考　清乾隆五十七年刊本　三九〇
重定金石契　清乾隆刊本　三九二
选集汉印分韵　续集　清嘉庆二年刊本　三九六
隶释　隶续　汪本隶释刊误　清同治十一年刊本　三九八
陶斋吉金录　续录　清光绪三十四年刊本　四〇〇
求古录　清光绪十四年《槐庐丛书》本　四一六
寰宇访碑录　清刊本　四二〇

结语

附录

参考文献

前言

清人龚自珍在《定庵续集》中言道：「欲知大道，必先为史；灭人之国，必先去其史」。中华民族历来都是高度重视历史的民族。《尚书·多士》载：「惟殷先人，有册有典」。自孔子整理《春秋》以来，中国古代史学名家辈出，史作名著灿若星辰。数千年的文化积淀，留下了浩如烟海的历史典籍。这些文化瑰宝不仅具有极高的历史文物价值、文献研究价值和艺术欣赏价值，而且在当下社会启迪民智、古为今用方面也有积极的意义。

「传承之道——深圳博物馆藏史部善本展（下）」接「史部（上）」展览的余绪，除已展的以「二十四史」和《资治通鉴》等为代表的纪传体和编年体史书外，侧重于中国古代史部文献中的别史、杂史、史钞、地理、典章律令、书目、金石碑刻类等著作。

凡例

一、本书收录深圳博物馆藏史部类善本古籍，包含史部中的别史类、杂史类、史评类、传记类、史抄类、地理类、政书类、目录类、金石类，共一百一十九部（件、套）。

二、书中文字按照自上而下，从右往左竖版排印；图片按照书籍全影、牌记、序、首卷、正文、插图等酌情选图、排序。

三、每部古籍选书影，选取原则包括：（一）一般选取正文卷首页，无首卷取依次递选后卷首页，残本、零本取正文存首页。（二）刻书牌记能反映刻书时间及地点，凡存有刻书牌记者，一律印出。（三）书中所存序、跋酌情选印。（四）能反映抄配、修板等各种复杂情况，或刻有刊刻时间、刻工姓名等的页面，酌情选印。（五）有圈点批校的页面，酌情选印。（六）卷轴装形式的古籍，以拉页形式截取书籍正文部分内容展示。

四、每部书影附简要文字说明，包括书名、卷目、存目、著者、版本、版式、解题、著者简介等项。同一部书籍不同版本，解题、简要的著者介绍附在第一部书影之下。

五、版式信息记书籍板框的高度、宽度、边栏形式、书口、鱼尾、每半叶行数、字数等，且一律以正文部分为准，板框的高度和宽度以毫米为单位。

國語第一

吳高陵亭侯　韋昭解　宋鄭國公　宋庠補音

明侍御史蜀張一鯤楚李時成閲　虞部郎豫章郭子章　選部郎東粵周光鎬

周語上

杜預世族譜云黃帝之苗裔姬姓后稷之後封於邰及衰稷子不窋失職竄於西戎至二代孫曰太王爲狄逼遷岐至孫文王受命武王克殷而有天下至幽王爲犬戎所殺平王東遷居王城今按舊音每國之前特於國名下序其世系始末甚詳他皆倣此

穆王將征犬戎　穆王周康王之孫昭王之子穆王也征正也上討下之稱犬戎西戎別名在荒服

祭公謀父諫曰不可　祭莊界切父音甫史唯父[illegible]凡涉地名人名皆音甫○祭畿內之國周公之後爲王卿士謀父字也傳曰凡蔣邢茅胙祭周公之胤

第一单元

名山事业

《史记》成书之后，司马迁将其心血之作「藏之名山，副在京师，俟后世圣人君子。」唐代刘知几《史通》说：「古之国史，皆出自一家，如鲁、汉之丘明、子长，晋、齐之董狐、南史，咸能立言不朽，藏之名山。」自上古迄于近世，除煌煌正史之外，别史、杂史、史钞、史评名作迭出。其间或著书立说，或注史传道。立言不朽，藏之名山以传后世一直都是史家们终其一生孜孜不倦的事业追求。

《世本》一五篇，（汉）宋衷注，（清）茆泮林辑本。

清刊本。版框高一九五毫米，宽一四七毫米，左右双边，白口，单鱼尾，每半叶十行，行二十一字，小字双行同。

《世本》相传为战国时史官所作，记录自黄帝迄于春秋时期的帝王、诸侯及卿大夫姓氏、世系、居处（都邑）、制作、谥法等内容。司马迁作《史记》曾参考此书。《古世本》在唐代已有残阙。清代乾嘉学者为《世本》辑佚者不下数十家。现存清人辑本为王谟、孙冯翼、陈其荣、秦嘉谟、張澍、雷学淇、茆泮林、王梓材八家辑本。今人将清人辑本整理合订出版，名之《世本八种》。

宋衷，生卒年不详，字仲子，三国时期。南阳章陵（今湖北枣阳）人。

茆泮林，生卒年不详，字雩水。江苏高邮人。

世本諸書論述

尙書序正義曰大戴禮帝繫出於世本

周禮瞽矇諷誦詩世奠繫鄭元注曰世之而定其繫謂書於世本也

周禮小史掌邦國之志定繫世辨昭穆鄭元注曰帝繫世本之屬孔穎達疏天子謂之帝繫諸侯謂之世本

漢書藝文志世本十五篇古史官記黃帝以來迄春秋時諸侯大夫

漢書梅福傳綏和元年以世本相明封孔子世

昭杜預之說注欠分曉多與世本原文相汨轉覺世本一書蕩然無復畺界矣泮林輯爲此書與秦同時繼聞秦書刊行遂置不錄而又終恐後日之以似失眞也爰仍據所輯舊稿釐爲六卷錄成一編并附纂諡法數條於後庶幾周秦以上之書可藉是以傳其舊且其中尤有補秦書之所未備者攷古者或有取焉爾道光元年冬十月高郵茆泮林識

帝王世本

案周禮瞽矇世奠繫注引杜子春云繫謂帝繫諸侯卿大夫世本之屬是也元謂世之而定其繫謂書於世本也疏謂後鄭以世與繫爲一事解之對文言之王謂之帝繫諸侯卿大夫謂之世本散則通故云書於世本世本即帝王繫也故今輯爲帝王世本諸侯世本卿大夫世本

黃帝

案書正義世本以黃帝爲首史正義世本以黃帝顓頊帝嚳唐堯虞舜爲五帝史正義索隱又引孫氏注世本以伏羲神農黃帝爲三皇以少昊顓頊高辛唐虞爲五帝孫氏未知何時人今輯依黃帝爲首故路史後紀注有引世本尊盧氏在伏羲後之文棄而不錄而以諸書所引世本少皞文敘錄於次

注號有熊者以其本是有熊國君之子故也亦號

《国语》二一卷，（吴）韦昭注，（宋）宋庠补音。

明万历张一鲲刊本。版框高二一〇毫米，宽一四五毫米，左右双边，白口，单鱼尾，每半叶九行，行二十字，小字双行同。

《国语》是中国最早的一部国别史著作。相传为春秋时左丘明所作。全书记载时间大体与《左传》相仿，记载周王朝及鲁、齐、晋、郑、楚、吴、越诸侯之历史，始于祭公谋父谏周穆王征犬戎（前九四七），以智伯之亡（前四五三）为下限，总括约四百年史事。依据「先王室而后列国，先诸夏而后蛮夷」次序编定。其文偏详记语，略于记事，与《左传》互为表里，相互参证，亦可补《左传》之阙。

三国时吴人韦昭作《国语解》，广采诸名家注本之长为注，成为极有价值的注本。宋以后的《国语》韦昭注本成为《国语》的通行本。此注本在宋代又分为：「明道本」、「公序本」两个系统。

明道本即宋仁宗明道二年（一〇三三）以仁宗天圣七年（一〇二九）本作为底本重刊。明道本清初有影宋本，钱曾所有。后归黄丕烈所得，收入《士礼居丛书》刊行。

公序本是北宋学者宋庠的校勘本。宋庠字公序，故称「公序本」。今中国国家图书馆藏有宋元递修本。日本静嘉堂文库及台北故宫博物院还藏有宋元明递修本，又有明金李刊本、明万历闵齐伋刻本、《四库全书》本等。

韦昭（二〇四至二七三），因避晋司马昭讳改名为韦曜，字弘嗣，三国时吴郡云阳（今江苏丹阳）人。

宋庠（九九六至一〇六六）初名郊，字伯庠，后改字公序。安州安陆（今属湖北）人，束后迁居开封雍丘（今河南杞县）。

國語第一

吳高陵亭侯　韋昭解　宋鄭國公　宋庠補音

明侍御史　蜀張一鯤楚李時成　閱　虞部郎豫章郭子章選部郎東粵周光鎬　校

周語上　杜預世族譜云黃帝之苗裔姬姓后稷之後封於邰及衰稷子不窋失職竄於西戎至十二代孫曰大王爲狄逼遷岐至孫文王受命武王克殷而有天下至幽王爲犬戎所殺平王東遷乃居王城今按舊音每國之前特於國名下序其世系始末甚詳他皆倣此

穆王將征犬戎　穆王周康王之孫昭王之子穆王滿也征正也上討下之稱犬戎西戎之別名在荒服

祭公謀父諫曰不可　祭莊界切父音甫按經史唯父毋字如字其餘凡涉地名人名皆音甫○祭畿内之國周公之後爲王卿士謀父字也傳曰凡蔣邢茅胙祭周公之胤也

《战国策》一二卷，（汉）刘向整理。

明刊本。版框高二〇〇毫米，高一三二毫米，首册为手抄配本，四周双边，黑口，双鱼尾，每半叶十行，行二十一字，小字双行同。

《战国策》是西汉刘向整理编订的国别体史书。西汉末年刘向奉诏整理皇室藏书，将战国游说纵横之士言论编订成集，名之「战国策」。全书计有西周一篇，东周一篇，秦五篇，齐六篇，楚、赵、魏各四篇，韩、燕各三篇，宋、卫合为一篇，中山一篇，共三十三篇，载录上起智伯灭范氏（前四〇九年），止于高渐离以筑击秦皇（前二二一年）两百间年史迹。

刘向（约前七七至前六），原名刘更生，字子政，西汉学者，楚国彭城（今江苏徐州）人。

戰國策東周卷第二

東周 漢志河南鞏東周君所居〔正〕東周當從舊居卷首說見前○大事記云東周惠公地兼故洛陽采邑在鞏漢志說非餘見前

惠公 周紀考王封其弟河南是為桓公桓公子威公威公子惠公惠公封其子於鞏號東周惠公然則河南鞏父子同諡又紀西周武公赧王則諡也蓋以避秦不敢稱尊楚記頃襄十八年王赧使武公此武公赧王臣也而徐注以為惠公之子疎矣惠公之子自為東周君豈為西周用邪兩周西先亡至秦莊襄元年俱滅〔正〕〔補〕據周紀止有惠公名傑傳有文見他無見徐廣云紀年顯王九年東周惠公傑薨皇極經世東周惠公卒子傑嗣二書不同則其世系亦難明矣先儒所書豈得皆為惠公持事邪○赧王非諡武公鮑引宋忠說誤已二人前索隱謂諡法無赧赧然慚愧故以為號戰國相王周之王號自若不聞其為秦所損也王赧使武公徐廣謂

《战国策》十二卷，（汉）刘向整理。

明闵刻朱墨黛三色套印本。版框高二一〇毫米，宽一五一毫米，四周单边，白口，无鱼尾，每半叶九行，行十九字，小字双行同。

周之無王久矣此東西周君耳非周王也周王久已寄食于東西周矣

戰國策第一

西周

考王封弟揭於河南。是爲河南桓公。實西周之始。時則東有王。西有公。而東西之名猶未立也。桓公生威公。威公生惠公。惠公別封少子班於鞏。以奉王。號東周。沒亦謚惠。時則西有公。東亦有公。二公雖各有所食。而周尚爲一。至顯王二年。趙韓分周爲二。二周公治之。於是王直寄焉而已矣。鮑氏攷之不確。卽以西周爲王。故此係以安王赧王。而東周係以惠公。彼西周桓威惠武等公。著在史冊。獨不見乎。安王實居東周。可係之西周乎

安王

嚴氏爲賊而陽豎與焉。道周。周君畱之十四日。載

是短文字然非有意爲簡亦只是意盡言止

一本客謂周君曰正語之

亦是辭命但小變左氏法然意態猶彷彿似之

甚陗有簡法然不是鍊之使簡只是取緊要意書之餘悉棄去亦不緣飾觀帖却正以此見陗

以乘車駟馬而遣之韓使人讓周周君患之客謂周君正語之曰寡人知嚴氏之爲賊而陽豎與之故留之十四日以待命也小國不足以容賊君之使又不至是以遣之也

殺人不以道曰賊。嚴遂殺韓相傀是也。豎，小使。韓策陽豎。道周，出亡過周也

赧王

周共太子死有五庶子皆愛之而無適立也司馬翦謂楚王曰何不封公子咎（皋）而爲之請太子左成謂司馬翦曰周君不聽是公之智困而交絕於周

左成之策一舉而為翦收智于楚為楚市恩于周又為楚相去二健

不曰某人謂亦不作或謂陡作謂某人疑國自奇惟國策有此法總亦是或謂意

也不如謂周君曰孰欲立也微告翦翦令楚王資之以地公若欲爲太子因令人謂相國御展子廧夫空曰王類欲令若爲之此健士也居中不便於相國相國令之爲太子

適猶定也封封之以爲之資咨周君别子請請於周使立爲太子也爲猶助也御楚相之御展姓也類似也言楚王之意似欲使二子助太子也健士二語亦左成喩翦之言健猶悍也言二士居中用事以其悍故相國不之便使之出而使周相國必從也

謂齊王曰王何不以地齎周最以爲太子也齊王令司馬悍以賂進周最於周左尚謂司馬悍曰周

《战国策》三三卷，（宋）鲍彪注，（元）吴师道校。

明万历张一鲲刊本。版框高二一三毫米，宽一四二毫米，左右双边，白口，单鱼尾，每半叶九行，行二十字，小字双行同。

鲍彪，生卒年不详，字文虎，缙云（今属浙江）人。历任常州教授、左宣教郎太常博士、守尚书司封员外郎。

吴师道（一二八四至一三四四），字正传，婺州兰溪（今属浙江）人。元英宗至治元年（一三二一）进士。

戰國策卷第一

縉雲鮑彪 校注

東陽吳師道 重校

西周

漢志河南洛陽穀城平陰偃師鞏緱氏皆周地也(正曰)按大事記周貞定王二十八年考王初立封其弟揭於河南是爲河南桓公河南即郟鄏武王遷九鼎周公營以爲都是爲王城洛陽周公所營下都以遷頑民是爲成周平王東遷定都王城王子朝之亂敬王徙都成周至是考王以王城故地封桓公焉平王東遷之後所謂西周者豐鎬也東周者東都也威烈王以後所謂西周者河南也東周者洛陽也何以稱河南爲西周自洛陽下都視王城則在西也何以稱洛陽爲東周自河南王城視下都則在東也河南桓公卒子威公立威公卒子惠公

《吴越春秋》一〇卷，（汉）赵晔撰。

清康熙七年（一六五〇）《秘书廿一种》丛书本。版框高二〇〇毫米，宽一三五毫米，四周单边，白口，单鱼尾，每半叶十行，行二十字，小字双行同。

《吴越春秋》主要记述春秋末期吴越两国争霸的历史。前五篇为吴事，起于吴太伯，迄于夫差；后五篇为越事，记越国自无余以至勾践，注重吴越争霸的史实。该书记载了从太伯创吴到专诸刺王僚、要离刺庆忌、孙武伐楚、伍子胥掘墓鞭尸、申包胥一人复楚，直至勾践卧薪尝胆、西施惑吴、范蠡隐遁等一系列脍炙人口的精彩史实。糅合正史、稗史、民间传说等资料汇集而成，虽非正史，却可补遗缺。

南宋汪纲所刻的《吴越春秋》，是现在所知最早的刻本。其书早已亡佚。清人顾广圻、蒋光煦曾经见其影钞本，并且作了校勘。有元大德十年（一三〇六）刘克昌刻本为元大德十年丙午儒学刻本的修补本，也是现存的最早刊本。此本由元代绍兴路总管提调学校官刘克昌刊刻。

有明弘治十四年（一五〇一）邝璠、冯弋刻本、明万历十四年（一五八六）冯念祖刻本、万历吴琯刻《古今逸史》本。《古今逸史》本《吴越春秋》、天启何允中刊《广汉魏丛书》本等。

汪士汉于清康熙七年（一六八八）搜罗《古今逸史》残版辑印《秘书廿一种》的《吴越春秋》六卷。汪士汉本在嘉庆九年（一八〇四）进行重刊，重刊本比原本版有所缩小。其后清乾隆文渊阁《四库全书》、乾隆王谟刊《增订汉魏丛书》本、光绪二年（一八七六）红杏山房刊本、光绪六年（一八八〇）三余堂刊本、光绪十七年（一八九一）艺文书局刊本、宣统三年（一九一一）上海大通书局石印本都是其翻刻本。

赵晔，字长君，会稽山阴（浙江绍兴）人。东汉学者、史学家。

吳越春秋

漢趙曄撰

星源汪士漢考校

卷一

吳太伯傳第一

吳之前君太伯者（論語作泰伯）后稷之苗裔也后稷其母台氏之女姜嫄（韓詩章句姜姓嫄字說文邰炎帝之後姜姓封邰國晉語曰黃帝以姬水成炎帝以姜水成故黃帝爲姬炎帝爲姜是姜者炎帝之姓史記嫄作原台作邰邰國在京兆武功縣所治釐城漢地理志作斄與邰同）爲帝嚳元妃年少未孕出游於野見大人跡而觀之中心歡然喜其形像因履而踐之身動意若爲人所感後姙娠恐被淫泆之禍遂祭祀以

《史记题评》一三〇卷，存卷一一七，（明）杨慎、李元阳辑。

明嘉靖十六年（一五三七）福州府胡有恒、胡瑞刊本。版框高一八五毫米，宽一二六毫米，左右双边，白口，单白鱼尾，每半叶九行，行二十字，小字双行同。

明末有品评诸史的学风，本书集诸家评语于书眉，故曰题评。书中将众名家对《史记》的评语，分一句一段的小评和全篇总评两种形式附史文合刻，小评刻于书眉，总评刻于篇末，便于读者阅读理解。

杨慎（一四八八至一五五九），字用修，号升庵，新都（今属四川）人。

李元阳（一四九七至一五八〇），字仁甫，号中溪。云南大理人。

劉子玄史通云相如傳具在相如集中子長因錄斯篇即為列傳又安南史云古之名人相如子長孟堅皆自敘風徽傳芳來世觀此則相如傳即相如之文也須溪以為子長蓋未考耳

史記題評卷一百一十七

司馬相如列傳第五十七

索隱曰此不宜在西南夷之下

司馬相如者蜀郡成都人也字長卿少時好讀書學擊劍 索隱曰呂氏春秋劍伎云持短入長倏忽[illegible]映之術也魏文典論云餘好擊劍以短乘[illegible] 故其親名之曰犬子 索隱曰孟康云愛而字之也 相如既學 秦宓云文翁遣相如受七經 慕藺相如之為人更名相如以貲為郎事孝景帝為武騎常侍 索隱曰張揖曰百石常侍從[illegible] 非其好也會景帝不好辭賦是時梁孝王來朝從游說之

《孙月峰先生批评史记》一三〇卷，存卷一一、卷四八、卷四九、卷八二，（明）冯元仲刊，陈继儒、倪元璐等校。

明崇祯九年（一六三六）刊本。版框高二〇〇毫米，宽一四三毫米，四周单边，白口，单白鱼尾，每半叶九行，行二十字。

《史记》评点早在宋代便开始了，一些文章选本中经常会选若干篇《史记》作为评点内容，但宋代的评点基本以两汉唐宋古文为主，《史记》所占篇幅很少。明代文人开拓了选本与评点的范围，将先秦两汉的儒学经典和史学经典统统归纳了进来，形成了批评经典史籍的风气。《孙月峰先生批评史记》就是在这样的风气中产生的。《孙批史记》共一百三十卷，每卷一篇，评无遗漏，依《史记》每篇的顺序排列。该书评点由圈点和批语构成。圈点有提醒读者之功能。篇首评是总纲性质的文字。每篇之中，又有眉批、夹批和旁批，对《史记》的具体内容进行分析和评论。眉批在正文栏上，作提示文意用，以简洁的几个字标注行文线索和文章层次。夹批数量很多，以小字单行穿插在正文中，所评内容最为丰富，涉及叙事、文法、风格等各个方面。旁批以比夹批更小一号的字体附着在正文右侧，不单独占用一行，跟眉批的功能相近，但更为具体。《孙批史记》评点语言生动形象，内容广泛，在明代评史风气下较为流行。有明崇祯九年（一六三六）天益山堂刻本，明清以来各种丛书多未见收录。

孙月峰（一五四三至一六一三），名矿，字文融，初号越峰，中年更号月峰，别署月峰主人、湖上散人，余姚孙家境（今慈溪市）人。

冯元仲（一五七九至一六六〇），字尔礼，又字次牧，慈溪人。明末文学家，书画鉴赏家。

陈继儒（一五五八至一六三九），字仲醇，号眉公，又号麋公，华亭（今上海松江）人。

倪元璐（一五九四至一六四四），字玉汝，号鸿宝，一号园客二虞（今浙江绍兴）人，授编修。

孫月峯先生批評史記十一 本紀第十一

馮元仲次牧叅定
倪元璐玉汝
馮眉山纍
較閱

孝景本紀

敘事。精簡有法。頗得春秋經遺意。細玩。亦自有腴味。讀此。乃覺高紀之爲煩。

孝景皇帝者、孝文之中子也、母竇太后、孝文在代時、前後有三男、及竇太后得幸、前後死、及三子更死、故

《汉书评林》一〇〇卷，（明）凌稚隆辑。

明万历九年（一五八一）吴兴凌氏刊本。版框高二四〇毫米，宽一四八毫米，左右双边，白口，单鱼尾，每半叶十行，行二十字，小字双行同。

此《汉书评林》由明代凌稚隆辑录历代研究《汉书》的精粹而成。全书共一百卷，包括本纪十二篇，表八篇，志十篇，传七十篇。眉端镌批语，凡辑入汉至明代约一百七十家评《汉书》言论。

凌稚隆，生卒年不详，字以栋，号磊良，明浙江乌程（今属吴兴）人。

漢書評林卷之一上

吳興後學凌稚隆輯校

高帝紀第一上

師古曰紀理也統理衆事而繫之於年月者也

劉知幾曰漢書帝紀此其最勝者　王維楨曰此紀指次楚漢得失興亡處間多撮籍紀而併入之以故較史記更詳而整　隆按史記先紀項籍次紀高祖迺詳于楚而略于漢漢書首紀高祖後傳項籍迺詳于漢而略于楚

高祖荀悅曰諱邦字季邦之字曰國張晏曰禮謚法無高以爲功最高而爲漢帝之太祖故特起名焉師古曰邦之字曰國者臣下所避以相代也**沛豐邑中陽里人也**應劭曰沛縣也豐其鄉也孟康曰後沛爲郡而豐爲縣師古曰沛者本秦泗水郡之屬縣豐者沛之聚邑耳方言高祖所生故舉其本稱以說之也此下言縣鄉邑告喻之故知邑繫於縣也**姓劉氏**師古曰本出劉累而范氏在秦者又爲劉因以爲姓**母媼**文穎曰幽州及漢中皆謂老嫗爲媼孟康曰媼母別名音烏老反師古曰媼女老稱也孟音是矣史家不詳著高祖母之姓氏無得記之故取當時相呼稱號而言也其下王媼之屬意義皆同至如皇甫謐等妄引讖記好奇騁博强爲高祖父母名字皆非正史所說蓋無取

漢書卷之一　高帝　一　長洲顧標書

《大唐创业起居注》三卷，（唐）温大雅撰。

清光绪刊本。版框高一五三毫米，宽一一二毫米，左右双边，黑口，单鱼尾，每半叶十四行，行二十一字，小字双行同。

此书成于唐高祖武德年间（六一八至六二六），是一部起居注性质的编年体史书。首记李渊任隋太原安抚大使（后任太原留守）时的事迹，接着记隋大业十三年五月到武德元年五月（六一七至六一八）中李渊父子建唐经过。因成书于李世民即位之前，所以记唐开国事较《资治通鉴》、两《唐书》为客观，史料价值较高。有《津逮秘书》本、上海古籍出版社一九八三年点校本。

温大雅（五七二至六二九），字彦弘，并州祁县（今山西祁县）人，隋末唐初思想家、史学家。

大唐創業起居卷上

起義旗至發引日凡四十八日

陝東道大行臺工部尚書上柱國樂平郡開國公臣溫大雅撰

初帝自衛尉卿轉右驍衛將軍奉詔爲太原道安撫大使郡文武官治能不稱職者並委帝黜陟選補焉河東已來兵馬仍令帝徵發討捕所部盜賊隋大業十二年煬帝之幸樓煩時也帝以太原黎庶陶唐舊民奉使安撫不踰本封因私喜此行以爲天授所經之處示以寬仁賢智歸心有如影響煬帝自樓煩還至雁門爲突厥始畢所圍事甚平城之急賴太原兵馬及帝所徵兵聲勢繼進故得解圍僅而獲免遂向東都仍幸江都宮以帝地居外戚赴難應機乃詔帝率太原部兵馬與馬邑郡守王仁恭北備邊朔帝不得已而行竊謂人曰匈奴爲害自古患之周秦及漢魏歷代所不能攘相爲勍敵

《贞观政要》一〇卷，（唐）吴兢撰。

明成化十二年（一四七六）崇藩刻本。版框高二五八毫米，宽一九〇毫米，四周双边，黑口，双鱼尾，每半叶十行，行二十字，小字双行同。

《贞观政要》约成于开元八年（七二〇）。作者从武周时候起，长期参与国史的编撰，认为唐太宗时期法良政善，「良足可观」，遂分类编撰贞观年间（六二七至六四九）唐太宗与魏徵、房玄龄、杜如晦等大臣的问答、诤议和奏疏，以及政治上的得失等，作为施政的鉴戒。是书记载较《资治通鉴》、两《唐书》为详细，对研究唐太宗及唐初政治有一定史料价值。有扫叶山房刻本、上海古籍出版社一九七八年点校本、四川人民出版社一九八七年译注本。

吴兢（六七〇至七四九），字号不详，汴州浚仪（今河南开封）人，唐代史学家。

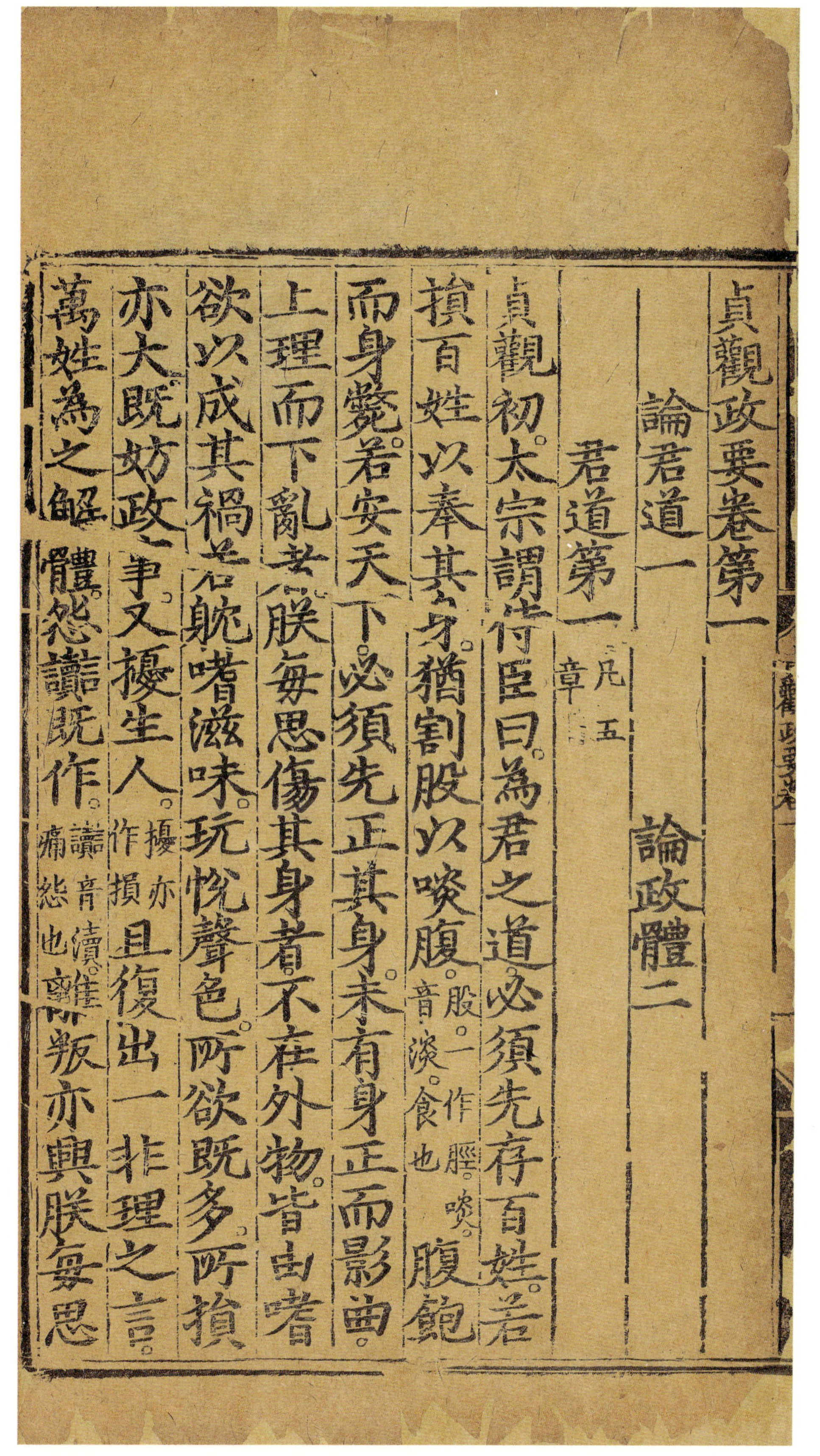

貞觀政要卷第一

論君道一　論政體二

君道第一（凡五章）

貞觀初，太宗謂侍臣曰：為君之道，必須先存百姓。若損百姓以奉其身，猶割股以啖腹，腹飽而身斃。（股一作脛。啖音淡，食也。）若安天下，必須先正其身，未有身正而影曲，上理而下亂者。朕每思傷其身者不在外物，皆由嗜欲以成其禍。若躭嗜滋味，玩悅聲色，所欲既多，所損亦大，既妨政事，又擾生人。（擾亦作擾。）且復出一非理之言，萬姓為之解體，怨讟既作，（讟音讀，痛怨也。）離叛亦興。朕每思

《辽志》不分卷，（宋）叶隆礼撰，（明）吴琯校。

明刊本。版框高二〇一毫米，宽一三五毫米，左右双边，白口，单鱼尾，每半叶十行，行二十字，小字双行同。

南宋叶隆礼摘取《契丹国志》卷首《初兴本末》，第二十二卷《族姓原始》《国土风俗》《并合部落》《兵马制度》《建官制度》《宫室制度》《衣服制度》《渔猎时候》《试士科制》和第二十七卷《岁时杂记》等篇成书。有《说郛》《古今说海》《历代小史》《古今逸史》等丛书本。

叶隆礼，生卒年不详，字士则，号渔林，南宋嘉兴府（治今浙江湖州）人，一说台州（治今浙江临海）人。

吴琯，生卒年不详，字邦燮，号中云，福建云霄人。

遼志

元　葉隆禮　撰

明　吳琯　校

本末

契丹之始也中國簡册有所不載遠夷草昧復無書可考其年代不可得而詳也本其風物地有二水曰地也里沒里復名陶猥思沒里者是其一也其源出自中京西馬盂山東北流華言所謂土河是也曰梟羅箇沒里復名女古沒里者又其一也源出饒州西南平地松林直東流華言所謂潢河是也至木葉山

《辽史拾遗》二四卷，（清）厉鹗撰。

清光绪江苏书局刊本。版框高一八二毫米，宽一三七毫米。左右双边，白口，单鱼尾，每半叶十行，行二十一字。

清代厉鹗以元修《辽史》缺略太甚，博采旁搜，征引书籍三百余种，或注或补，于乾隆八年（一七四三）成书。本纪摘录原文为纲，补注皆低格于下；志、传、国语解（契丹语释义），旧有者标其名目，补缀事实；新增者另立名目，下系「补」字。所引史料，均注出作者、书名，凡有异同，悉分析考证，并间加按语。在国语解后还补辑辽境四至及风俗物产诸条。其书虽未称精善，但开后来研究《辽史》之风。

厉鹗（一六九二至一七五二），字太鸿，又字雄飞，号樊榭，又自号花隐，浙江钱塘（今杭州）人。

遼史拾遺卷一

錢塘厲　鶚太鴻撰

本紀第一太祖上

太祖大聖大明神烈天皇帝姓耶律氏諱億字阿保機

歐陽修歸田錄曰契丹阿保機開平中屢遣使聘梁梁亦遣人報聘今世傳李琪金門集有賜契丹詔乃爲阿布機當時書詔不應有誤而自五代以來見於他書者皆爲阿保機又有趙志忠者本華人也自幼陷北爲人明敏在北中舉進士至顯官既而脫身歸國能述北中君臣世次山川風物甚詳又云阿保機

《稽古录》二〇卷，（北宋）司马光撰。

清光绪九年（一八八三）解梁书院刊本。版框高二〇〇毫米，宽一四五毫米，左右双边，白口，单鱼尾，每半叶八行，行十九字。

《稽古录》本名《司马温公稽古录》，记载上起伏羲氏，下至宋英宗治平末年事。元佑元年（一〇八六）成书。全书由三个相对独立又前后衔接的单元组成，第一单元司马光纂集自伏羲之事至周威烈王二十三年（前四〇三），其初但述梗概，至周共和元年（前八四一）开始为编年，每年略举大事，记载历代兴衰成败史事，皆附评论。意在考察古事，以为施政之借鉴。第二个单元《历年图》记载上自周威烈王二十三年（前四〇三）至后周显德六年（九五九）历史。第三个单元《国朝百官公卿表大事记》，记录宋兴建隆元年（九六〇）至治平四年（一〇七六）的历史大事件。合集称之《稽古录》。

此书间或有单行本流传。宋人陈振孙《直斋书目解题》著录：「《稽古录》二十卷：此书始刻于越，其后再刻于潭。越本中《历年图》诸论聚见第十六卷。盖因《图》之旧也。潭本诸论系于亡国之时，故第十六卷惟存总论。」根据此条可知，现在所见到的明弘治十七年（一五〇四）杨璋刻本、天一阁本、明崇祯本、光绪江苏书局刻本、清同治十一年（一八七二）湖北崇文书局刊本等诸多版本，都应是源于宋潭州本系统。

司马光（一〇一九至一〇八六），字君实，号迂叟，陕州夏县涑水乡（今山西夏县）人，世称涑水先生。北宋政治家、史学家。生平著作甚多，有《资治通鉴》《温国文正司马公文集》《稽古录》《涑水记闻》《潜虚》等。

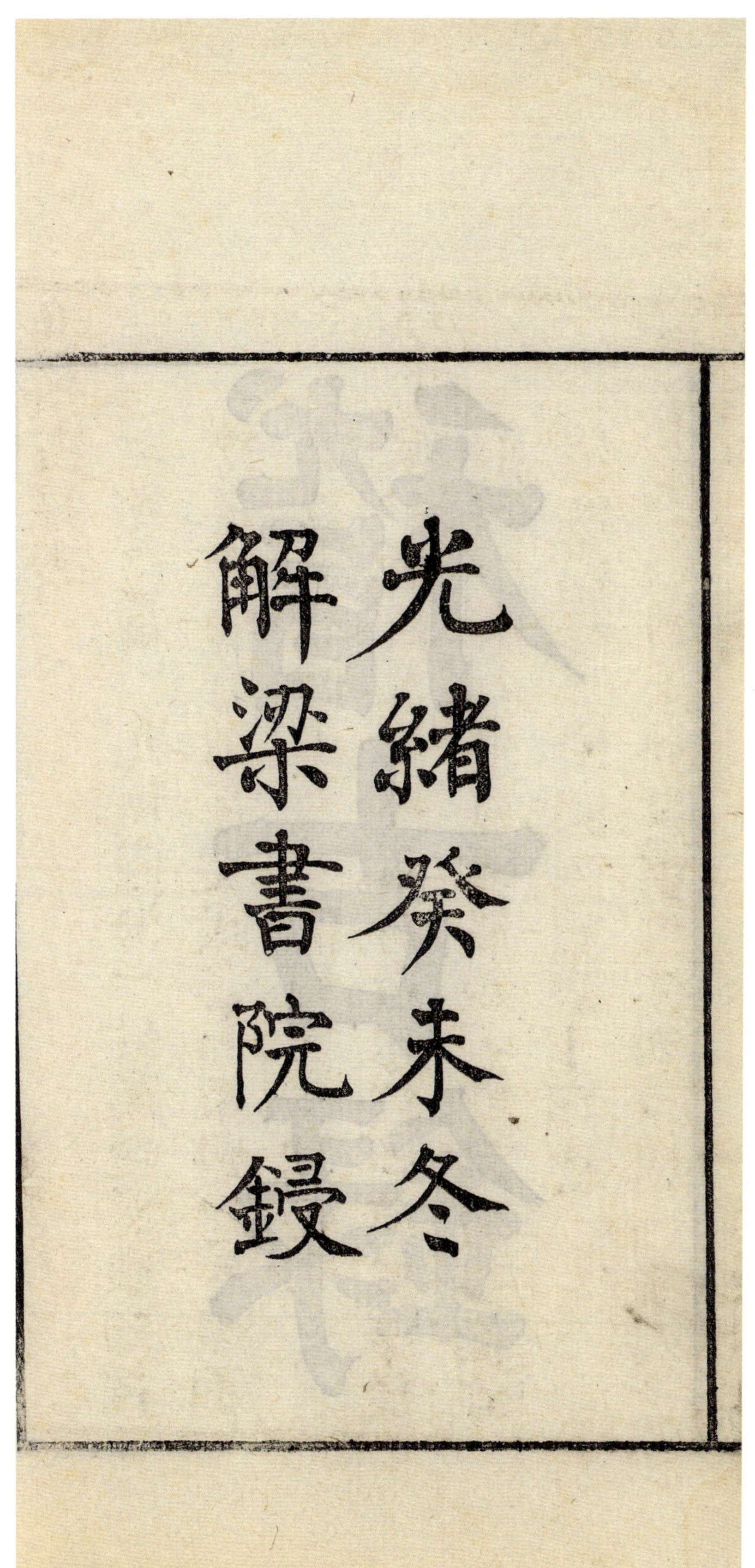
光緒癸未冬
解梁書院鋟

進稽古錄表

臣光言竊以九州四海一日萬幾將察知民物之性情蓋布在文武之方策雖歷年多而舉其大要則用力少而見夫全功恭以

皇帝陛下富有春秋敉甯方夏念終始典於學於緝熙單厥心延登老成親近觀講發論語章句探經藝之同歸誦寶訓丁甯憲

祖宗之不易有本如是實惟濫觴惟稽古堯舜之

稽古錄表　　一　解梁書院

稽古錄卷之一

宋司馬光著

伏羲氏

太昊伏羲氏

太昊有天下之號伏羲氏其所以有天下之號也惟天生民有欲無主乃亂必立聰明之君長以司牧之何謂司牧蓋民不足於衣食則能養之衣食足矣或不知禮義相侵漁則能教之教之備矣或頑嚚不從則能威之由是民愛之如父母仰之如日月信之如四時畏之如雷霆莫不悅服推而尊之聰明之小者所服寡聰明之大者所服衆所服寡者爲聚邑之長爲士大夫卿所服衆者爲一國之君君一國者是爲諸侯天下爲國位均力敵或相侵陵吞噬莫能相治必待天生聖人出乎其類拔乎其萃聰明照萬事威令行四海天下無不

《路史》四七卷，（宋）罗泌撰，罗苹注，（明）乔可传校。

清嘉庆刊本。版框高二〇六毫米，宽一四八毫米，四周单边，白口，单鱼尾，每半叶十行，行二十字。

《尔雅》训「路」为大，「路史」，即大史之意。前记九卷，后记十四卷，国名记八卷，发挥六卷，余论十卷。此书为杂史，记述了上古以来有关历史、地理、风俗、氏族等方面的传说和史事，取材繁博庞杂，是神话、传说、历史集大成之作。文章华丽而亦富于考证，言之成理。其中卷六《大庭氏》、卷十二《炎帝纪上》、卷十三《炎帝纪下》、卷二十四《炎帝后姜姓国》等篇，全面系统地考证和整理了炎帝生平、家世、族系、后裔及分布情况等，为炎帝文献资料之大成，是研究炎帝和炎帝文化的重要著作。

《路史》现存最早版本为今藏中国国家图书馆的南宋本，为不足二卷的残本。明清多有重刊，其中以明嘉靖间钱塘洪楩刊本、乾隆元年（一七三六）罗氏自刻本最善，为历代学人所称道。

罗泌，生卒年不详，字长源，自号归愚子，南宋吉州庐陵（治今江西吉安）人。

路史第一卷

宋廬陵羅　泌纂

男　苹註

明廣陵喬可傳校

初三皇紀

初天皇

初地皇

初人皇

事有不可盡究物有不可臆言衆人疑之聖人之

所稽也易有太極是生兩儀老氏謂有物混成先

《通鉴总类》二〇卷，（宋）沈枢撰。

明天启刻本。板框高二四七毫米，宽一七六毫米，左右双边，白口，单鱼尾，每半叶十一行，行二十三字，书中有手抄配本。

《通鉴总类》仿《册府元龟》体例，将《资治通鉴》所述史事，依类编入二百七十一门，首曰治世，终于烈妇。此书简撮精密，离析明切，读者易于检寻。初刊于宋嘉定年间，元至正中重刊。

沈枢，生卒年不详，字持要，德清（今浙江德清）人。宋绍兴十五年（一一四五）进士。

通鑑總類卷第一

治世門

漢高祖規摹弘遠

初高祖不修文學而性明達好謀能聽自監門戍卒見之如舊初順民心作三章之約天下既定命蕭何次律令韓信申軍法張蒼定章程叔孫通制禮儀又與功臣剖符作誓丹書鐵契金匱石室藏之宗廟雖日不暇給規摹弘遠矣

父老見漢世祖喜稱復見漢官威儀

更始元年冬十月更始將都洛陽以劉秀行司隸校尉使前整修宮府秀乃置僚屬作文移從事司察一如舊章時三輔吏士東迎更始見諸將過皆冠幘而服婦人衣莫不笑之及

《通鉴答问》五卷，（宋）王应麟撰。

元刻明修本。版框高二二六毫米，宽一三七毫米，左右双边，白口，双鱼尾，每半叶十行，行二十字。

此书是宋人王应麟《玉海》之末附刊十三种之一。记载始自周威烈王，终于汉元帝，应该是未完成之作。书以《通鉴答问》为名，所论出入于《通鉴纲目》与《资治通鉴》两书之间。又王氏之学，主于考据，此书内容空泛且多迂谬附会之言，与应麟所著他书殊不相类，故《四库提要》疑为王应麟孙辈所伪托。

王应麟（一二二三至一二九六），字伯厚，号深宁居士，又号厚斋，庆元鄞县（今属浙江宁波）人。南宋著名学者，与胡三省、黄震并称「宋元之际浙东学派三大家」。著有《三字经》《困学纪闻》《小学绀珠》《玉海》《通鉴答问》《深宁集》等。

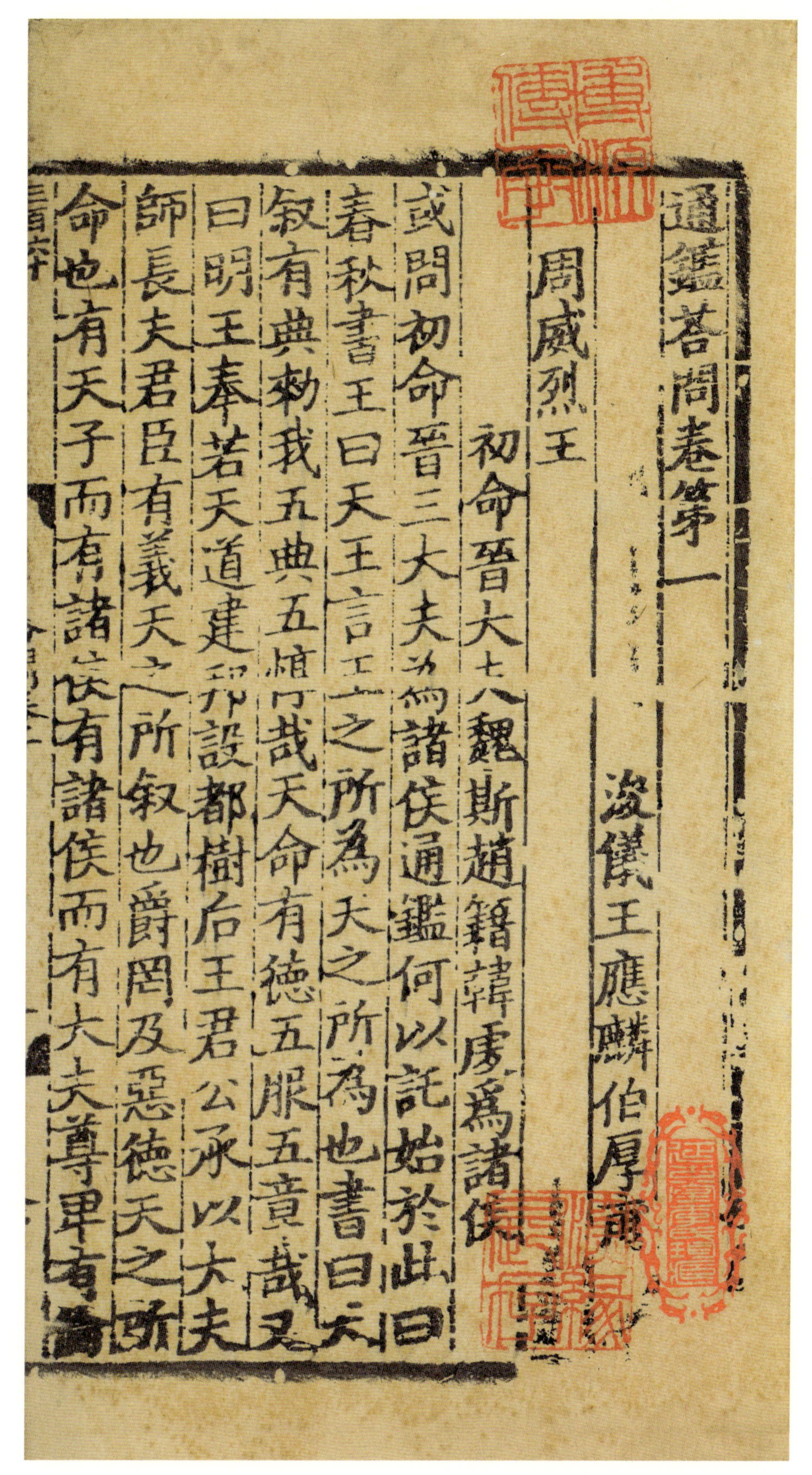

通鑑答問卷第一

浚儀王應麟伯厚甫

周威烈王

初命晉大夫魏斯趙籍韓虔爲諸侯

或問初命晉三大夫爲諸侯通鑑何以託始於此曰春秋書王曰天王言王之所爲天之所爲也書曰天叙有典勑我五典五惇哉天命有德五服五章哉又曰明王奉若天道建邦設都樹后王君公承以大夫師長夫君臣有義天之所叙也爵罔及惡德天之所命也有天子而有諸侯有諸侯而有大夫尊卑有常

《皇朝名臣言行录》七五卷，存《别录》卷第七至卷一三，（宋）朱熹、李幼武撰。

元刊本。版框高二〇二毫米，宽一二九毫米，左右双边，黑口，单鱼尾，每半叶十二行，行二十三字。

又称《宋名臣言行录》，是辑录了宋朝政治家和学人之言行的传记体史书，全书由前集、后集、续集、别集、外集合编而成。南宋朱熹据碑传、行状、杂史、笔记、文集、传记等所载文献编成，共录宋太祖至宋宁宗间二百二十九人的字号、里籍、时代、官职、谥法、言行，每事一段，叙毕注明出处并附相关文献。前集十卷，录北宋太祖至英宗五朝五十五人。单称《五朝名臣言行录》。后集十四卷，录神宗至徽宗三朝四十四人，单称《三朝名臣录》。以上二集为朱熹编撰。续集八卷，录北宋末二十六人，单称《皇朝名臣言行续录》。别集二十六卷，录南宋高宗至宁宗四朝六十五人，单称《四朝名臣言行录》。外集十七卷，录南宋理学人物三十八人。以上三集为李幼武撰。四集合刻后，称《皇朝名臣言行录》，该书开断代纪传集之先河，后世多有效仿。

朱熹（一一三〇至一二〇〇），字元晦，又字仲晦，号晦庵，别号紫阳，婺源县人，生于福建尤溪县。

李幼武，生卒年不详，字士英，南宋吉州庐陵（今江西吉安）人。

皇朝名臣言行别録卷之八下

岳飛　信國武穆王

字鵬舉相州安陽人　靖康初隸宗澤軍轉武翼郎建炎初　上即位上書忤用事者奪官尋詣河北招討司效用與王彥不協復歸澤軍爲留守司統制以奇功轉武功郎三年轉武經大夫轉武略大夫借英州刺史轉武德大夫授真刺史遷武功大夫昌州防禦使遥泰州鎮撫使兼知泰州尋充神武副軍統制權留洪州授親衛大夫建州觀察使　紹興二年以本職權知潭州兼權荆湖帥司都總管六月授中衛大夫武安軍承宣使三年召九月至引見　詔落階官加鎮南軍承宣使

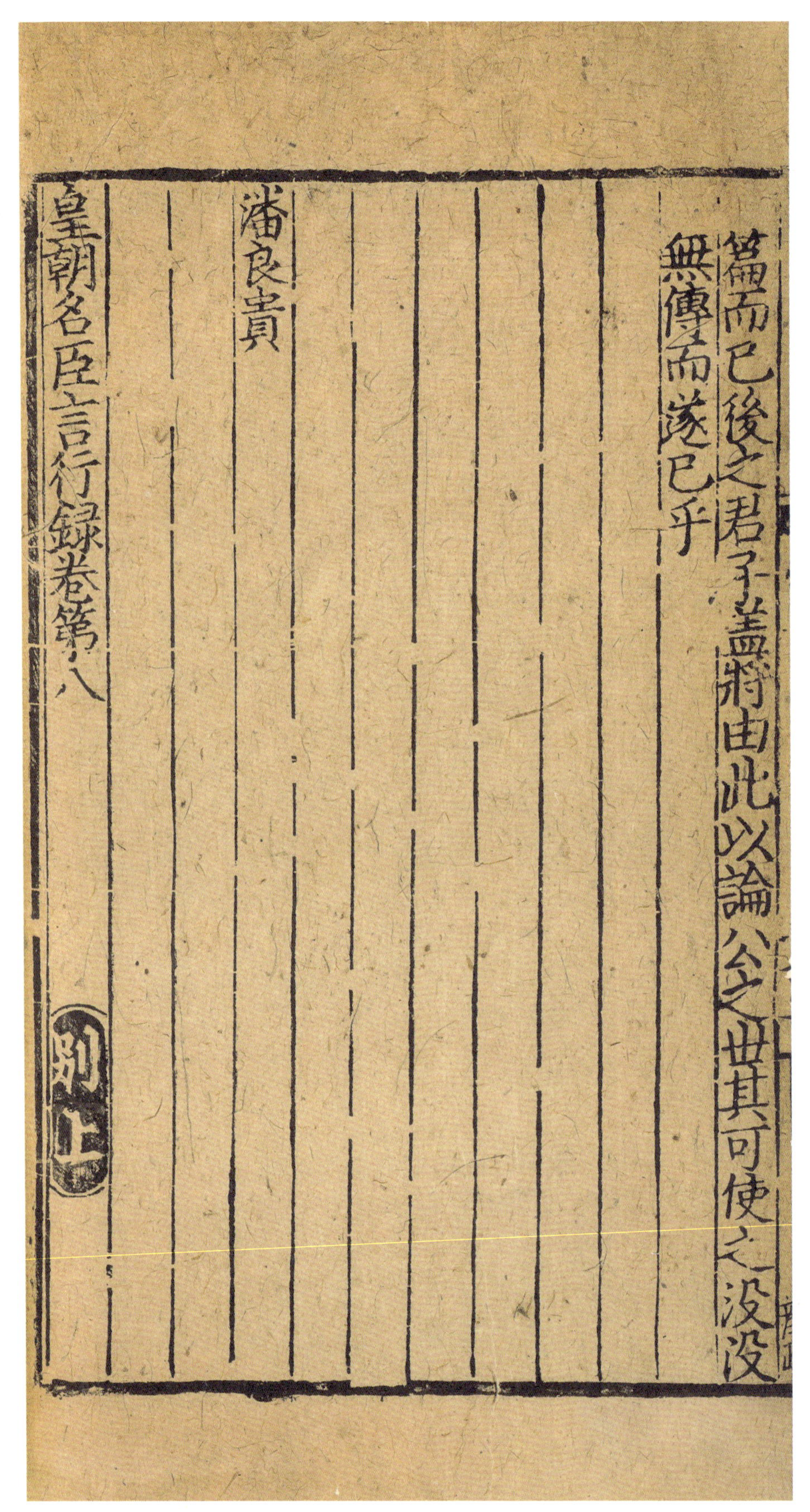
篇而已後之君子蓋將由此以論公之世其可使之沒沒無傳而遂已乎

潘良貴

皇朝名臣言行録卷第八

別上

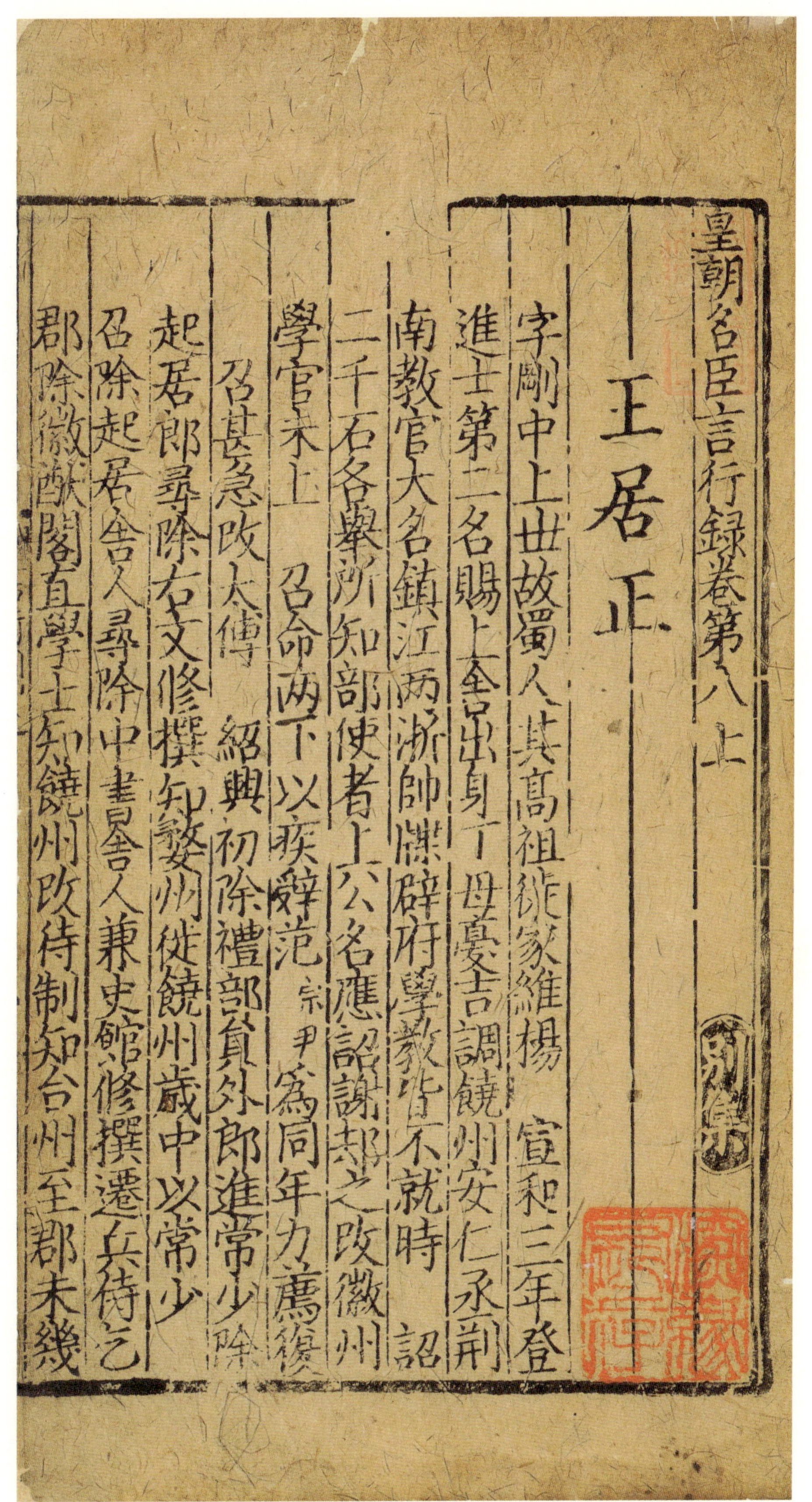

皇朝名臣言行錄卷第八上　別集

王居正

字剛中上世故蜀人其高祖徙家維揚　宣和三年登
進士第二名賜上舍出身丁母憂去調饒州安仁丞荊
南教官大名鎮江兩浙帥漕辟府學教皆不就時　詔
二千石各舉所知部使者上公名應詔謝却之改徽州
學官未上　召命兩下以疾辭范宗尹爲同年力薦復
召甚急改太傅　紹興初除禮部員外郎進常少除
起居郎尋除右文修撰知婺州徙饒州歲中以常少
召除起居舍人尋除中書舍人兼史館修撰遷兵侍乞
郡除徽猷閣直學士知饒州改待制知台州至郡未幾

《绎史》一六〇卷，（清）马骕撰。

清刊本。版框高一九四毫米，宽一四四毫米，左右双边，白口，无鱼尾，每半叶十一行，行十九字，小字双行同。

《绎史》汇集周、秦以前之事，取材博及古史、群经、诸子、纬书、楚辞及其笺注一百二十余种，将各种文献史料分题汇编而成，为当时学者所推服。凡一百六十目，每目一卷，记上古至秦末之史事，分太古部、三代部、春秋部、战国部、外录部。基本采用纪事本末体，兼采编年、纪传、学案诸体之长。依事征引，排比古籍，注出原书，随条考辨，附以论断，对研究古史颇为方便，是研究先秦史的重要参考资料。

马骕（一六二一至一六七三），字宛斯，一字聪御，清初山东邹平人，顺治进士。

繹史卷一　　太古第一

開闢原始

列子昔者聖人因陰陽以統天地夫有形者生於無形則天地安從生故曰有太易有太初有太始有太素太易者未見氣也太初者氣之始也太始者形之始也太素者質之始也氣形質具而未相離故曰渾淪渾淪者言萬物相渾淪而未相離也視之不見聽之不聞循之不得故曰易也易無形埒易變而為一一變而為七七變而為九九變者究也乃復變而為一一者形變之始也清輕者上為天濁重者下為地故天地含精萬物化生白虎通始起先有太初後有太始形兆既成名曰太素混沌相連視之不見聽之不聞然後剖判清濁既分精出曜布度物施生精者為三光號者為五行行生情情生汁中汁中生神明神明生道德道德生文章廣雅太初氣之始也生於酉仲清濁未分也太始形之始也生於戌仲清者為精濁者為形也太素質之始也生於亥仲已有素朴而未散也三氣相接至於

《元朝秘史》一〇卷，续二卷。

清抄本

《元朝秘史》原名《脱卜赤颜》，又译作《蒙古秘史》，元代官修史书，作者不详。原书用维吾尔蒙古文撰写。明洪武十五年（一三八二）四夷馆翰林译员将其译为汉文，并定名《元朝秘史》。正文用汉字音写的蒙古语，每个单词加注旁译。全书共分二百八十二节，前五十八节记载成吉思汗先人事迹，多有关于蒙古氏族部落起源的传说和史实，从五十九节到两百六十八节是对于成吉思汗时代的历史记载，从成吉思汗出生、幼年艰辛的经历，止于征灭西夏及病逝，详细记述了成吉思汗统一蒙古各部及南下、西征的历史过程。两百六十九节以后记载元太宗窝阔台汗时期拔都西征、灭金、重申怯薛制度、赋税制度、建立驿站等重要的历史，以窝阔台总结自己一生四功四过结束。《元朝秘史》记录范围涉及古代蒙古民族、军事、政治、语言、社会制度和生活等各个方面，对研究十二至十三世纪上半期蒙古族社会历史的重要资料，具有较高的学术研究价值。

《蒙古秘史》传世抄本有两种版本：十二卷抄本和十五卷抄本。两者在内容上没有任何差别，区别在于分卷不同。十二卷本为明洪武十五年四夷馆所译《元朝秘史》，称明洪武本，由正文十卷和续集二卷组成，录入明人黄虞稷《千顷堂书目》。十五卷本为清代学者钱大昕从《永乐大典》中辑出，为《元朝秘史》十五卷本的祖本。

元朝秘史卷一

忙中豁侖紐察 脫察安

名 皇帝的 根源

成吉思合罕訥忽札兀兒

上 天 處 命有的 生了的 蒼色 狼 有

迭額舌列騰格理舌額扯 札牙阿禿 脫舌列克先 孛兒帖赤那 阿主兀

妻 他的 慘白色 鹿 有來 水名 渡 着 來了

格兒該亦訥 豁中埃馬舌闌勒阿只埃 騰汲思 客禿勒周 亦舌列罷

河名 河的 源行 山名 行 營盤做着

斡難沐舌連訥 帖舌里兀揑 不峏罕哈勒敦納 嫩禿黑剌周

卷一

《元朝秘史》十卷，续二卷。

清光绪三十四年（一九〇八）叶氏观古堂本刊本。版框高一八二毫米，宽一三〇毫米，左右双边，黑口，双鱼尾。

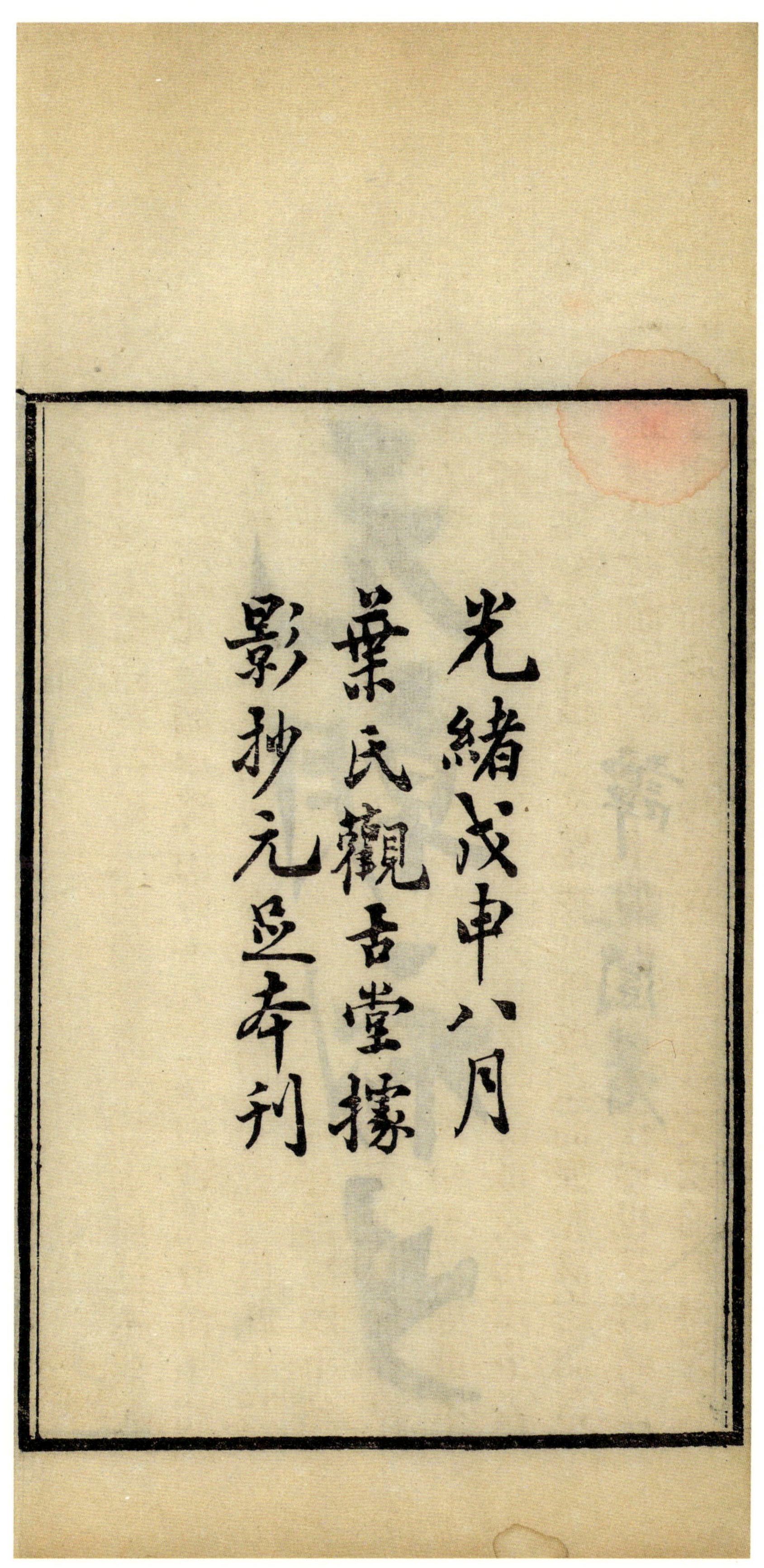

光緒戊申八月
葉氏觀古堂據
影抄元盈本刊

元朝祕史序

元朝祕史舊有靈石楊氏連筠簃叢書刻本係從永樂大典十二先元字韻中錄出分十五卷葢以意爲分併不知原本爲正集十卷續集二卷合之祗得十二卷也此本乃從元人舊鈔本影寫故與楊刻逈然不同卷首標題下分注二行左爲忙豁侖紐察五字右爲脫察安三字猶存撰書人名銜楊刻全脫則不知書爲何人所撰矣又如此本每段由原有語言譯成文字再由文字譯成文句以全書考之楊刻於譯成之文雖無節刪改竄而無原譯之語言未免失之簡略殆大典本如此咎固不在楊也其實語言文字相輔而成草創潤色義各有當就史裁論但得譯成

元朝秘史卷一

忙中豁侖紐察
脫察安

成吉思合罕訥忽扎兀兒
名 皇帝的 根源

上天處 命有的 生了的 蒼色 狼 有
迭額列舌騰格理舌額扯 扎阿秃 脫舌列舌先字兒帖赤那阿主兀
妻 他的 慘白色 鹿 有來 水名 渡 着 來了
格兒該亦訥 中豁埃馬闌舌勒阿只埃 騰汲思客秃勒周亦列舌罷
河名 河的 源行 山名 行 營盤 做着
斡難沐漣舌訥帖舌里兀捏 不峏罕哈勒敦納 嫩秃黑剌周

秘史一

《元朝秘史注》一五卷，（清）李文田撰。

清光绪二十二年（一八九六）通隐堂刊本。版框高一八九毫米，宽一三七毫米，左右双边，白口，单鱼尾，每半叶十行，行二十一字，小字双行同。

《元朝秘史注》是清代学者李文田对《永乐大典》辑本《元朝秘史》的校注考证。李氏治蒙古、元朝史地之学，侧重史料辑佚校注，其遍探群籍，包括历代正史及孟珙《蒙鞑备录》、黄震《古今纪要逸编》、程大昌《北边备对》等宋、金、元人史乘笔记、碑碣和同代人研究著作凡六七十种，对书中所述地理、年代、人名、史实详加比证，考订讹误，使此书得以通读。尤详于西域、蒙古舆地沿革。但因作者不懂蒙文，所据资料又没有超出旧有材料范围，故其立说时有疏误。

李文田（一八三四至一八九五）字仲约，号芍农，广东顺德县（今广东佛山市顺德区）人。清代学者、藏书家、书法家。咸丰九年（一八五九）进士。除《元朝秘史注》外，有《元史地名考》《耶律楚西游录注》《朔方备乘札记》《和林金石考》等。

元朝祕史卷一 永樂大典本凡十五卷殘元槧本分卷不同今据連筠簃本爲主郎錢少詹所授從大典出者也陽城張敦仁本從元槧足本影出作十卷又續二卷今以錢校本爲主而記其異同於題目之下錢本無撰人名氏張氏影本有之葢元代撰訖殆非一刻故兩本互異今並注出之云

忙豁侖紐察

脫察安

右二行見影元槧本夾注題目之下元和顧廣圻跋云必是撰書人所署名銜是也文田案忙豁侖卽蒙古氏也紐察其名或與脫察安同撰此史或紐察乃脫察安祖父之名脫察安蒙以爲氏不可考也聊補出之以存其舊

順德李文田注

當初元朝人的祖

《元史新编》九五卷，（清）魏源撰。

清光绪三十一年（一九〇五）邵阳魏氏慎微堂刊本。版框高一九六毫米，宽一四四毫米，左右双边，白口，单鱼尾，每半叶十二行，行二十二字。

《元史新编》包括本纪一四卷、列传四二卷、表七卷、志三十二卷，记元太祖元年（一二〇六）至元顺帝至正二十八年（一三六八）间一百六十三年史事。其中《遗逸》《释老》《群盗》皆有目无传，《艺术》仅存二传，其他传记也有部分缺失。在史料方面，除依据正史外，旁搜《元朝秘史》《蒙古源流》《皇元世祖亲征录》《元典章》《元文类》及元人文集、明清有关著述百余种，着重补充统治中原前太祖至宪宗四朝史实及元代治河、钞法及西北边徼沿革。本纪自世祖以下袭用邵远平《元史类编》，表、志则采用钱大昕《元史氏族表》《元史艺文志》。舆地沿革多有补充和订正。

魏源（一七九四至一八五七），字默深，湖南邵阳人。二十九岁中举人，五十二岁中进士。一生仕途不得志，大部分时间做地方督抚的幕僚和从事学术著作。他的著作除《圣武记》外，还有《书古微》《诗古微》《海国图志》《元史新编》《古微堂诗集》《古微堂文集》等。

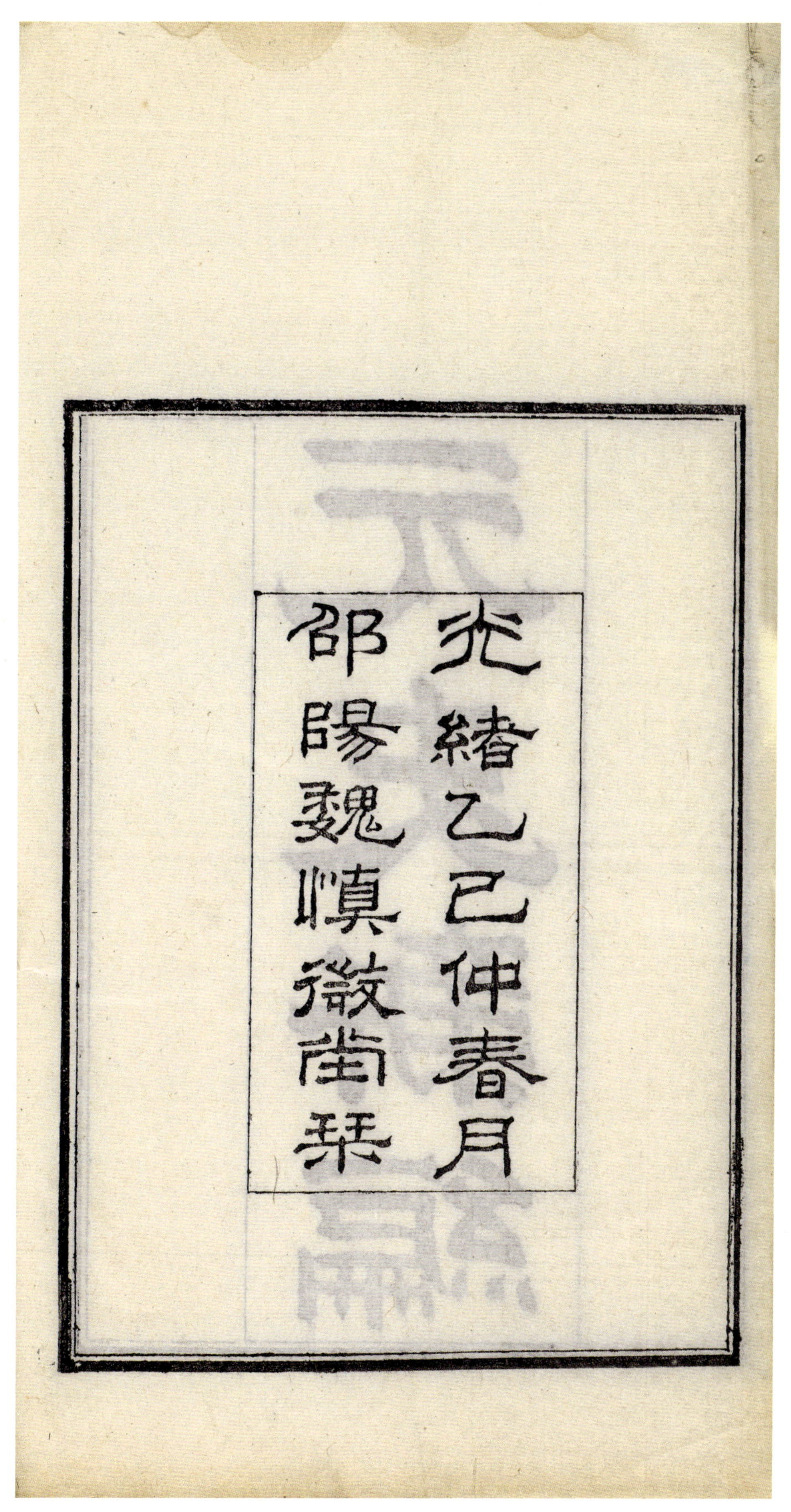
光緒乙巳仲春月
邵陽魏愼微署耑

敘

秀水朱竹垞先生嘗論唐以後國史成於官局未若成於一人一家者之專官書萃衆分撰彼此不相貫注其不免於紛歧複襲理固然也明初修元史前後集三十史官迫於速成總裁宋王諸公殆多未經閱視其中如列傳重出者多至數篇此豈難辨而亦不加察其他可知已在列史中最爲草率近世嘉定錢氏大興徐氏皆有志重修並未卒業先族祖默深先生自幼力學通究古今期於經世致用著述脫稾者先後二十餘種　聖武記海國圖志尤爲士大夫攷掌故議邊防者之資久已栞傳海內晚復從事元史䂓定體例獨出己裁其所徵據則元代官私之所

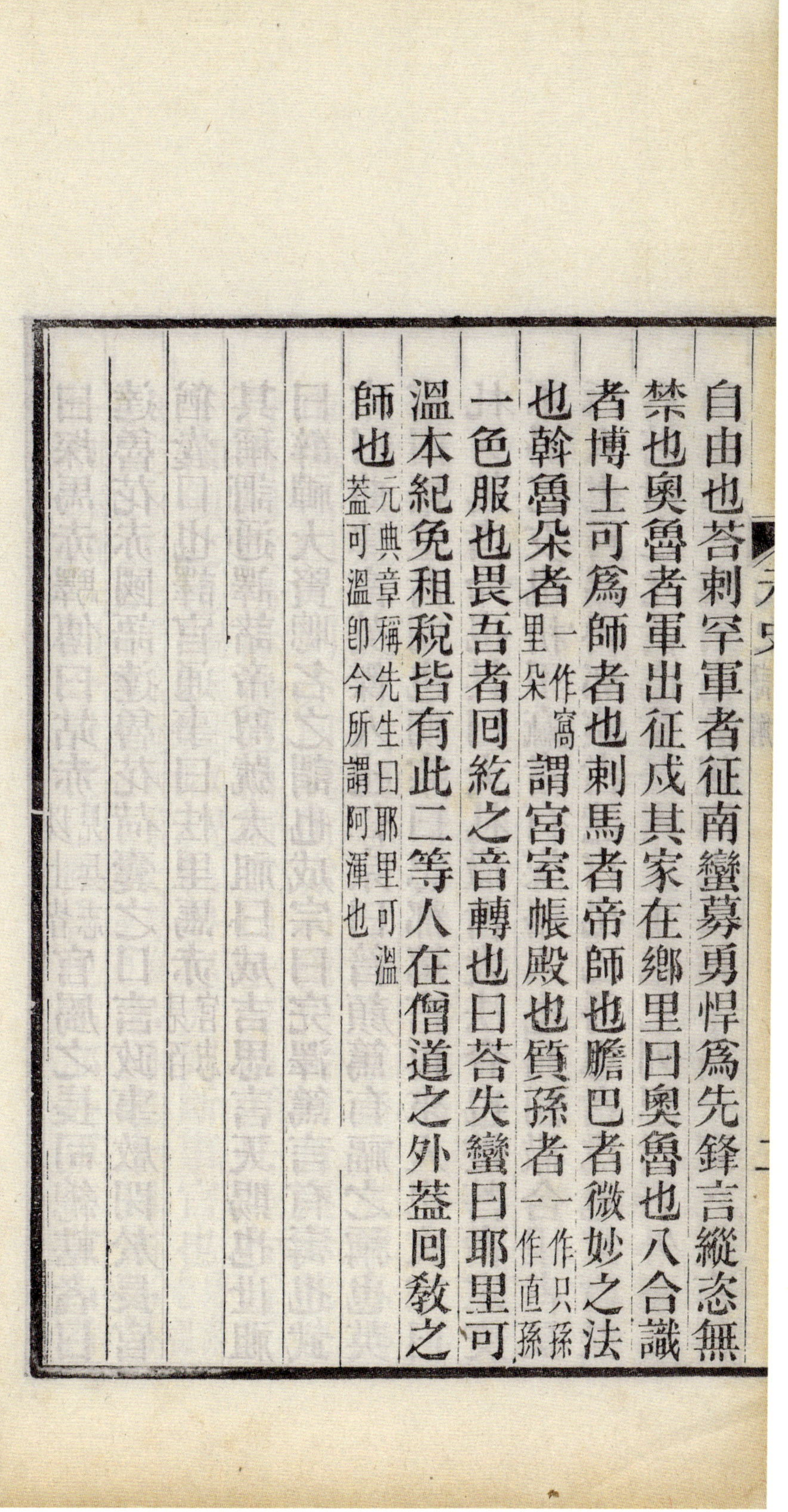

自由也荅剌罕軍者征南蠻募勇悍爲先鋒言縱恣無禁也奥魯者軍出征戍其家在鄉里曰奥魯也八合識者博士可爲師者也剌馬者帝師也膽巴者微妙之法也斡魯朵者一作窩里朵謂宮室帳殿也質孫者一作只孫一作直孫一色服也畏吾者回紇之音轉也曰荅失蠻曰耶里可溫本紀免租稅皆有此二等人在僧道之外蓋回教之師也元典章稱先生曰耶里可溫蓋可溫即今所謂阿渾也

元史目錄

邵陽魏源重修

本紀十四卷
列傳四十二卷
表七卷
志三十二卷

本紀

元史卷一
太祖上
元史卷二
太祖下
元史卷三

元史目錄　一

元史卷一　　本紀一上

太祖上

太祖法天啟運聖武皇帝諱鐵木眞姓奇渥溫氏蒙古部人金世所謂韃靼國也有白韃黑韃二部皆在漠北白韃部顏色稍皙在臨潢陰山之北盧朐河之東亦有生熟二種近漢地者爲熟韃靼金史謂之糺族能種秫炊𥺶介蕃漢之間其遠者曰生韃靼以游牧爲生異於契丹之射獵金史謂之沙陀亦謂之阻轐人強武而地不產鐵故無兵甲矢用骨鏃遼時互市鐵禁甚嚴及金世廢宋河東鐵錢不用皆歸塞外韃靼得之大作軍器又製魚皮爲甲兵益強於是出沒爲邊患金太宗天會間自稱大蒙古國改元天興號太祖元明皇帝金兀朮以兵八萬討之連年不克

《北征录》三卷，（明）金幼孜撰。

明嘉靖二十九年（一五五〇）吴郡袁褧嘉趣堂《金声玉振集》丛书本。版框高一七五毫米，宽一三二毫米，左右双边，白口，单白鱼尾，每半叶十行，行十八字。

此书为作者从军日记，记永乐八年（一四一〇）二月十日至七月十七日明成祖北征鞑靼部阿鲁台期间，与臣下议论作战情况、所历山川要害、形胜古迹等，是研究永乐年间明朝与蒙古残部斗争及经营北部边疆的重要资料。

另有《北征后录》，记明成祖永乐十二年（一四一四）月十一日至八月初一北征瓦剌沿途山川、道路、气候及作战情形。书有《纪录汇编》本、东方学会铅印本、台北文海出版社《中国方志丛书》本。

前、后《北征录》历来合刻，最早有明成化二十三年（一四八七）刻本，今已不传。后世翻刻、传抄不断，杂史笔记丛书多有收录。此本《北征录》为明嘉靖二十九年（一五五〇）吴郡袁褧嘉趣堂刻本，袁褧辑入《金声玉振集》刊行，收入《第一批国家珍贵古籍名录》《中国古籍善本总目》。

金幼孜（一三六七至一四三一），本名善，新淦（今江西新干）人。建文二年（一四〇〇）进士，有《金文靖集》《北征集》。

嘉趣堂，明嘉靖间吴郡人袁褧的室名。袁褧，字尚之，以藏书、刻书著称。编辑刻印过《金声玉振集》。

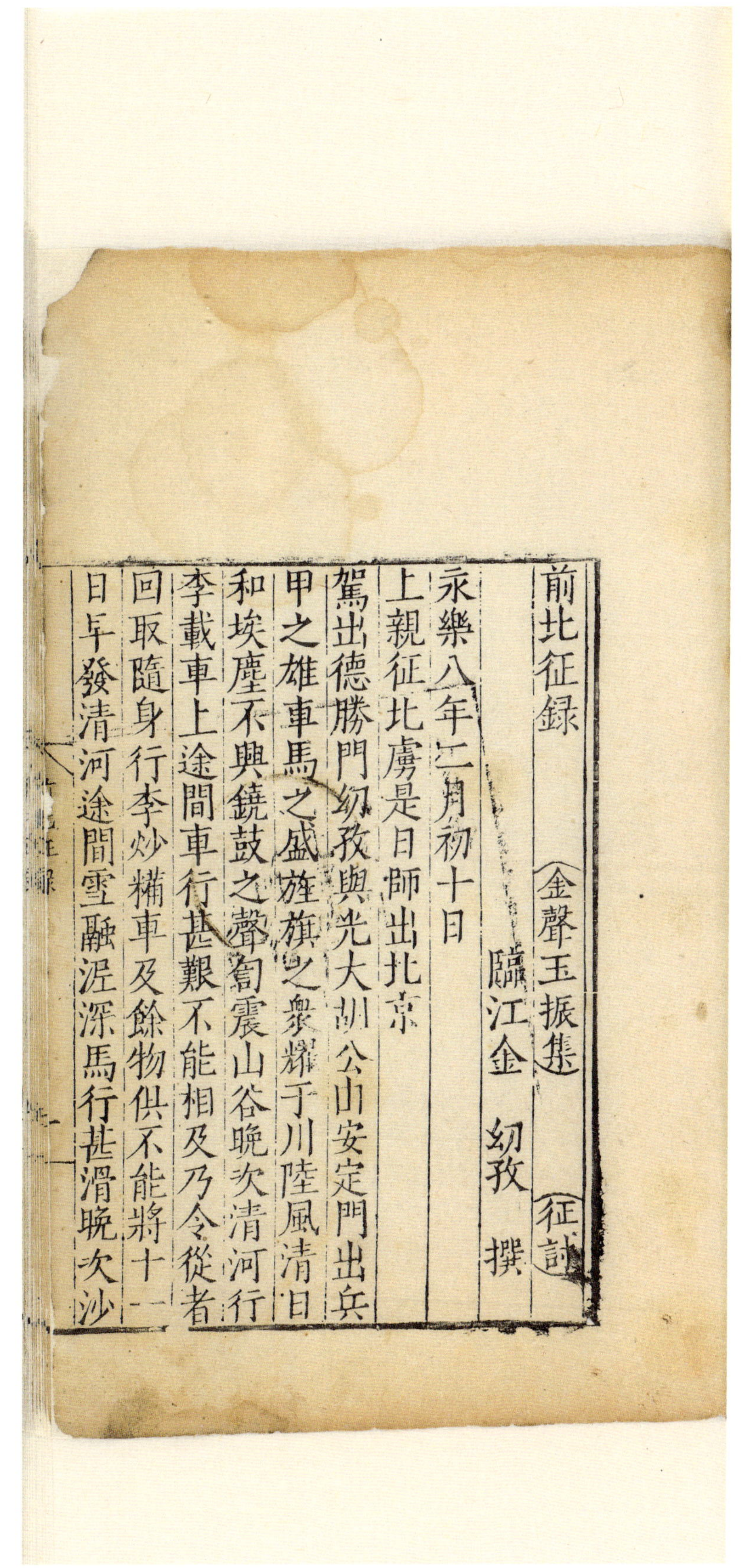

前北征録　金聲玉振集　征討

臨江金　幼孜　撰

永樂八年二月初十日

上親征北虜是日師出北京

駕出德勝門幼孜與光大胡公由安定門出兵

甲之雄車馬之盛旌旗之衆耀于川陸風清日

和埃塵不興鐃鼓之聲震山谷晚次清河行

李載車上途間車行甚艱不能相及乃令從者

回取隨身行李炒糒車及餘物俱不能將十一

日早發清河途間雪融泥深馬行甚滑晚次沙

《明纪》六〇卷，（清）陈鹤撰，陈克家参订。

清同治十年（一八七一）江苏书局刻本。版框高二〇六毫米，宽一三九毫米，四周双边，黑口，双鱼尾，每半叶十一行，行二十四字，小字双行同。

陈鹤仿李焘《续资治通鉴长编》体例，博采《明史》《明史稿》及诸家传记之书，著成编年体史书《明纪》。此书记事上起元至正十年（一三五一），下及明末福、唐、桂三王。前五二卷为作者手辑，后八卷为其孙陈克家补撰。叙述扼要，而失于简略。有《四部备要》本、民国二十四年（一九三五）铅印本。

陈鹤，生卒年不详，字鹤龄，号稽亭，江苏元和（今属江苏省苏州市相城区）人。嘉庆元年（一七九六）进士。

明紀卷第一

賜進士出身工部候補主事虞衡司行走陳鶴纂　卹贈知府銜給雲騎尉世職內閣候補中書孫男克家參訂

太祖紀一

起元至正十一年辛卯元至正十二年壬辰太祖始從郭子興起兵濠州元至正十五年乙未太祖用韓林兒年號稱龍鳳元年卷訖于元至正二十三年癸卯即龍鳳九年也

太祖開天行道肇紀立極大聖至神仁文義武俊德成功高皇帝諱元璋字國瑞姓朱氏先世家沛徙句容再徙泗州父世珍始徙濠州之鍾離母陳氏生四子太祖其季也以元天曆元年九月丁丑生其夕室中有光燭天自是夜數有光起比長姿貌雄傑奇骨貫頂志意廓然人莫能測元至正四年大饑疫父母兄相繼歿貧無所依入皇覺寺爲僧尋游食合肥歷光固汝潁諸州崎嶇三載復還寺其明年台州方國珍倡亂海上時天下

《南疆绎史勘本》五六卷，（清）温睿临撰。

清北京琉璃厂半松居士活字本。版框高一六八毫米，宽一三〇毫米，左右双边，白口，单鱼尾，每半叶九行，行二十字。

《南疆绎史》是一部纪传体南明史。明末弘光、隆武、永历三帝皆偏安南方，故称南疆；逸史，指正史以外的记载。此书记载三帝史迹，故名《南疆绎史》。卷一至卷五为《纪略》，分别记安宗（福王朱由崧，年号弘光）、绍宗（唐王朱聿键，年号隆武）、永历帝（桂王朱由榔）、监国鲁王（朱以海）遗事。五卷至五十六为列传，始于史可法，终于马吉翔，记载南明时期守士、死事、隐遁、逸士、义士、宗藩、武臣、逆臣、奸佞等各类人物。

《南疆绎史》约成书于康熙年间，在清朝前期始终没有刊行机会，只靠抄本流传。已知清抄本有二十卷本和四十卷本之分，二十卷本是残本，四十卷本是基本完整的版本。道光十年（一八三〇）苏州人李瑶在杭州使用泥活字技术出版了《南疆绎史勘本》三〇卷，分纪略六，列传二四。《南疆绎史勘本》新增圣谕、敕书、温氏佚书等，而且对原著改动较大，有损原作精神。《南疆绎史勘本》之后，北京琉璃厂半松居士也出版了内容完全相同的一部书，并且排字设栏也完全模仿，只是版框明显要小，封面重新做了设计，这部书将原书的叙文、凡例等也一并照录，将书名题为「南疆绎史」。此外，一九一五年上海国光书局铅印出版四十六卷本，一九九五年中华书局据传以礼长恩书室抄本断句，校以国光本，出版了目前最为完备的五十六卷本。

温睿临，字令贻，号哂园，浙江乌程（今属浙江省湖州市）人，康熙四十四年（一七〇五）举人。除《南疆绎史》外，著有《山乡楼集》《哂园文集》《碑传集补》《颜李师承记》传世。

南疆繹史勘本卷一

紀畧一

福王神宗第二子福恭王之長子也諱由崧母鄒氏初封德昌王進封世子崇禎十四年辛巳春正月李自成陷河南恭王遇害世子出走懷慶癸未秋七月嗣封福王莊烈帝手擇宮中玉帶賜之明年甲申春三月京師失守夏四月己巳凶問至南京時參贊機務兵部尚書史可法督師勤王在浦口諸大臣聞變倉卒議立君未有所屬會王與潞王皆以避賊至淮

《明季稗史汇编》十六种，二七卷，存二〇卷，（清）留云居士辑印。

清流云居士木活字本。版框高一六九毫米，宽一一八毫米，左右双边，白口，单鱼尾，每半叶九行，行十九字。

明季即明末，稗史即野史，此书为一部汇辑明末杂史多篇的丛书。计有《烈皇小识》八卷、《圣安皇帝本纪》二卷、《行在阳秋》二卷、《嘉定屠城纪略》一卷、《幸存录》二卷、《续幸存录》一卷、《求野录》一卷、《也是录》一卷、《江南闻见录》一卷、《粤游见闻》一卷、《赐姓始末》一卷、《两广纪略》一卷、《东明闻见录》一卷、《青燐屑》二卷、《耿尚孔吴四王合传》一卷、《扬州十日记》一卷。有光绪十三年（一八八七年）尊闻阁刻本。商务印书馆排印本改为《明季稗史初编》。另收《明季遗闻》《明季实录》《蜀燹叙略》《记福王之立》《东林事略》《东林纪事本末》共六种，题为《明季稗史续编》。因其内容多涉南明人物事迹，作者多为前明遗民，亲历明末战乱，耳闻目睹清军入关后之暴行，部分内容民族意识非常强烈，为清政府所不容，乾隆年间将其列入军机处奏准全毁书目。

烈皇小識　江南聞見録
聖安本紀　粤游見聞
行在陽秋　賜姓始末
嘉定屠城紀略　兩廣紀略
幸存録　東明聞見録
續幸存録　青燐屑
求野録　耿尚孔吳四王全傳
也是録　揚州十日記

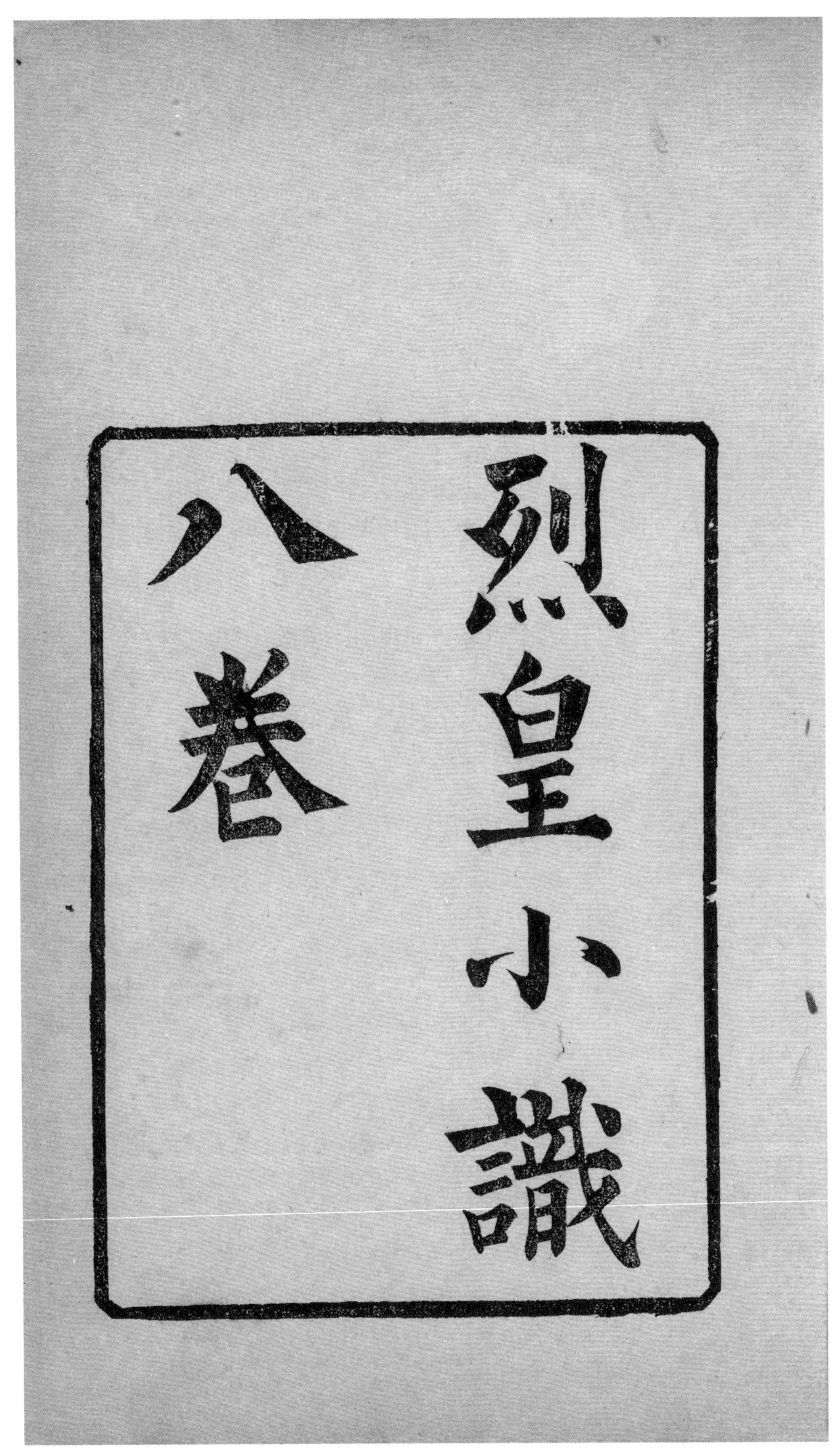
烈皇小識
八卷

烈皇小識卷一

烈皇帝爲光廟第五子孝純劉太后所出而撫育于李莊妃天啓二年九月冊封信王七年二月出就外邸成婚冊妃周氏熹廟病危魏忠賢遣腹奄涂文輔迎上入宮上時自危甚袖食物以入不敢食宮中物是夜秉燭獨坐見一奄攜劒過取之留置几上許給以賞憫邏者欲以酒食問左右何從取給左右對宜取之光祿因傳令旨遍犒之歡聲如雷周后在外邸禱卜無虛晷

《绥寇纪略》一二卷，补遗三卷，存补遗二卷，（清）吴伟业撰。

清嘉庆九年（一八〇四）照旷阁张海鹏刊本。版框高一八八毫米，宽一三九毫米，左右双边，黑口，无鱼尾，每半叶九行，行二十一字。

此书成于清顺治九年（一六五二），是集作者闻见以纪事本末体形式专记明末时流寇相关事迹的著作。始自崇祯元年（一六二八），迄于明亡，分为十二篇：渑池渡，车箱困，真宁恨，朱阳溃，黑水擒，谷城变，开县败，汴渠垫，通城击，盐亭诛，九江哀，虞渊沈，每篇后加以论断。书中对崇祯之死和明末诸臣殉难事迹多有记载。对研究明末农民战争和晚明政治有一定参考价值。有《学津讨原本》、上海古籍出版社一九九二年点校本。

吴伟业（一六〇九至一六七二），字骏公，号梅村，太仓（今江苏太仓）人，明末清初著名诗人。

照旷阁，清乾隆年间常熟张仁济及其子张光基、张海鹏的藏书室名。

綏寇紀略卷一

婁東吳偉業駿公纂輯
梁谿鄒　漪流綺原訂
昭文張海鵬若雲重校

澠池渡

崇禎元年戊辰三月二十日昧爽前全秦天赤如血五六七月西安有孽火入人家色青光熒熒然廣輪盈尺者數十旋于地若鬬不濫炎民磔鷄犬禳之乃去自四月至七月不雨八月恒雨霜殺稼冬大雨雪木冰歲大

《皇朝武功纪盛》四卷，（清）赵翼撰。

清阳湖赵氏寿诿草堂刊本。版框高一七八毫米，宽一三五毫米，左右双边，白口，单鱼尾，每半叶十一行，行二十一字。

《皇朝武功纪盛》包括《平定三逆述略》《平定准噶尔前编述略》《平定缅甸述略》《平定两金川述略》等七篇。书成于清乾隆五十七年（一七九二），以纪事本末体记述清朝前期几次重大军事行动。书中所记载战役时间、所经山川道里、诸将帅功过等内容翔实，颇有史料价值。有乾隆五十七年（一七八九）刻本，光绪四年（一八七八）湛贻堂重刻本、《读画斋丛书》本等。

赵翼（一七二七至一八一四），字耘松，一字云崧，号瓯北，别名三半老人。江苏阳湖（今江苏常州）人。赵翼尤精史学，长于考据，对旧史发疑正读，弥陋订讹，排比综合，探求古今治乱。著述颇丰，有《廿二史札记》《粤滇杂记》《陔余丛考》《檐曝杂记》《瓯北诗钞》《瓯北诗话》等。

皇朝武功紀盛卷一

陽湖　趙翼　雲崧

平定三逆述略

國朝定鼎中原將三十年因三逆之叛又用兵十年而後天下大定三逆者吳三桂耿精忠尚之信也太宗文皇帝時明登州叅將耿仲明隨副將孔有德航海來歸已而廣鹿島副將尚可喜亦降二人與有德皆遼人仲明則精忠祖可喜則之信父也時仲明封懷順王與恭順王有德同封可喜亦封智順王三桂山海衛人明末爲總兵官鎮山海關聞京師陷乞兵於我　朝適睿親王多爾袞兵至翁後遂降於軍前封平西王三

《国朝先正事略》六〇卷，（清）李元度撰。

清同治刊本。版框高二〇八毫米，宽一三二毫米，左右双边，白口，单鱼尾，每半叶十行，行二十四字。

此书是私家纂写清代人物的大型综合传记专著。全书分为名臣、名儒、经学、文苑、遗逸、循良、孝义七门，所写人物，自范文程、图赖起，至道咸间的江忠源、胡林翼等，计正传五百人、附传六百零八人，共一千一百零八人。此书取材于私家传志、地方志，荟萃清朝一代有关文献材料，对研究清代人物有一定史料价值，有《四部备要》本、岳麓书社一九九一年点校本。

李元度（一八二一至一八八七），字次青，又字笏庭，自号天岳山樵，晚年更号超然老人，湖南平江人，道光举人。除《国朝先正事略》外，著有《天岳山馆文钞》《天岳山馆诗集》《四书广义》《国朝彤史略》《名贤遗事录》《南岳志》等，主纂同治《平江县志》《湖南通志》。

國朝先正事畧卷之一 名臣

平江李元度次青纂

范文肅公事畧 子忠貞公承謨 承勳 孫時崇時繹等

國家肇興東土光宅方夏開國佐命之英皆天潢貴冑位列親藩勳在册府未敢援入先正之列卽翊運勳臣之侑饗太廟者若信勇公費英東宏毅公額亦都武勳王揚古利等又皆立功天命天聰崇德閒在世祖章皇帝統壹區宇之先故論入關後宣力文臣必以范文肅公稱首公歷事太祖

《圣武记》一四卷，（清）魏源撰。

清道光二十四年（一八四四）刊本。版框高一八一毫米，宽一三六毫米，四周双边，白口，单鱼尾，每半叶十行，行二十一字，小字双行同。

《圣武记》是一部记录清代军事活动的纪事本末体史书，起于清开国龙兴，止于道光二十二年（一八四二）《南京条约》签订。开创五篇为一卷，藩镇二篇为一卷，外藩二十一篇为四卷，土司、苗傜、回民八篇为一卷，海寇、民变、兵变八篇为一卷，教匪九篇为二卷，武事余纪为四卷，总十四卷。

聖武記敘

荆楚以南有積感之民焉生於乾隆征楚苗之前一歲
中更嘉慶征教匪征海寇之歲迄十八載畿輔靖賊之
歲始貢京師又迄道光征回疆之歲始筮仕京師京師
掌故海也得借觀史館秘閣官書及士大夫私家著述
故老傳說於是我生以後數大事及我生以前上訖
國初數十大事磊落乎耳目旁薄乎胸臆因以溯洄
于民力物力之盛衰人材風俗進退消息之本末晚僑
江淮海警飈忽軍問沓至愾然觸其中之所積乃盡發
其櫝藏排比經緯馳騁往復先取其涉兵事及所論議若

軍令飭天下之人心皇然以軍事軍食延天下之人材人材進則軍政修人心肅則國威遒一喜四海春一怒四海秋五官強五兵昌禁止令行四夷來王是之謂戰勝於廟堂是以後聖師前聖後王師前王師前聖前王莫近於我　烈祖　神宗矣書曰其克詰爾戎兵以陟禹之迹方行天下至於海表以覲文王之耿光以揚武王之大烈用敢拜手稽首作　聖武記

道光二十有二載元黓攝提格之歲孟秋相月哉生魄

內閣中書舍人邵陽魏源敘于江都絜園

聖武記目録

卷一 開創

開國龍興記一

開國龍興記二

開國龍興記三

開國龍興記四　開國龍興記五

卷二 藩鎮

康熙戡定三藩記上

康熙戡定三藩記下

卷三 外藩

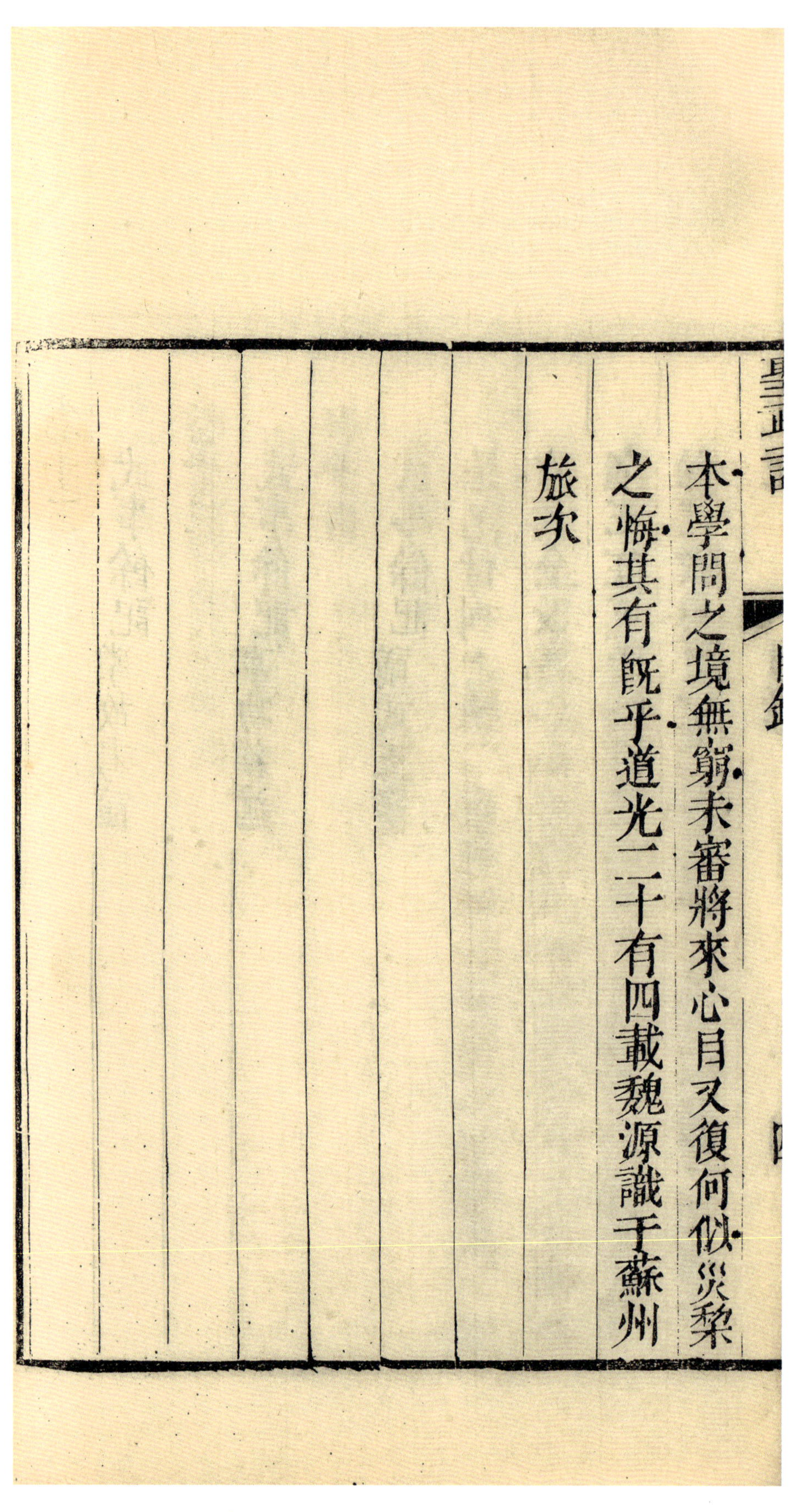

本學問之境無窮，未審將來心目又復何似，災棃之悔其有既乎。道光二十有四載魏源識于蘇州旅次

聖武記卷一

邵陽魏源譔

開國龍興記一

維帝軒轅畫井始遼粵及有虞州剖十二而遼以西則剖冀東北境是爲幽州遼以東則剖青海外境是爲營州于是有古孤竹之虛有古肅愼氏之國古孤竹國在今遼西錦州府地肅愼國在今遼東吉林寗古塔地肅愼即女眞之轉音楛矢肇騎射之本俗至漢分爲三韓蓋三汗並治之徵天官書曰中國山川其維首在隴蜀其尾沒于碣渤蓋東方出震天地所以成終而成始旁薄鬱積數千年以有 大清國 大清國之興也肇有金遼部落

《钦定英杰归真》，（清）洪仁玕撰。

清咸丰十一年（一八六一）抄本。

《钦定英杰归真》是太平天国颁刻的政论性官方书籍。这部书旨在宣扬太平天国的革命思想。作者在序言中明确说明了写作缘由：呼吁英伟杰出之才相信真理，帮助世人。书中用假设回答投降者张某问太平天国礼法的形式撰述。阐述了「革故鼎新」思想，强调「天王降凡作主，扫荡妖氛，凡一切制度考文，无不革故鼎新，所有邪说异端，自宜革除净尽」，反对命定论，指出人的凶吉祸福与「禄命」无关。强调「力求自新」，通过共同努力来改善自身，改造世界，实现「天下一家，共享太平」的美好愿望。

此书成书于一八六一年，正值太平天国时期。由于当时此类著书数量不多，因此这一时期的相关出版物十分珍贵。标题页的右侧署有一行小字「钦命文衡正总裁开朝精忠军师干王洪制」，左侧有「旨准颁行」字样，刻本曾于二十世纪三十年代在扬州首次发现，现藏台湾。英国剑桥大学图书馆曾发现又一部刻本。大陆珍藏的唯一刻本于上本世纪四十年代曾转藏于钱瘦竹先生处。一九六五年钱先生将原刻本捐赠南京太平天国历史博物馆。经校对该藏本与台湾略有不同，应为两个版本，现藏于南京太平天国历史博物馆。此本为传抄本，较为少见。

洪仁玕（一八二二至一八六四），小名谦益，号吉甫，洪秀全的族弟，广东花县（今广州市花都区）人。

天父天兄天王太平天國辛酉年新鐫

欽命文衡正總裁開朝精忠軍師干王洪 製

欽定英傑歸眞

旨準頒行

叙

溯自

上帝創造天地人物無一而非真也一自蛇魔惑世

而異端邪説充塞乎人心所有

天情真道匪特庸庸者流茫然而莫知向往任是英

偉傑出之才或疑信相叅欲攷證而無從

或議論歧出欲附會而愈遠即間有有心

世道者欲宣教以明其旨柰身無教化之

英傑歸真

一日有投降者據云自是甚麼紅頂雙翎與其妖不和欲歸

天朝出力報効其稟求見　本軍師念切誅拏尔是天中帝土之人故准伊進見遂傳令府官兩傍排列引進跪呼千歲後請安道禧畢平身旁立　千王问以来意伊即答

天以妖運該終大小不和民心不附恐難與

難

《全史论赞》八〇卷，明项笃寿辑。

明嘉靖四十五年（一五六六）项氏万卷堂自刻本。版框高一九〇毫米，宽一四〇毫米，左右双边，白口，单白鱼尾，每半叶十行，行十九字。

《全史论赞》是明代项笃寿摘抄的纪传体史书「论赞」辑合。全史，即过往诸史的总称。论赞，即各史书中每篇纪、传之后，作者对所述人物加以论断，明其是非曲直，有褒有贬的文字。《史记》称「太史公曰」，《汉书》称「赞曰」，有的则称「史臣曰」，名称虽不同，内涵是一样的，总谓之「论赞」。此书以诸史浩繁，难于寻究，特撮其论赞，从《史记》至《元史》，无一遗漏，因名《全史论赞》。全书皆为摘抄，并无自评。有明嘉靖四十五年（一五五六年）项氏万卷堂自刻本。

项笃寿（一五二一至一五八六），字子长，喜藏书，书室名万卷堂。自撰《小司马奏草》《今献备言》。刻印过宋黄伯思《东观余论》二卷、辑刻《全史论赞》八〇卷、郑晓《古言》两卷、《今言》四卷等。

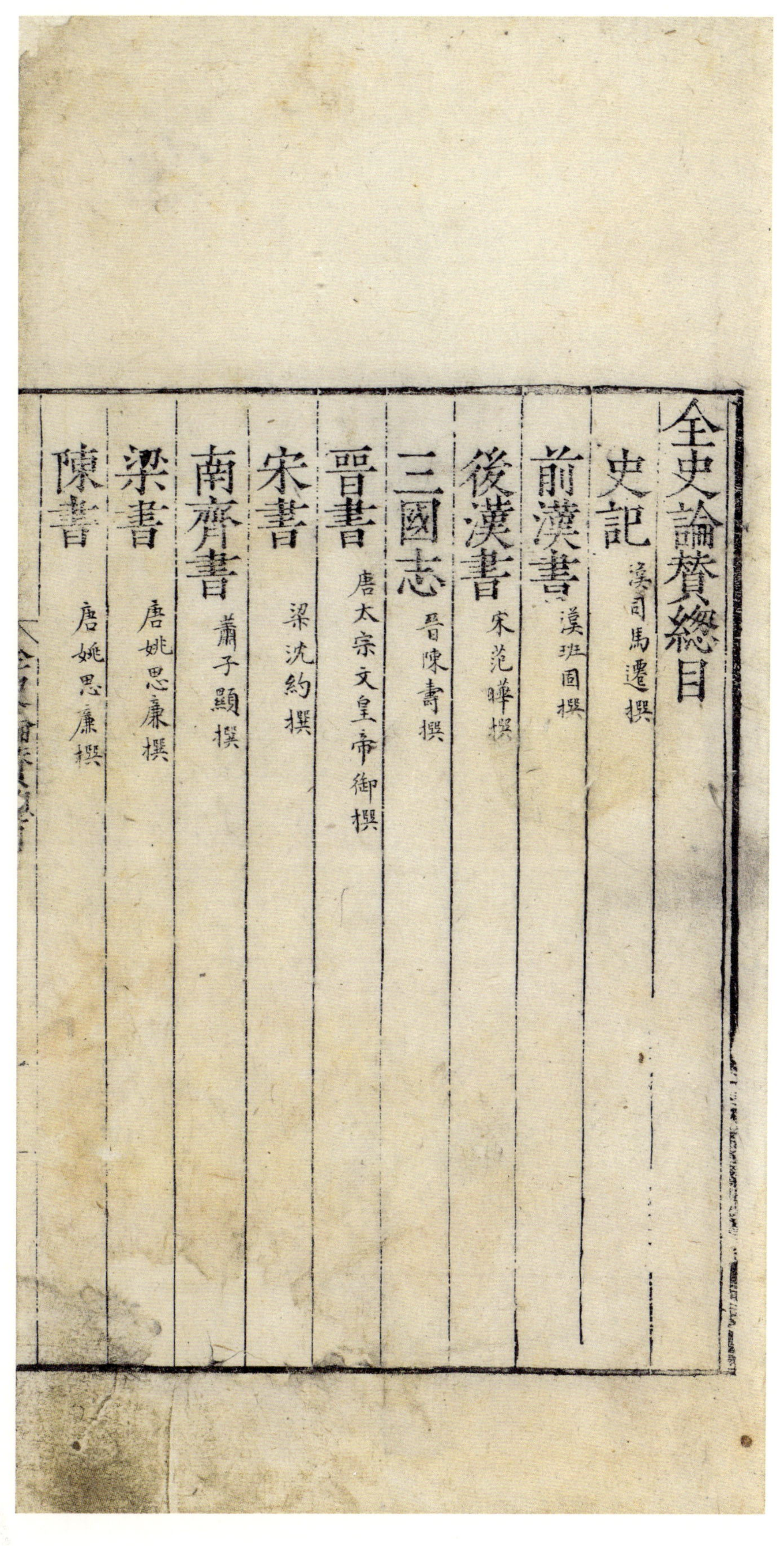

全史論賛總目

史記　漢司馬遷撰

前漢書　漢班固撰

後漢書　宋范曄撰

三國志　晉陳壽撰

晉書　唐太宗文皇帝御撰

宋書　梁沈約撰

南齊書　蕭子顯撰

梁書　唐姚思廉撰

陳書　唐姚思廉撰

史記論賛目録

卷之一

本紀
五帝　夏　殷
周　秦　秦始皇二世
項羽　高帝　吕后惠帝
文帝　景帝　武帝

卷之二

表
三代世表　十二諸矦年表

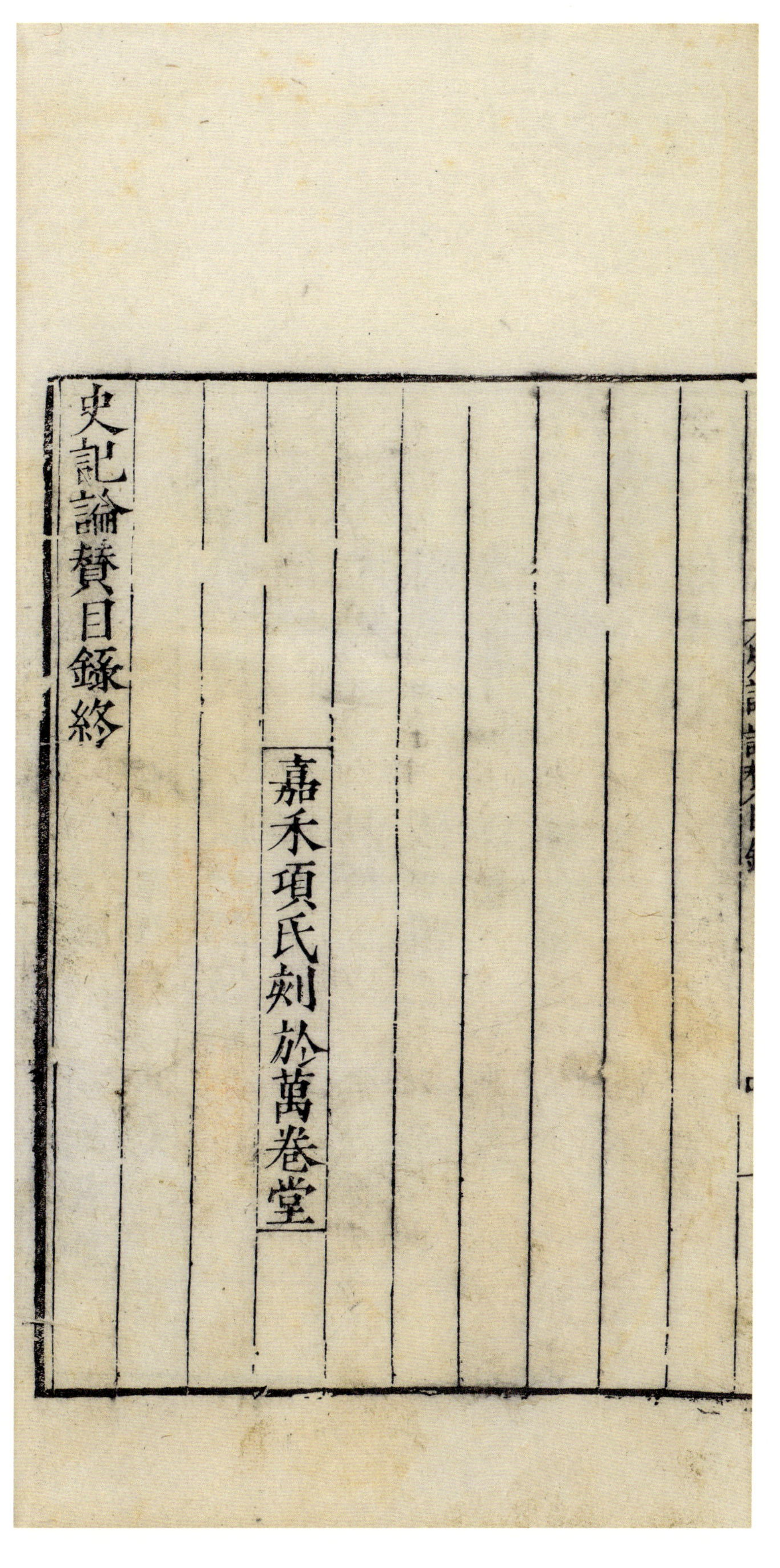
史記論贊目錄終
嘉禾項氏刻於萬卷堂

史記論贊卷之一　道部

漢司馬遷撰　明項篤壽輯

本紀

五帝

太史公曰學者多稱五帝尚矣然尚書獨載堯以來而百家言黃帝其文不雅馴薦紳先生難言之孔子所傳宰予問五帝德及帝繫姓儒者或不傳余嘗西至空桐北過涿鹿東漸於海南浮江淮矣至長老皆各往往稱黃帝堯舜之處風教固殊焉總之不離古文者近是予觀春秋國語其發明五

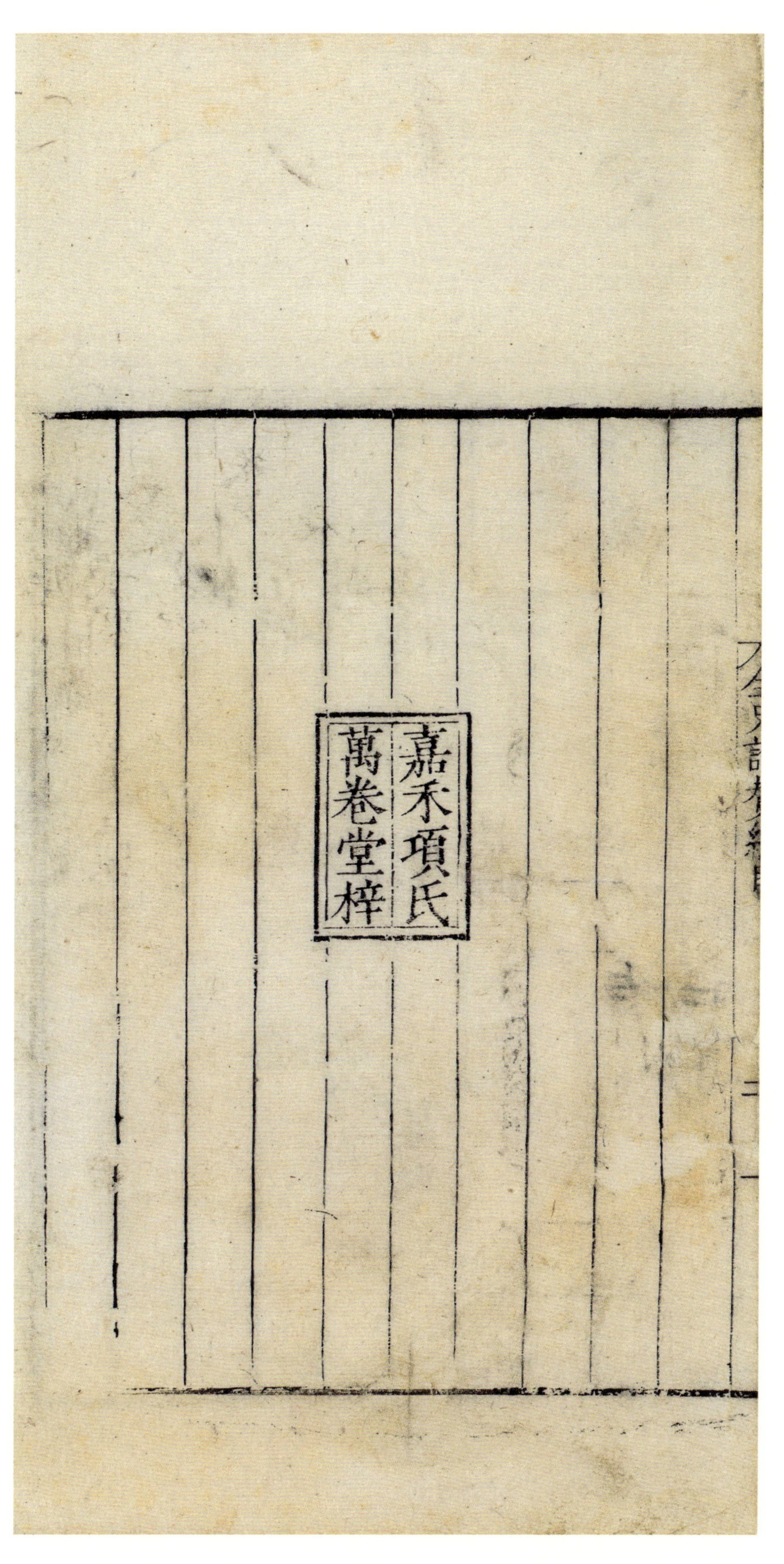
嘉禾項氏
萬卷堂梓

《历代史论》一二卷，（明）张溥撰。

清光绪刊本。版框高一七一毫米，宽一二一毫米，左右双边，黑口，双鱼尾，每半叶十一行，行二十一字。

张溥依《通鉴纪事本末》《宋史纪事本末》《元史纪事本末》编次作论，每卷一论，附于各篇之末。总论「三家分晋」至「元代诸帅之争」史实，标其大义，缀以微文。清代列为禁书，故嘉庆年间内府抄《通鉴纪事本末》《宋元纪事本末》各卷之后，曾削去「史论」。光绪十三年（一八八七）扫叶山房校刊本，将高士奇《左传纪事本末》「论」与谷应泰《明史纪事本末》「论」合印一书，流传颇广。

张溥（一六〇二至一六四一），字乾度，一字天如，号西铭，南直隶苏州府太仓（今江苏太仓）人，明朝晚期文学家，代表作有《七录斋集》《五人墓碑记》。

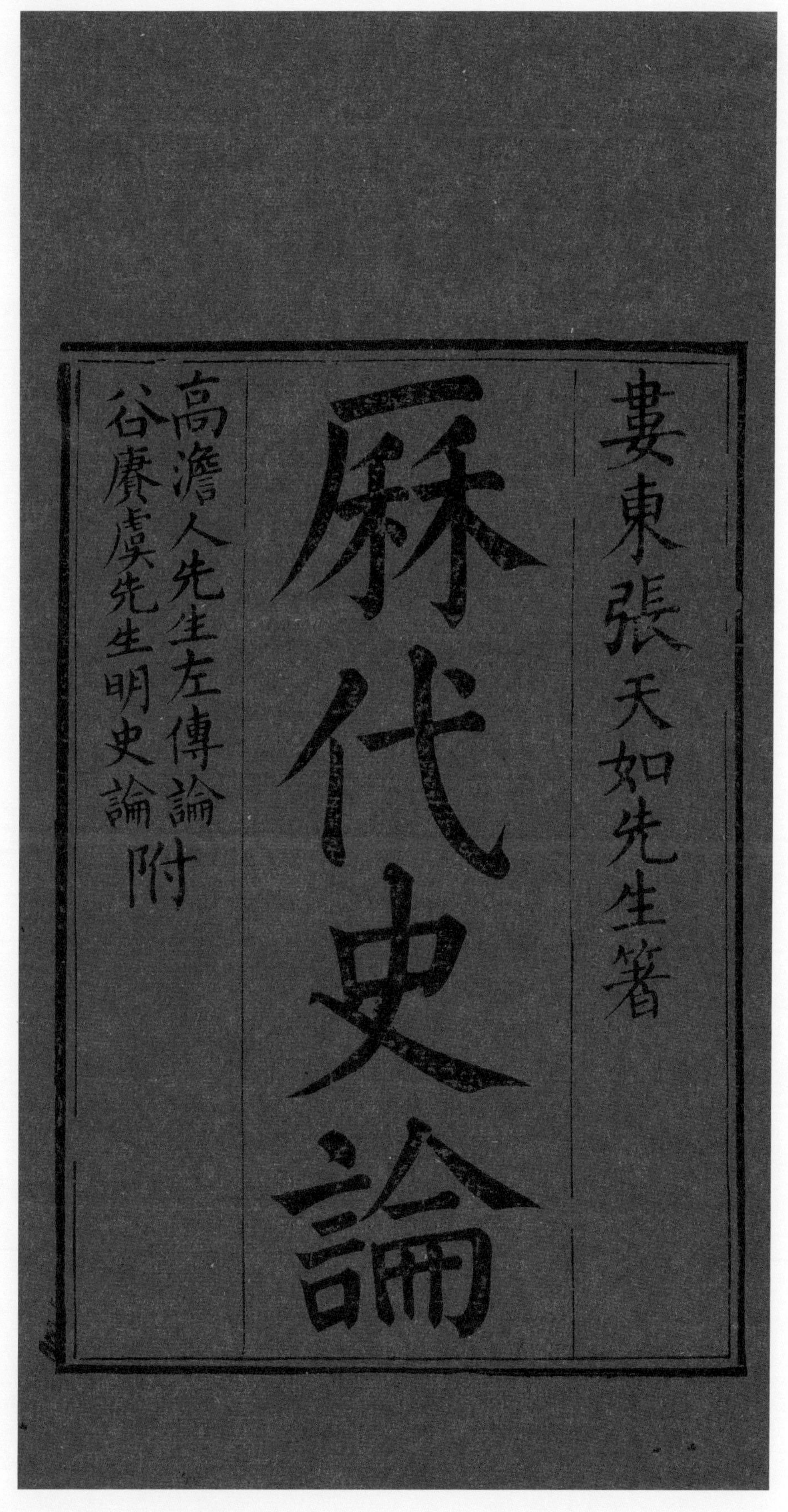
婁東張天如先生箸
厤代史論
高澹人先生左傳論
谷賡虞先生明史論
附

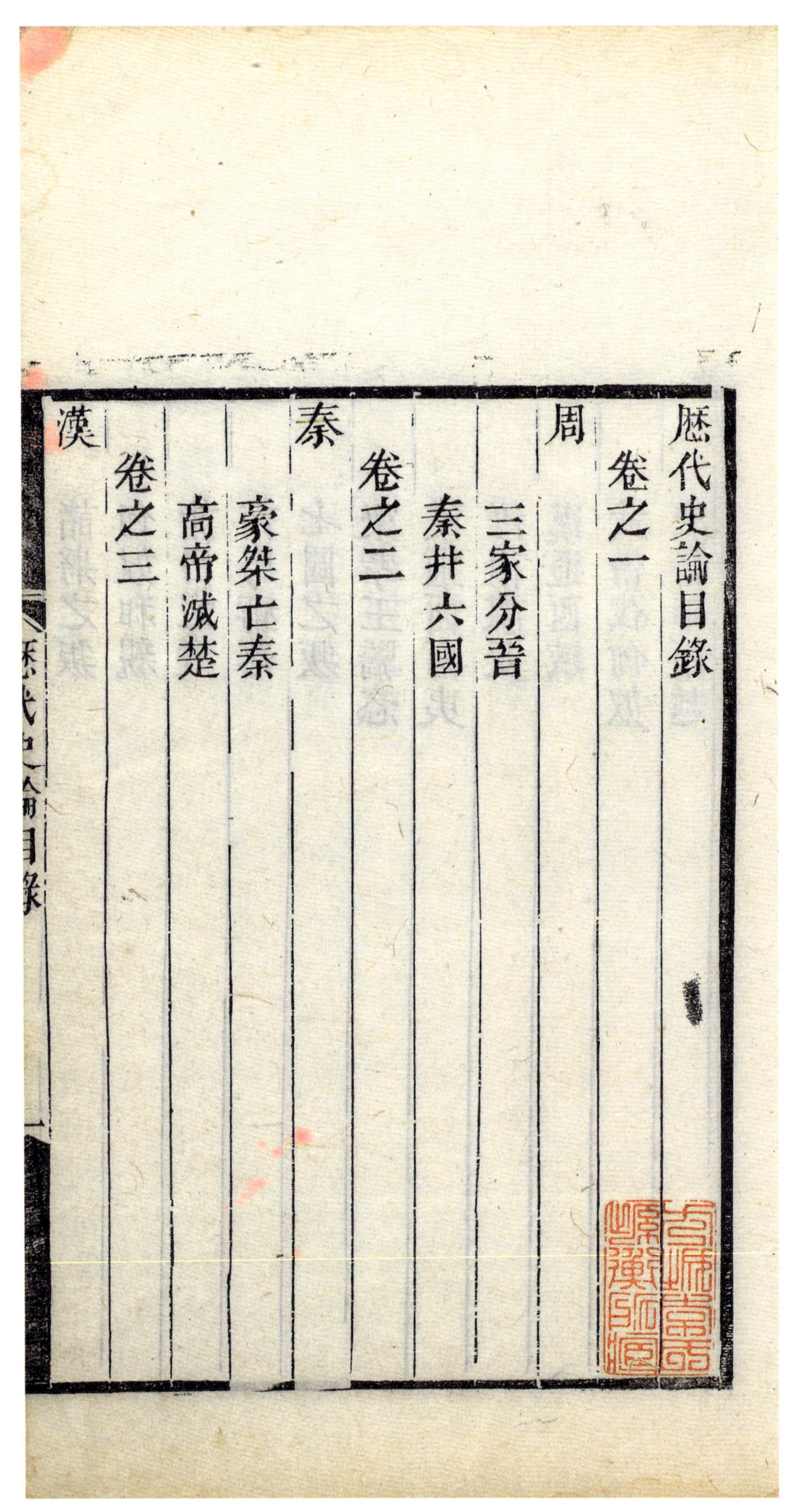

歴代史論目錄

卷之一

周

三家分晋

秦并六國

卷之二

秦

豪桀亡秦

高帝滅楚

卷之三

漢

晉自文公以來十一世為諸侯盟主秦楚莫之或抗自分為三國則不相統一而勢力微弱不足以制秦是晉之分秦之所以強也故涑水紫陽俱託始於此篇中提出此意瀾翻曲折疊出不窮而文致之古雅筆力之雄健珪璧方員無不入妙 孫執升

歷代史論卷之一

明 太倉 張溥 論正

周

三家分晉

先提出智氏以形出三家源頭極清

荀瑤之伐鄭取九邑也在周元王之元年其後伐齊圍鄭滅夙繇襲衞強武最著而族盡於無恤者何也以賢陵人而以不仁行之智果所謂必滅之道也智宗之滅距三家為侯其歲遠矣作者乃於威烈之二十三年備記其事志三家所繇大也智氏不滅晉有四卿之名而三家不顯智氏既滅則魏駒傳斯趙無恤傳浣及籍韓虎傳啓章及虔而王命及之然則智氏存亡繫晉乎曰

溥作史者之意

晉自此始分

《历代史表》五九卷，（清）万斯同撰。

清广雅书局刻本。版框高二一四毫米，宽一五三毫米，四周单边，黑口，单鱼尾，每半叶十一行，行二十四字。

《史记》创立了表的体例。《汉书》以后正史多缺史表。「十七史」自《后汉书》至《五代史》，除《新唐书》外，均无表。清万斯同仿《史记》《汉书》体例，参考诸史群书为之补撰后汉至宋、辽、金各史所缺之表。计有东汉七种，三国八种，晋十七种，刘宋三种，齐三种，梁二种，陈二种，北魏七种，北齐三种，北周二种，隋二种，五代十一种，共补六十八种。其中《宦官侯表》及《大事年表》等为万斯同首创。

万斯同（一六三八至一七〇七），字季野，号石园。清代著名史学家，著有《历代史表》《纪元汇考》《石园诗文集》等。

广雅书局，广东官办书局名。光绪十三年（一八八七）两广总督张之洞、广东巡抚吴大澂奏设。广雅书局设东、西、南、北、前、后六校书堂，辑刻《广雅丛书》，重刻《武英殿聚珍版书》《全唐文》等三百余种。所刻书籍多切实用，以史部为多，编印有《广雅书局书目》。

欽定四庫全書提要

歷代史表五十三卷

臣等謹案歷代史表五十三卷

國朝萬斯同撰斯同字季野鄞縣人是書以十七史自後漢書至五代史惟新唐書有表餘皆闕如故各爲補撰宗史記前漢書之例作諸王世表外戚侯表外戚諸王世表異姓諸王世表將相大臣及九卿年表宗新唐書之例作方鎮年表諸鎮年表其宦者侯表大事年表則斯同自創之例也其書自正史本紀志傳以外參考唐六典通典通志通鑑冊府元龜諸書及各家雜史次第彙載使列朝掌故端緒釐然於史學殊爲有助考自宋以前惟後漢書有熊方所補年表他如鄭樵通志年譜僅記一朝大事及正閏

歷代史表目錄

卷一　東漢
諸帝統系圖
諸王世表
外戚侯表
卷二　東漢
雲臺功臣侯表
宦者侯表
卷三　東漢
將相大臣年表
卷四　東漢

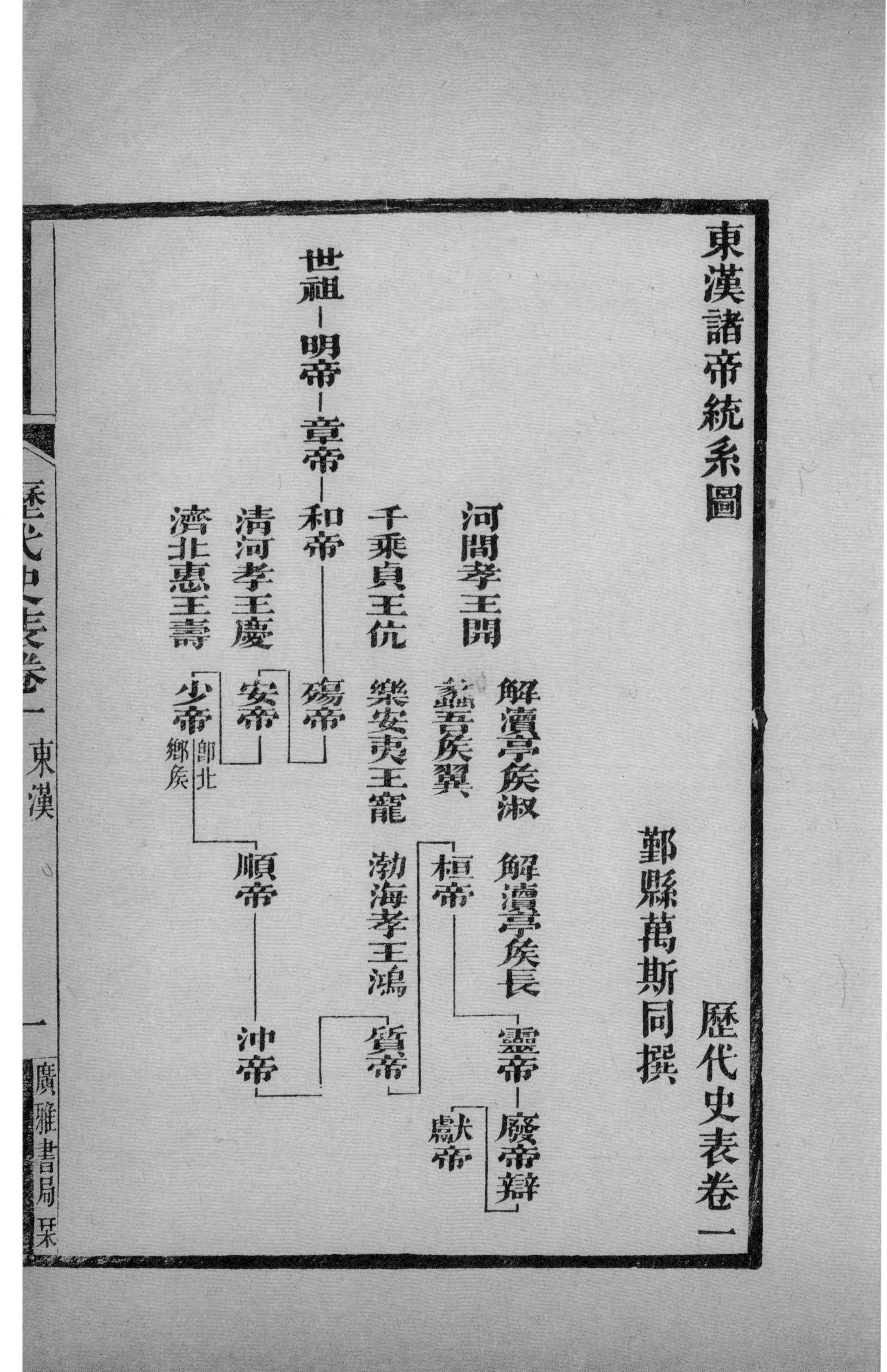
歷代史表卷一
鄞縣萬斯同撰
東漢諸帝統系圖
世祖
明帝
章帝
和帝
殤帝
千乘貞王伉
樂安夷王寵
渤海孝王鴻
質帝
河間孝王開
解瀆亭侯淑
解瀆亭侯長
靈帝
廢帝辯
獻帝
蠡吾侯翼
桓帝
清河孝王慶
安帝
順帝
沖帝
濟北惠王壽
少帝
北鄉侯
歷代史表卷一 東漢
一
廣雅書局栞

《十七史商榷》一〇〇卷，（清）王鸣盛撰。

光绪十九年（一八九三）广雅书局刊本。版框高二〇九毫米，宽一五一毫米，四周单边，黑口，单鱼尾，每半叶十一行，行二十四字。

此书是清代学者王鸣盛的史学考证著作，所考包括从《史记》到《新五代史》的十七部正史，也涉及《旧唐书》《旧五代史》，故实为十九史。考证内容包括校勘文字、考证典制、评论史书和史家、评论历史事件和人物等，尤以考证地理、官制为多，又以对《汉书》和两《唐书》用力最深。此书对阅读正史有重要参考价值。有广雅书局本、《史学丛书》本、《丛书集成》本及一九五九年商务印书馆重印本。

王鸣盛（一七二二至一七九八），字凤喈，一字礼堂，别字西庄，晚号西江、西沚居士，江苏嘉定县（今上海市嘉定区）人，清代史学家、考据学家，以汉学考证方法治史，为「吴派」考据学大师，有《耕养斋诗文集》《西沚居士集》等著作。

十七史商榷卷一

東吴王鳴盛譔

史記一

史記集解分八十卷

漢志史記百三十篇無卷數裴駰集解則分八十卷見司馬貞史記索隱序隋志始以一篇爲一卷又別列裴注八十卷新舊唐志亦然不知何人刻集解亦以一篇爲一卷疑始於宋人今予所據常熟毛晉刻正如此裴氏八十卷之舊不可復見不知其分卷若何

目錄之學學中第一緊要事必從此問塗方能得其門而入然此事非苦學精究質之良師未易明也自宋之晁公武下迄明

《廿二史札记》三六卷，（清）赵翼撰。

清嘉庆湛贻堂刻本。版框高一七五毫米，宽一三九毫米，左右双边，白口，单鱼尾，每半叶十一行，行二十一字。

此书是清代学者赵翼的史学考证著作。所考范围涉及从《史记》到《明史》的全部二十四史。因当时《旧唐书》《旧五代史》尚未列入正史，故称「廿二史」。按正史先后分卷编次，每卷以类相从，各立标题。除对文字史事校勘外，还对史书编撰体例沿革、方法及史料来源予以探讨评其得失；对古今风会之递变，历代之治乱兴衰，进行归纳专题整理。对历史初学者有启示门径之作用。有一九三七年商务印书馆《丛书集成》本，一九五八年重印本，一九八二年中华书局出版王树民校正本。

廿二史劄記卷一

陽湖　趙翼　雲崧

司馬遷作史年歲

司馬遷報任安書謂身遭腐刑而隱忍苟活者恐沒世而文采不表於後世也論者遂謂遷遭李陵之禍始發憤作史記而不知非也其自序謂父談臨卒屬遷論著列代之史父卒三歲遷爲太史令即紬石室金匱之書爲太史令五年當太初元年改正朔正值孔子春秋後五百年之期於是論次其文會草創未就而遭李陵之禍惜其不成是以就刑而無慍是遷爲太史令即編纂史事五年爲太初元年則初爲太史令時乃元封三年

《读史论略》一卷，（清）杜诏撰。

清光绪刻本。版框高一九〇毫米，宽一四二毫米，左右双边，白口，单鱼尾，每半叶七行，行二十字，小字双行同。

《读史论略》又称《全注读史论略》，叙述上起战国，下迄明末的二千余年间各朝帝王兴废事迹。内容简略，记事间偶有疏误，唐邦治作《订续读史论略》，补其疏而正其误。本书为当时流传较广泛的启蒙史书。同治五年（一八六六）由余肇钧校刊问世。

杜诏（一六六六至一七三六），字紫纶，江南无锡人。

讀史論略

朱子因司馬氏通鑑作綱目上起戰國下終五代凡千三百六十有二年起周威烈王二十三年終周世宗顯德六年自宋而下以迄明末又六百八十有五年起宋太祖建隆元年終明懷宗崇禎十七年統計二千有四十七年其一統者八曰秦曰兩漢曰晉曰隋曰唐曰宋曰元曰明偏安者十有二曰蜀漢曰東晉曰宋曰齊曰梁曰陳曰後梁後唐後晉

《史筌》五卷，（清）杨铭柱撰。

清咸丰刊本。版框高二一二毫米，宽一四九毫米，四周双边，白口，单鱼尾，每半叶九行，行二十字，小字双行同。

此书是杨铭柱为乡里幼学辑史钞类读物，首编次为帝王世统，起于上古，终于晚明，其中世统有图，纪年有歌，辅助记忆和理解。

杨铭柱，生卒年不详，字岜峰，云南寻甸人（今属昆明市），道光十六年（一八三六）进士。

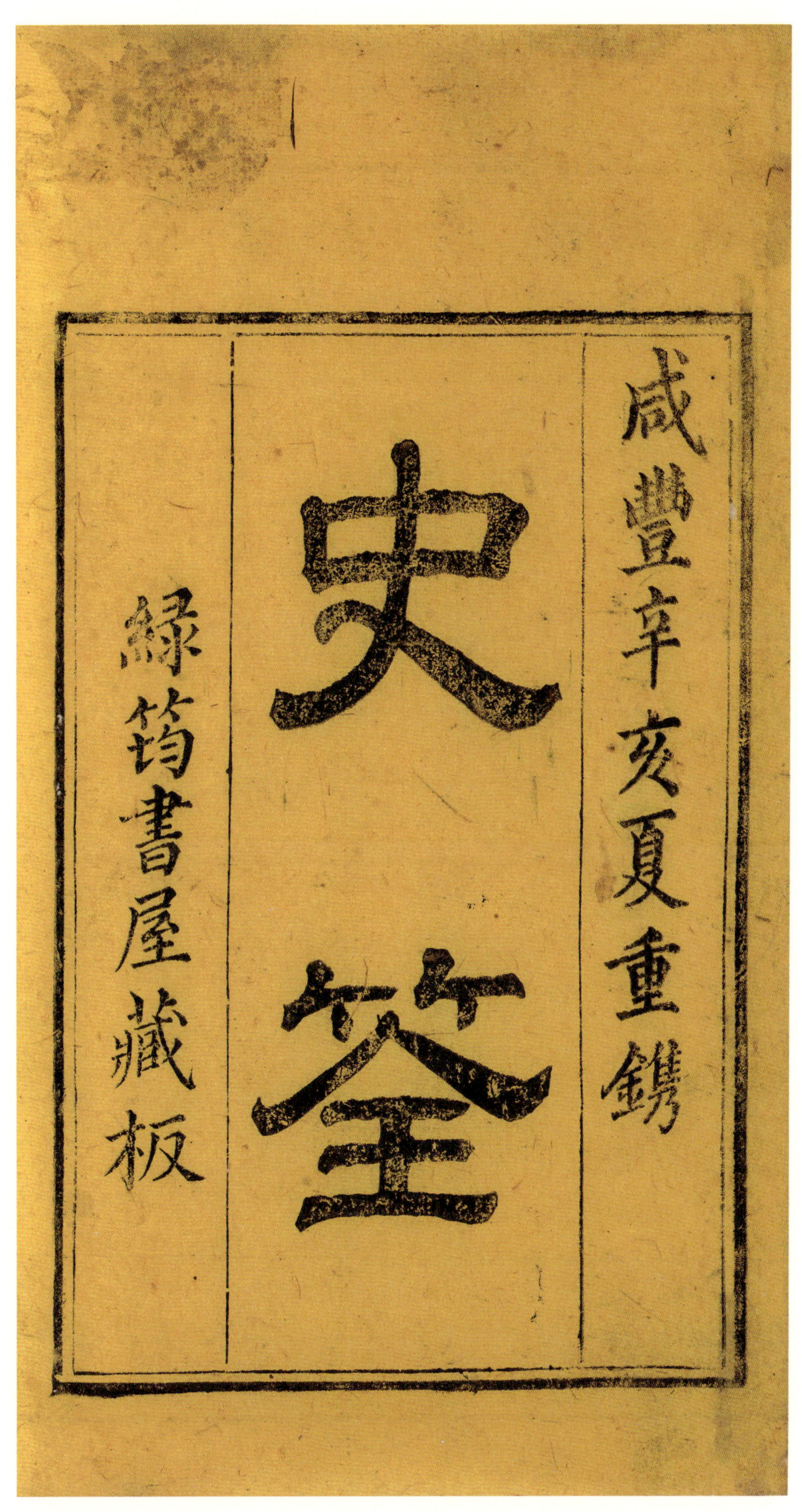
咸豐辛亥夏重鐫
史筌
綠筠書屋藏板

叙

吾宗崑峯侍御由詞館歷諫垣官京師者十二年每於彤廷珥筆烏臺視草之餘無日不枕經葄史講求根柢之學嘗念吾滇僻處天末士多寒畯家鮮藏書故六經外幾不暇問史爲何物間有力學之士抗懷稽古亦未能遍觀而盡識也因編輯史筌一書於紀年世系則如

史鑑標目

史記一百三十卷　漢司馬遷撰始黃帝至漢武獲麟之年成十二紀以敘帝王十年表以貫歲月八書以紀政事三十世家以敘公侯七十列傳以志士庶今致全書凡闕者十篇褚少孫補之遷字子長龍門人繼其父談為太史內成此書

漢書一百卷　後漢班固撰書凡十二帝紀八表十志七十列傳表及天文志其女弟昭續成之固字孟堅茂陵人彪子○昭字惠姬適曹世叔早寡有節行著女誡七篇世號曹大家云

唐堯元載訖周威烈王二十二年又別為舉要以提其綱領云（履祥號仁山蘭谿人）

續通鑑綱目二十七卷 明商輅撰始後周恭帝元年庚申訖元順帝至正二十七年丁未（輅號素菴淳安人）

御定通鑑綱目三編四十卷 乾隆四十年奉敕撰始明太祖元年戊申訖莊烈帝十七年甲申

右編年

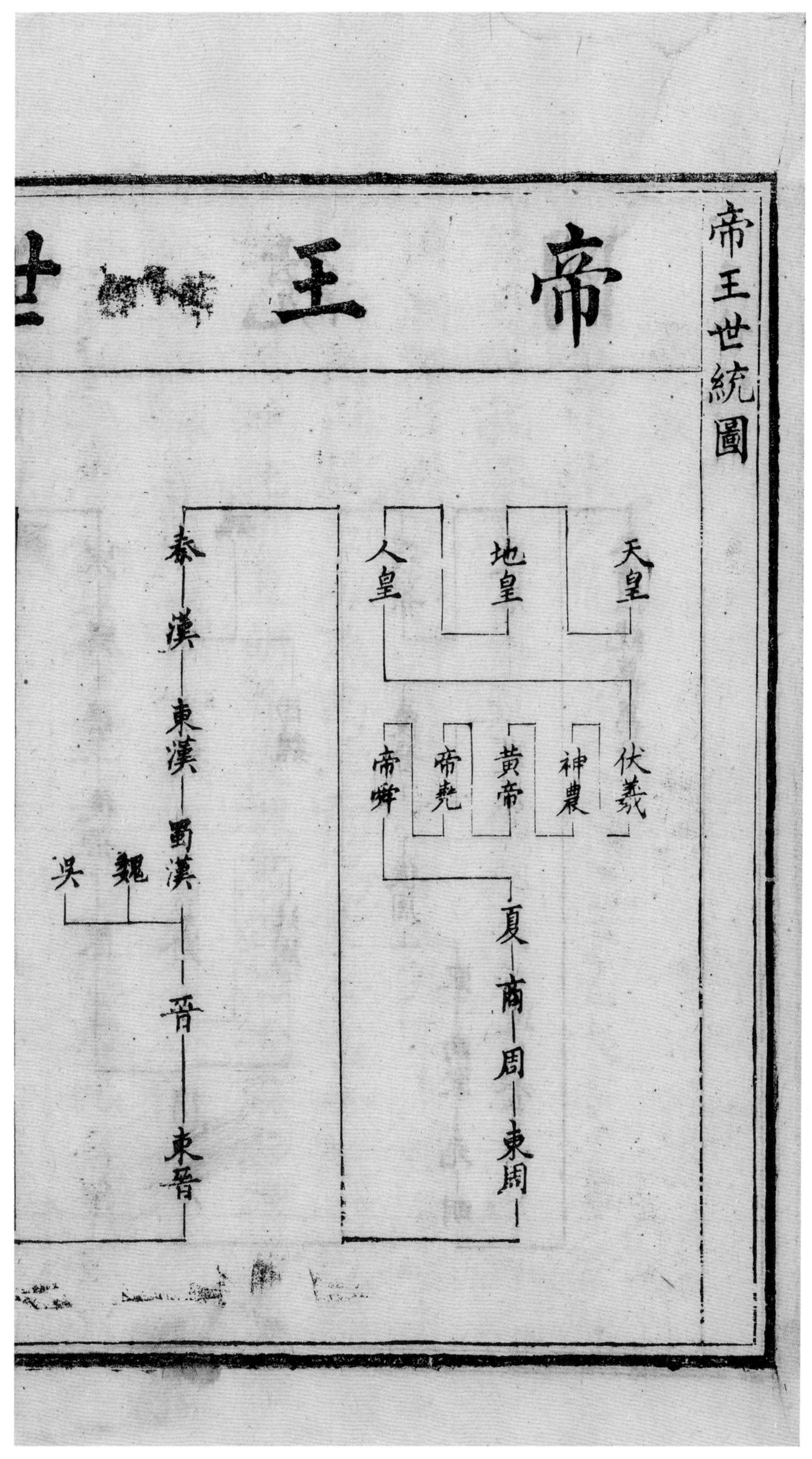
帝王世統圖
帝王世
天皇
地皇
人皇
伏羲
神農
黄帝
帝堯
帝舜
夏
商
周
東周
秦
漢
東漢
蜀漢
魏
吴
晋
東晋

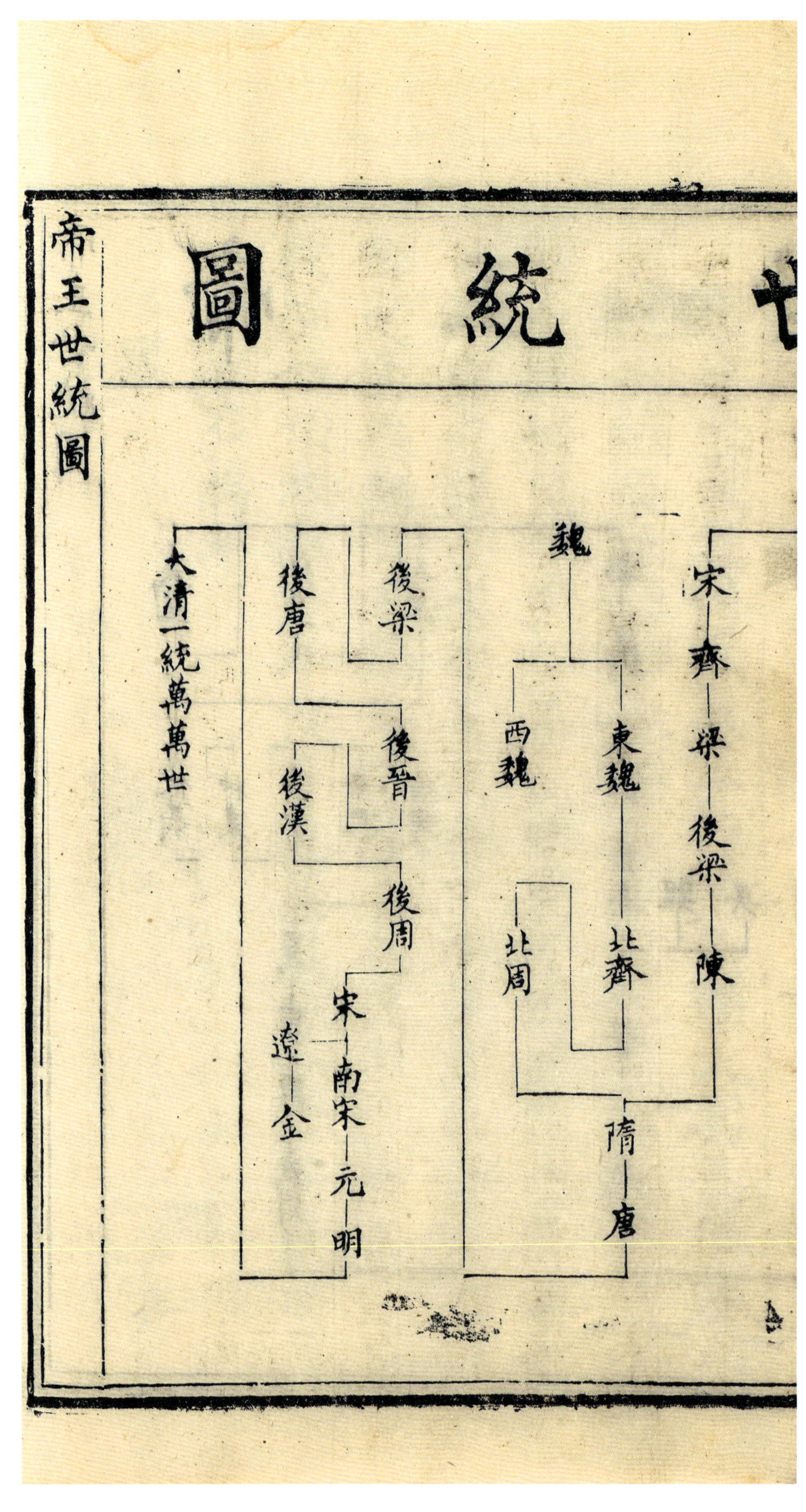
帝王世統圖
世統圖
宋
齊
梁
後梁
陳
魏
東魏
北齊
西魏
北周
隋
唐
後梁
後唐
後晉
後漢
後周
宋
南宋
元
明
遼
金
大清一統萬萬世

歷代世系紀年歌

總數

粵稽盤古生太荒嗣者天地人三皇伏羲炎帝暨軒轅堯舜相承五帝傳夏商周秦西東漢蜀漢魏吳三國判漢亡於魏魏禪晉晉遂平吳天下定擾晉室者十六國以後朝分為南北南為東晉居金陵宋齊接踵又梁陳北則五胡并後魏東魏西魏復如蝟西禪於周東禪齊周滅齊兮旋禪隋隋復平陳始一統未幾唐興歷數永唐終五代多更變梁唐晉漢周相篡

更兼十國勢瓜分宋祖登基始太平金據汴梁宋南渡北遼西夏相侵侮驅金滅宋是爲元入主中華九十年明滅元傳十六帝

清代明兮億萬世試問古今幾甲子中天以上難屈指自堯至明猶可求四千一年真悠悠

唐虞

唐堯一百載虞舜五十年禪讓官天下有子不相傳

夏

姒夏繼有虞一十有七世得年通幾何四百四十二

商

有商子姓三十世干日為名無癸字六百四十有四年天下歸周契不祀

周

姬周三十有七王歷年八百六十七西都三百五十二武成康昭穆共懿孝夷之下厲宣幽十有二朝居鎬邑東都二十五相傳五百一十五元日平桓莊釐惠與襄頃匡定簡靈景繼悼敬元并貞定哀思考威烈安夷烈顯與慎靚及赧王厥後秦人倂王室

徐乃昌旧藏《历代帝王纪年考》一卷，（清）王检心撰。

清道光二十三年（一八四三）慎修堂刻本。版框高二〇〇毫米，宽一〇七毫米，四周双边，白口，单鱼尾，每半叶九行，行二十五字，小字双行同。

《历代帝王纪年考》记载上古伏羲至明崇祯纪年的小传。清末刘声木的《苌楚斋五笔》卷六中著录此书：「内乡王子涵观察检心行宜撰述，予已录入《桐城文学渊源考》及《撰述考》中，兹复见其所撰《历代帝王纪年考》一卷，道光癸卯夏月，慎修堂自刊本」。刘氏评价「全书亦简明易览」。

王检心（一八〇四至一八六九），原名立人，号子涵，今南阳内乡县人。清道光五年（一八二五）举人，著作有《易经治约》《春秋本义》《四书存真》《礼传合抄》等。

徐乃昌（一八六八至一九四三），字积余，南陵人。出身望族，近代著名藏书家、学者。

歷代帝王紀年考弁語

太昊伏羲炎帝神農黃帝有

熊三皇可宗少昊金天顓頊

高陽帝嚳高辛堯舜代昌是

一歷代帝王多踰年改元間有不踰年改元者亦照踰年改元例正之以便紀甲子仍於其後作按分淸不沒其實

一孔孟爲百代帝王之師與天地同其久長歷代帝王尊之則緜延世祚褻之則亡不旋踵秦皇漢高可見已今于每代帝王紀年後附以先聖先賢出處並歷代崇奉典禮吾道雖不以此爲隆汙然亦可因以占歷代國運之盛衰

歷代帝王紀年考一卷

內鄉王檢心子涵甫輯

太昊伏羲氏

風姓有聖德象日月之明故曰太昊始作網罟以佃以漁以贍民用故曰伏羲氏養犧牲以充庖廚故又曰庖犧氏都于陳以木德王在位一百一十有五年神農氏繼世踐位○按外紀伏羲之後有女媧柏皇中央大庭栗陸驪連渾沌赫胥尊盧昊英有巢朱襄葛天陰康無懷凡十有五氏相繼為天子而後神農氏作及考伏羲命官十五氏多與焉則是皆佐伏羲之臣也或者又謂為當時各君一方如後世諸侯之國者未知孰是且間多無稽不經之語故云姑闕之唯依易大傳即以神農氏繼之云

炎帝神農氏

姜姓以火德代伏羲氏治天下故曰炎帝始教民藝五穀而農事興焉故號曰神農氏都陳遷于曲阜在位百四十年

子臨魁踐位

哈薩克右中部
納林河
大宛
伽舍羅
捐毒
休循
岐沙谷
北河
發源葱嶺西流之水
南河
無雷
大月氏
難兜
罽賓
大頭痛小頭痛山赤土身熱阪

第二单元

禹贡河山

在中国古代传统学术分类中，地理学分属于史部。从《禹贡》《山海经》等早期著作算起，传统的地理学和历史学一直有着非常紧密的联系。《左传·襄公四年》说：「茫茫禹迹，画为九州」。大禹治水时的活动范围，被划分为九州。汉代司马迁《史记·河渠书》专记山川河流变迁和历代水利。班固《汉书·地理志》首次将「地理」之目列入正史之中。魏晋南北朝时出现了优秀的地理学著作《水经注》和「制图六体」地图编制原则。隋唐宋元时期迎来了《元和郡县图志》《太平寰宇记》等全国性地理总志编撰的大发展。明清以来，无论是地理研究还是地图绘制水平都达到了中国古代传统地理学的空前水平。历史和地理对应的时间和空间并行演进，构成了人们认知世界的两大要素。中国人对于所生活世界的山川、河流、聚落、城郭、关塞、古迹、区域沿革、环境变迁充满了求知的欲望和人文情怀，造就了一部部地理名著的产生、传世和不朽。

《禹贡要注》一卷，（明）郑晓编注。

清光绪十年（一八八四）古虞朱氏朱墨套印本。版框高一二二毫米，宽八九毫米，四周双边，黑口，双鱼尾，每半叶八行，行十七字，小字双行同。

《禹贡》属于《尚书》中一篇，是先秦最富于科学性的地理记载。作者不详，著作时代无定论，近代多数学者认为约在战国时。因托名大禹的著作，故而以《禹贡》命名。《禹贡》将当时天下划分为九州，即冀、兖、青、徐、扬、荆、豫、梁、雍。全书以自然地理实体为标志，对每州的疆域、山脉、河流、植被、土壤、物产、贡赋、民族、交通等作了简要的描述。《禹贡》是中国早期区域地理研究的典范，成为此后《水经注》以及唐、宋以来许多地理著作援引的对象，是研究中国历史地理的重要参考文献。郑晓参考宋代多家《禹贡》研究著作，抉择正解，成《禹贡要注》一书。

郑晓（一四九九至一五六六），字皇甫，号淡泉，浙江海盐（今属嘉兴）人。博学多才勤于著述，对《禹贡》有较深的研究，有《禹贡说》《禹贡图说》《禹贡要注》等。

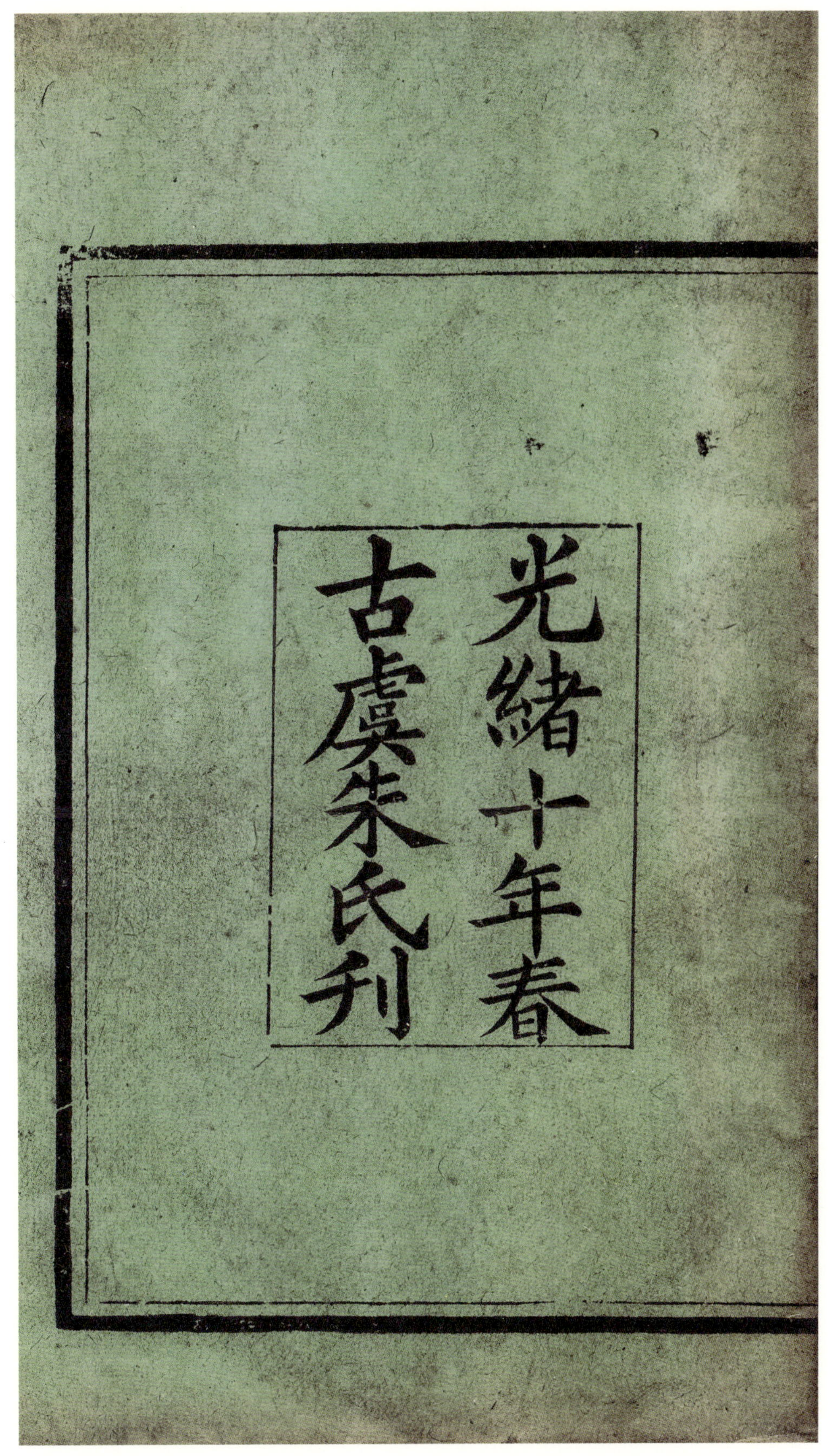
光緒十年春
古虞朱氏刊

序

禹貢一書蔡傳外其專注者宋時推毛氏指南程氏前後論及山川地理圖傳氏說斷諸書皆足以補蔡氏之疏而糾其繆至

國朝胡氏錐指出則援據精塙直駕諸書而上之稱絕學焉顧其書採摭浩繁足供攷據家之資糧而初學能讀者鮮

禹貢所載隨
冀
東河西
南河北
西河東
狐岐
恒山
恒
碣石
鳥夷
太原
衛
大陸澤
九河
呂梁
漳水
洛水
岳陽
太岳
兗
逆河東京
入海萊夷
雷夏澤
太行
王屋
析城
洛
嵎夷
汶
青
南河
菏澤
大野澤
豫
徐
陶丘
泗
蒙山
嶧山
淮
伊
九江
大別
揚
震澤
太湖
衡山
江
鳥夷

山濬川之圖
雍
東距西河
西據黑水
西河
弱水
渠搜
流沙
合黎
河
黑水
三危
析支
積石
崑崙
涇
荊山
漆
梁山
沮
逾于河
壺口
龍門
汧山
岐山
雷首
鳥鼠
渭
入于河
底柱
朱圉
太華
澗
惇物
終南
熊耳
洛
西傾
漾
沔
漢
滄浪
水 水 水
漢
梁
南據華陽
西距黑水
桓水
岷山
嶓冢
荊山
内方
沱
蒙山
荊
北據荊山
南及衡陽
江
潛
澧
南交
崇山
蔡山

禹貢要註

明鄭濬泉先生編註　海寗祝逢源校

山名作△　水名作囗　地名作皿

夏書

禹貢

禹敷土。隨山刋木。奠高山大川。

此總言治水之要也。分九州之地。則水勢之高下可知。隨山而行。相其便宜。斬木通道。則水勢之緩急可知。定其山之高川之

大者以別州境則水勢之出入可知

冀州

此分記九州之成功皆自下而高也冀州帝都之地又河水所經故治之獨先不言疆界者以餘州所至可見亦以尊京師示王者無外之意

既載壺口

冀之水莫大於河而北曲之壺口山乃河

水南下之衝也刱始治之曰載所以殺河勢也

治梁及岐　呂梁河流激盪　狐岐河徑險阨

梁山岐山河水所經繼治之所以開河道也壺口在下流梁岐在上流下流既殺上流方可施功也

既脩太原至于岳陽　太原河東路太原府岳陽岳陽縣地

太原岳陽皆地也廣平曰原太原汾水所

《山海经》一八卷，（晋）郭璞注，（明）吴中珩校。

明万历吴中珩师古斋刊本。版框高一九四毫米，宽一三五毫米，左右双边，白口，单鱼尾，每半叶十行，行二十字，小字双行同。

《山海经》作者不详，十八篇。计分《山经》五篇和《海经》十三篇两大类。原有图，久佚。今本之图为后人补画。著作时代尚无定论，近代学者多认为大部分作于战国时期，小部分作于西汉初年，不是出自一时一人之手。各卷著作年代无从定论，一般认为《山经》成书不迟于战国。《海经》有八篇杂有秦汉地名，当在秦汉之际写定；另有五篇杂入《水经》文字，应系魏晋人增窜。所记四方与四方风名，与甲骨文所记基本相同，人名则多可与《世本》和《大戴礼记》之《五帝德》《帝系姓》相参证。

内容涉及范围很广，包括地理、历史、民族、医药、巫术、动物、植物、矿产等方面。书中记载的人名有一百四十多个，山名五千三百多个，水名二百五十多个，动物一百二十多种，植物五十多种，以及许多矿产；还记载了不少远古的神话传说，如夸父追日、后羿射日、精卫填海、舜葬苍梧、羲和浴日、西王母使青鸟、王亥仆牛等。虽有许多怪诞之说，但保存丰富的资料，为研究上古社会的重要文献。

郭璞（二七六至三二四），字景纯，河东闻喜（今山西闻喜县）人。历任著作佐郎、尚书郎等职。博学多才，精通五行天文卜筮之术，有《尔雅注》《山海经注》《穆天子注》《游仙诗》等。

吴中珩，字延美，明万历间歙县人。刻印过多部书籍。

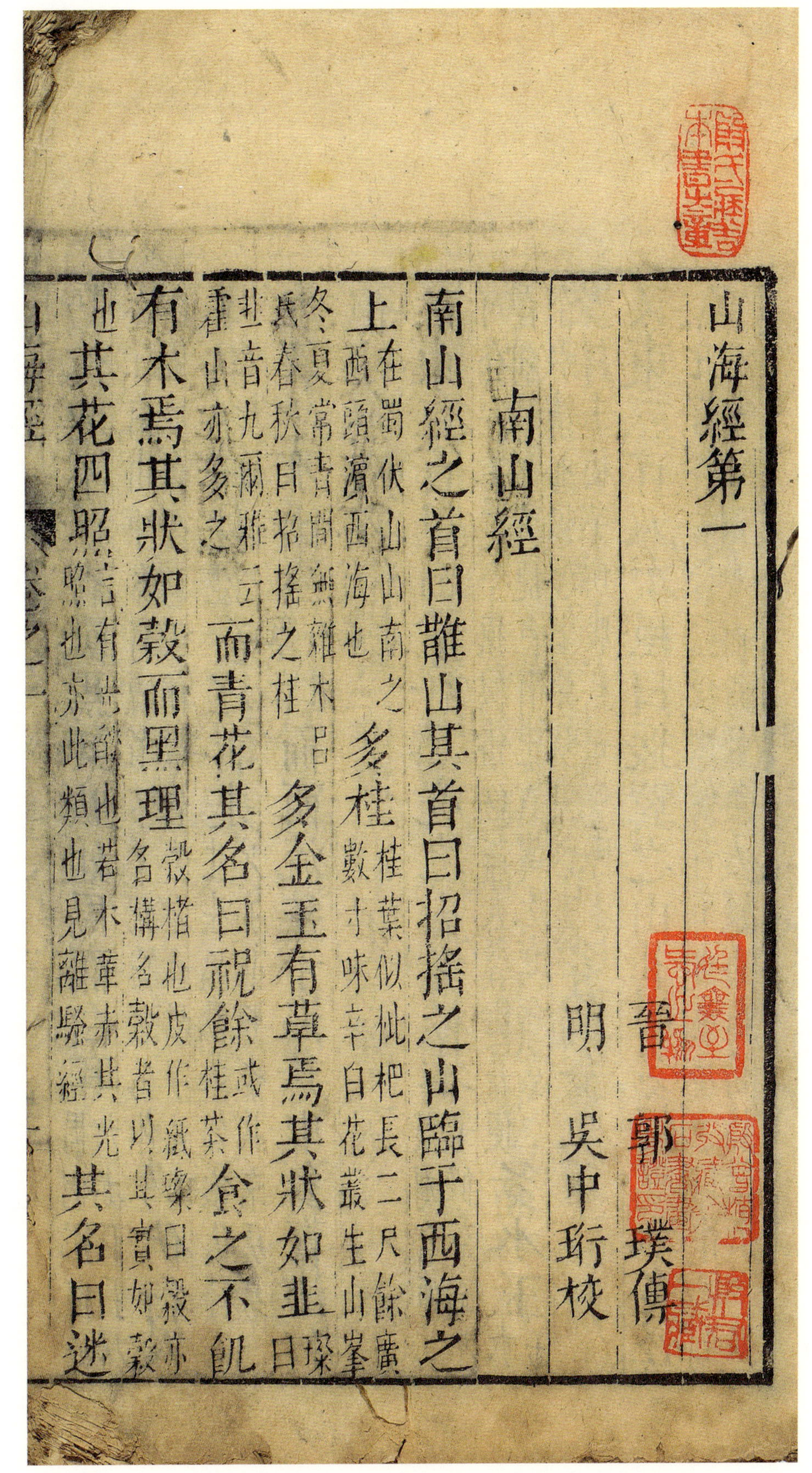

山海經第一

晉　郭　璞傳

明　吳中珩校

南山經

南山經之首曰䧿山其首曰招搖之山臨于西海之上在蜀伏山山南之西頭濱西海也多桂桂葉似枇杷長二尺餘廣數寸味辛白花叢生山峯冬夏常青間無雜木呂氏春秋曰招搖之桂多金玉有草焉其狀如韭璞曰韭音九爾雅云藿山亦多之而青花其名曰祝餘或作桂茶食之不飢有木焉其狀如穀而黑理穀楮也皮作紙璞曰穀亦名構名穀者以其實如穀也其花四照言有光燄也若木華赤其光照也亦此類也見離騷經其名曰迷

山海經　卷之一　一

《山海经释义》一八卷，图一卷，（明）王崇庆撰。

明万历四十七年（一六一九）大业堂刊本。版框高二〇八毫米，宽一五〇毫米，四周单边，白口，单鱼尾，每半叶十行，行二十二字，小字双行同。

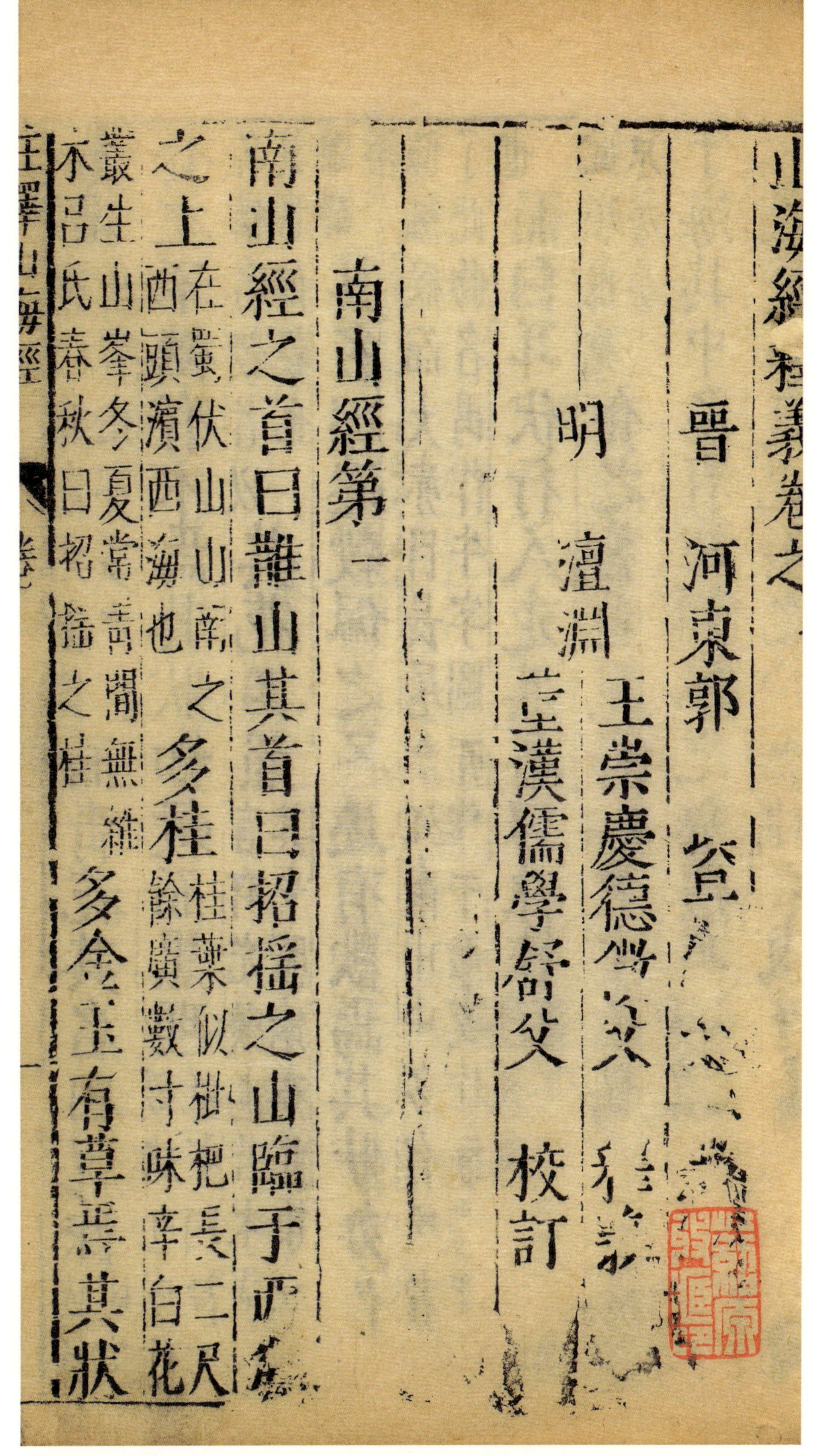

山海經釋義卷之一

晉　河東郭　璞　景純　傳

明　王崇慶德徵　釋義

澶淵　董漢儒學舒父　校訂

南山經第一

南山經之首曰䧿山其首曰招搖之山臨于西海之上在蜀伏山山南之西頭濱西海也多桂桂葉似枇杷長二尺餘廣數寸味辛白花叢生山峯冬夏常青閒無雜木呂氏春秋曰招搖之桂多金玉有草焉其狀

注釋山海經　卷一　一

不論六合之內聖人論而不議今觀端溪
之釋竊思考亭夫子每於六經詮述之暇
楚之詞農圃醫卜稗官小說亦罔不究竟斯
殆天人之學豪傑之才也乎考亭端溪其
道一而已矣讀斯集者當自得之
萬曆己未歲春月之吉哉生明龍巖山人
瀘郡趙維垣書

圖象山海經
第一圖

《山海经新校正》一八卷，（晋）郭璞注，（清）毕沅校正。

清乾隆四十八年（一七八三）经训堂刊本。版框高一九七毫米，宽一四八毫米，四周单边，黑口，双鱼尾，每半叶十一行，行二十二字，小字双行同。

山海經第一

晉　記　室　參　軍　郭　璞　傳

兵部侍郎兼都察院右副都御史巡撫陝西西安等處地方贊理軍務兼理糧餉　欽賜一品頂帶畢沅新校正

侍中奉車都尉光祿大夫臣秀領校祕書言校祕書太常屬臣望所校山海經凡三十二篇今定爲一十八篇已定山海經者出於唐虞之際昔洪水洋溢漫衍中國民人失據崎嶇於邱陵巢於樹木鯀既無功而帝堯使禹繼之禹乘四載隨山刊木定高山大川益與伯夷主驅禽獸命山川類草木別水土四岳佐之以周四方逮人跡之所希至及舟輿之所罕到內別五方之山外分八方之海紀其珍寶奇物異方之所生水土草木禽獸昆蟲麟鳳之所止禎

《山海经笺疏》一八卷，附《山海经图赞》一卷，（清）郝懿行撰。

清嘉庆十四年（一八〇九）琅嬛仙馆刊本。版框高一八五毫米，宽一四二毫米。左右双边，白口，无鱼尾，每半叶十行，行二十四字，小字双行同。

山海經第一　晉　郭璞傳　棲霞郝懿行箋疏

南山經

南山經之首曰䧿山懿行案任昉述異記作雀山文選注王巾頭陁寺碑引此經作鵲山其首曰招搖之山懿行案大荒東經有招搖山融水出焉非此高誘注呂氏春秋本味篇云招搖山名在桂陽臨于西海之上在蜀伏山山南之西頭濱西海也懿行案伏疑汶字之譌史記封禪書云瀆山蜀之汶山也蜀志秦宓傳云蜀有汶阜之山江出其腹皆是山也多桂桂葉似枇杷長二尺餘廣數寸味辛白華叢生山峯冬夏常青閒無雜木呂氏春秋曰招搖之桂懿行案爾雅云梫木桂郭注與此同多金玉有草焉其狀如韭璨曰韭音九爾雅云霍山亦多之懿行案霍當爲藿字之譌爾雅云藿山韭而青華其名曰祝餘或作桂荼懿行案桂疑當爲桂字之譌桂荼祝餘聲相近食之不飢有木焉其狀如穀而黑理穀楮也皮作紙璨曰穀亦名構名穀者以其實如穀也懿行案陶宏景注本草經云穀即今構樹是也穀構古同聲故穀亦名構

山海經第一　南山經　一

《山海经广注》一八卷，（清）吴任臣注。

清康熙六年（一六六七）刊本。版框高一九六毫米，宽一三五毫米，左右双边，白口，无鱼尾，每半叶九行，行二十二字，小字双行同。

山海經廣注卷之一

南山經

仁和吳任臣注

南山經之首曰䧿山○任臣案今本作鵲三才圖會有鵲山之神即此山也又濟南汝寧太原順德皆有鵲山搜神記仲子隱于鵲山蒞濟南鵲山通鑑李世民與竇建德戰西薄汜水南屬鵲山汝寧鵲山也非此其首曰招摇之山○任臣案王崇慶釋義云既曰鵲山又曰其首曰招搖之山是一山而二名或兩山相並也任昉述異記曰招搖山亦名鵲山臨于西海之上○郭曰在蜀伏山山南之西頭濱西海也多桂○郭曰桂葉似枇杷長二尺餘廣數寸味辛白花叢生山峯冬夏常青閒無雜木呂氏春秋曰招摇之桂　任臣案王會解自深桂注自深南蠻也楚辭嘉南州之炎德兮麗桂樹之冬榮山海經圖贊曰桂生南裔拔萃

《水经注》四〇卷，后附《山海经》一八卷，（北魏）郦道元撰。

明嘉靖十三年（一五三四）黄省曾刊本。版框高二一三毫米，宽一三七毫米，左右双边，白口，单白鱼尾，每半叶十二行，行二十字。

《水经》原文简短，且有错讹。北魏郦道元为此书作注，共记水道一千五百二十五条。全书以水道为纲，因水记山，因地记事，有关水道变迁、陵谷移易，乃至地名、名胜古迹和故址，都详为记载。沿着水流各地的州郡建置、名人住宅乃至所发生的重要战争等，都加以叙述。注文所征引的文献繁富且多已失传，向为治史者所重，是研究北魏以前地理问题的重要文献。今有宋本残卷传世。明代有黄省曾刻本、吴琯刻本等。

郦道元，字善大，北魏范阳涿县人（今河北省涿州市）。历任御史中尉、关右大使等职。

刻水經序

吳郡黃省曾撰

叙曰水之爲德大矣哉道生天一職統材五發始西極產毋隅也折赴東墟趨子方也濊涌昭化妙之初質流瀾符於穆之神用厚氣肇之升盛露雨由之感澤象曜資之光朗玄黃本之浮載穹灝倚之配密雲漢會之紀戒圖書託之興瑞秖軸寄之融絡是以寓目者嘆其渾逝臨淵者頌其靈長且兆類非此無以脈阜萬里非此無以準平醴饔非此無以烹饎而育年壤壚非此無以灌漑而興穀法其形勢而樹都鄙因其隔限而分州域軸轤輿而窮遐互通堤鑿成而墉瘠咸利鍾匯之區則珠玉以登枯絕之野則林壑

水經序 一

王良賓刊

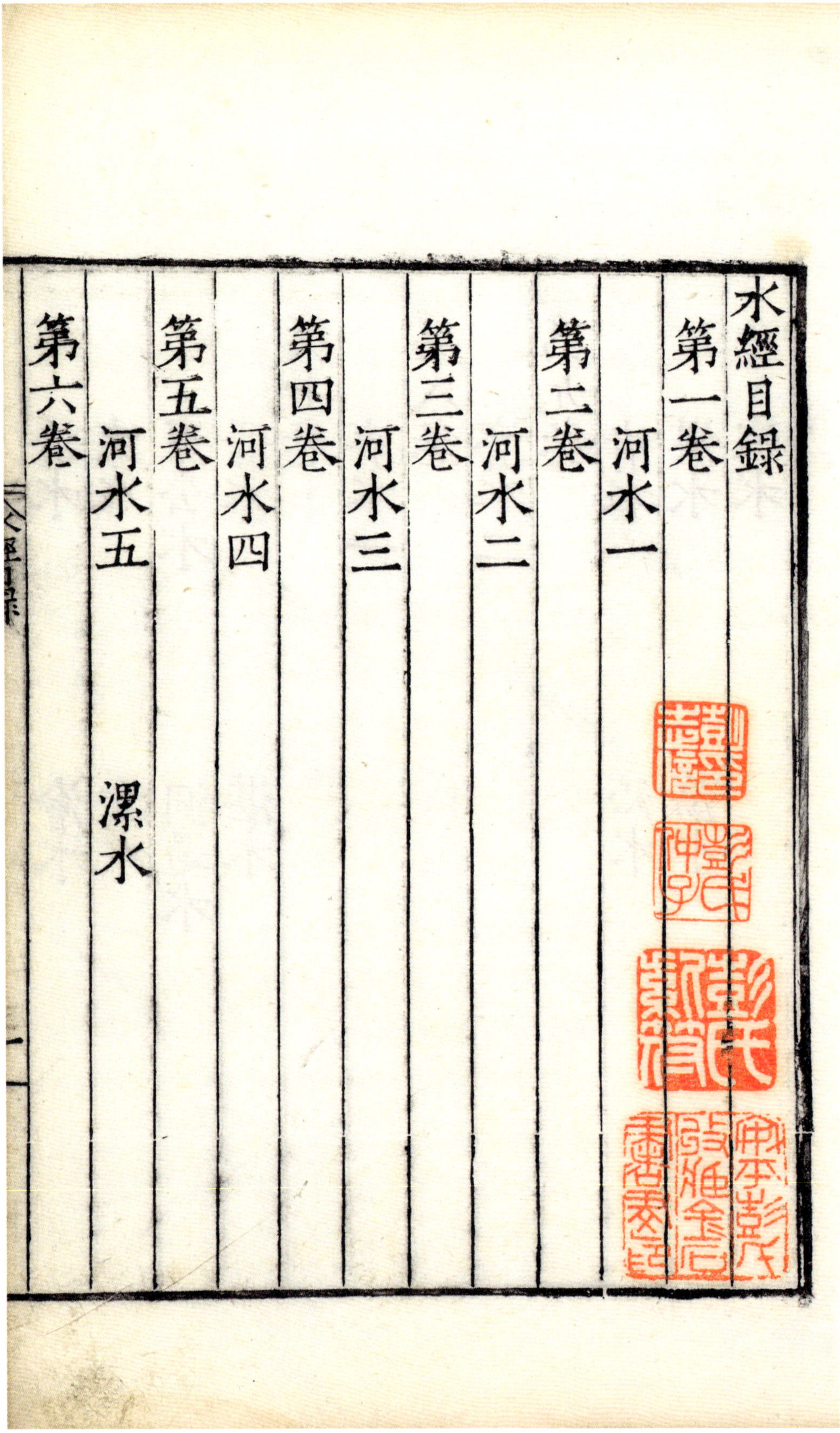

水經目錄

第一卷　河水一
第二卷　河水二
第三卷　河水三
第四卷　河水四
第五卷　河水五　漯水
第六卷

水經卷第一

漢桑欽撰　後魏酈道元注

河水一

崑崙墟在西北

三成爲崑崙丘崑崙說曰崑崙之山三級下曰樊桐一名板松二曰玄圃一名閬風上曰層城一名天庭是謂太帝之居

去嵩高五萬里地之中也

禹本紀與此同高誘稱河出崑山伏流地中萬三千里禹導而通之出積石山按山海經自崑崙至積石一千七百四十里自積石出隴西郡至洛準地志可五千餘里又按穆天子傳天子自崑山入

《水经注》四〇卷，（北魏）郦道元撰，（明）吴琯校。

明万历十三年（一五八五）文枢堂刊本。版框高二一三毫米，宽一三七毫米，左右双边，白口，单鱼尾，每半叶十行，行二十字。

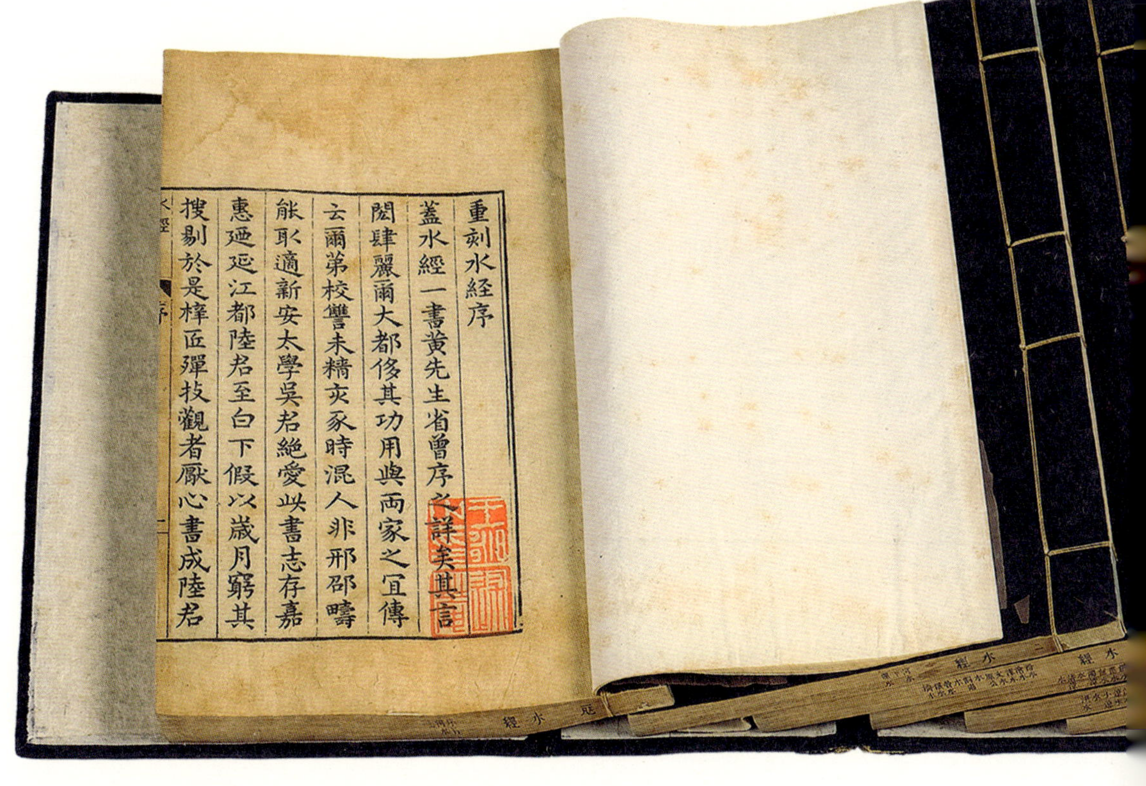
重刻水經序
蓋水經一書黄先生省曾序之詳矣其言
閎肆麗爾大都侈其功用與兩家之宜傳
云爾弟校讐未精亥豕時混人非邢邵嗜
能取適新安太學吳君絕愛此書志存嘉
惠遞延江都陸君至白下假以歲月窮其
搜剔於是梓匠殫技觀者厭心書成陸君

水經第一

漢桑欽撰

後魏酈道元注

明吴琯校

河水一

崑崙墟在西北

三成爲崑崙丘崑崙說曰崑崙之山三級下曰樊桐一名板松二曰玄圃一名閬風上曰增城一名天庭是謂太帝之居

去嵩高五萬里地之中也

溱水

第三十九

匯水　深水

鍾水　耒水

洣水　漉水

瀏水　溳水

贛水　盧水

第四十

漸江水　斤江水

水經目錄終

《水经注》四〇卷，（北魏）郦道元撰，（清）戴震校。

清乾隆武英殿聚珍本。版框高一九三毫米，宽一二六毫米，四周双边，白口，单鱼尾，每半叶九行，行二十一字，小字双行同。

水經注卷一

後魏酈道元撰

河水案二字原本誤連經文今改正近刻河水下有一二等字乃明人臆加今刪去

崑崙墟在西北

三成爲崑崙丘崑崙說曰崑崙之山三級下曰樊桐一名板桐案桐近刻訛作松二曰玄圃一名閬風上曰層城案層近刻作增一名天庭是爲太帝之居

去嵩高五萬里地之中也

禹本紀與此同高誘稱河出崑山伏流地中萬三千

《水经注》四〇卷，（北魏）郦道元撰，（清）全祖望校。

清光绪十四年（一八八八）薛氏校刊本。版框高一六九毫米，宽一三一毫米，左右双边，黑口，单鱼尾，每半叶十行，行二十字，小字双行同。

水經注第一　　范陽酈道元注　鄞全祖望校

布政使銜浙江甯紹台兵備道無錫薛福成校刊

河水一

崑崙墟今按趙作虛在西北

三成爲崑崙邱今按趙本三成上有山字

崑崙說曰崑崙之山三級下曰樊桐一名板松三曰玄圃一名閬風上曰增城一名天庭是謂太帝之居朱謀㙔曰廣雅崑崙三山閬風板桐玄圃淮南子作縣圃涼風樊桐楚詞亦作縣圃而增城作層城但未聞板松耳。今按戴本徑改板松爲板桐增城爲層城趙亦徑改層城

去嵩高五萬里之中也

《合校水经注》四〇卷，（北魏）郦道元撰，（清）王先谦校。

光绪十八年（一八九二）思贤讲舍刻本。版框高一八〇毫米，宽一三七毫米，左右双边，黑口，单鱼尾，每半叶十一行，行二十四字，小字双行同。

水經注卷一　長沙王氏校本

後魏酈道元撰

河水 官本曰按二字原本譌連經文今改正近刻河水下有一二等字乃明人臆加今刪去　案朱本趙本河水下有一字

崑崙墟在西北 趙墟作虛下同

三成爲崑崙邱 趙三上增山字刊誤曰趙琦美據爾雅三成上校補山字

崑崙說曰崑崙之山三級下曰樊桐一名板桐 官本曰案桐近刻訛作松案朱趙作松朱箋曰廣雅云

崑崙墟有三山閬風板桐玄圃淮南子云縣圃涼風樊桐在崑崙閶闔之中山上有層城九重楚詞曰崑崙縣圃其尻安在增城九重其高幾里嵇康遊仙詩云結友家板桐但未二閬板松耳疑或字譌孫校曰樊亦扳字故嵇康詩作扳桐

曰玄圃一名閬風上曰層城 官本曰案層近刻作增　案朱同趙改 一名天庭

是爲太帝之居 朱趙爲作謂

《水经注图》四〇卷，（清）杨守敬等编绘。

清光绪三十一年（一九〇五）观海堂刻本。版框高二三四毫米，宽一七七毫米，四周双边，白口，单鱼尾，每半叶十二行，行二十八字。

水經注圖經流編目

卷一
河水一　西域下一　西域下二
卷二
河水二　西域上二　西域上一　南四西十一　南四西十
南五西十　南六西十　南六西九　南五西九
南五西八　南五西九　南四西九　南三西九
南三西八　南三西七　南二西七　南二西六
卷三
河水三　南二西六　南二西五　南一西五　中西五
北一西五　北二西五　北二西四　北一西四
北一西三　中西三　南一西三　南二西三

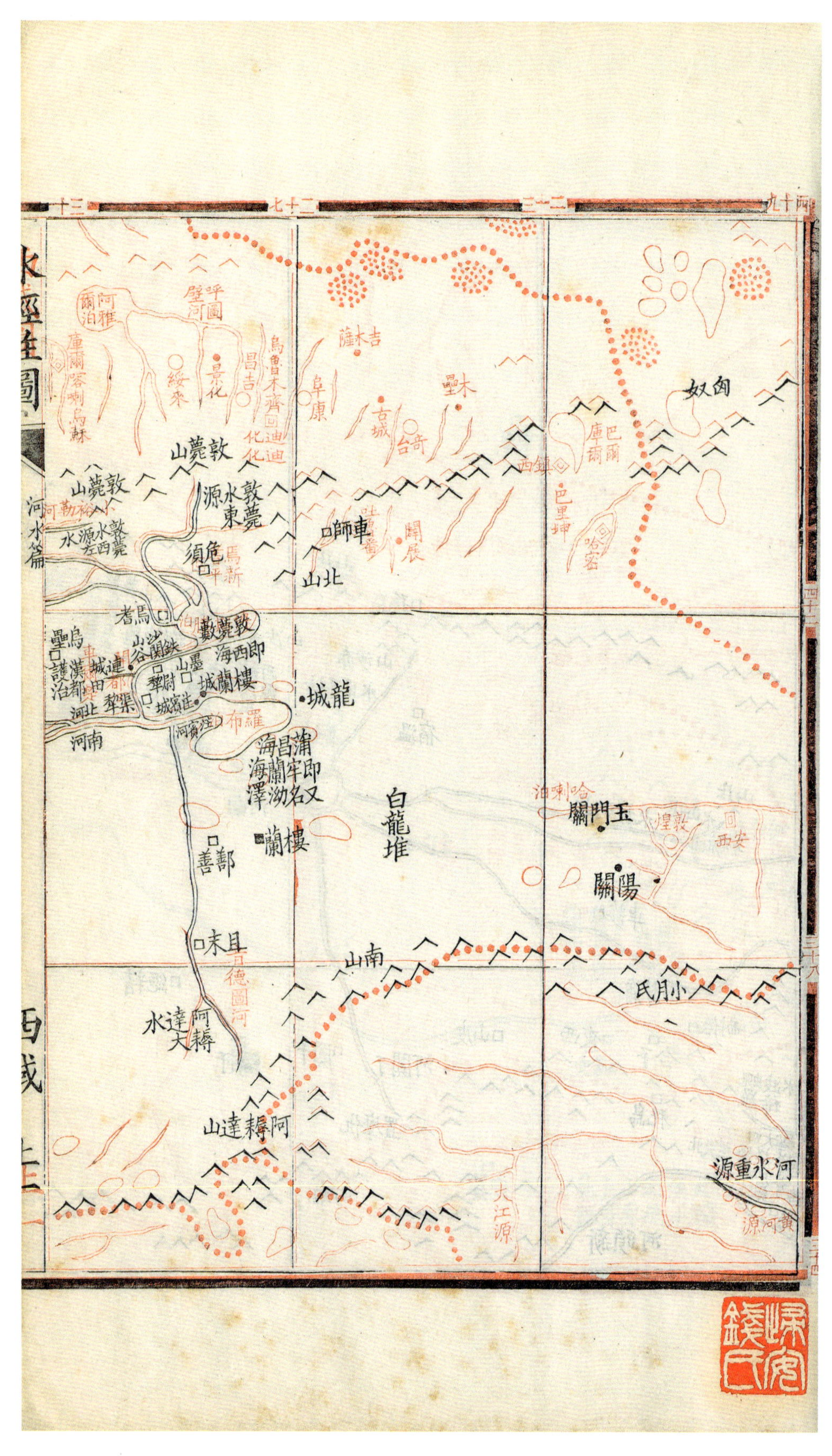
水經注圖
河水篇
西域
敦薨山
敦薨水源
敦薨東水源
車師
北山
龍城
白龍堆
樓蘭
鄯善
且末
玉門關
陽關
匈奴
南山
小月氏
阿耨達山
阿耨達大水
河水重源

北山
烏孫
赤沙山
姑墨川水
溫宿
姑墨
北河
南河
北河枝水
疏勒
莎車
蒲犁
依耐
西夜
皮山
子合
于闐河
于闐
扞彌
精絕
烏秅
仇摩置
南山
新頭河
敦薨山
大山
西域
河水篇

《楚汉诸侯疆域志》三卷，（清）刘文淇撰。

清光绪二年（一八七六）金陵书局本。版框高一九一毫米，宽一五二毫米，左右双边，白口，单鱼尾，每半叶十一行，行二十三字，小字双行同。

清人刘文淇取《史记》《汉书》等史著，互参博征，考订项羽自立为西楚霸王所据梁楚地九郡为会稽郡、鄣郡、东阳郡、泗水郡、郯郡、薛郡、砀郡、颍川郡、东郡。并对九郡和汉、雍、塞、翟、西魏、河南、韩、殷、代、常山、九江、衡山、临江、辽东、燕、胶东、齐、济北等十八王分封地所属郡县及其疆域一一考证，分别列表，颇为清晰，可补《史记》《汉书》之末及。

刘文淇（一七八九至一八五四），字孟瞻，江苏仪征人。嘉庆二十四年（一八一九）优贡生。学贯群经，精于考证，尤致力于《左传》，著有《左传旧注疏正》《扬州水道记》《读书随笔》等。

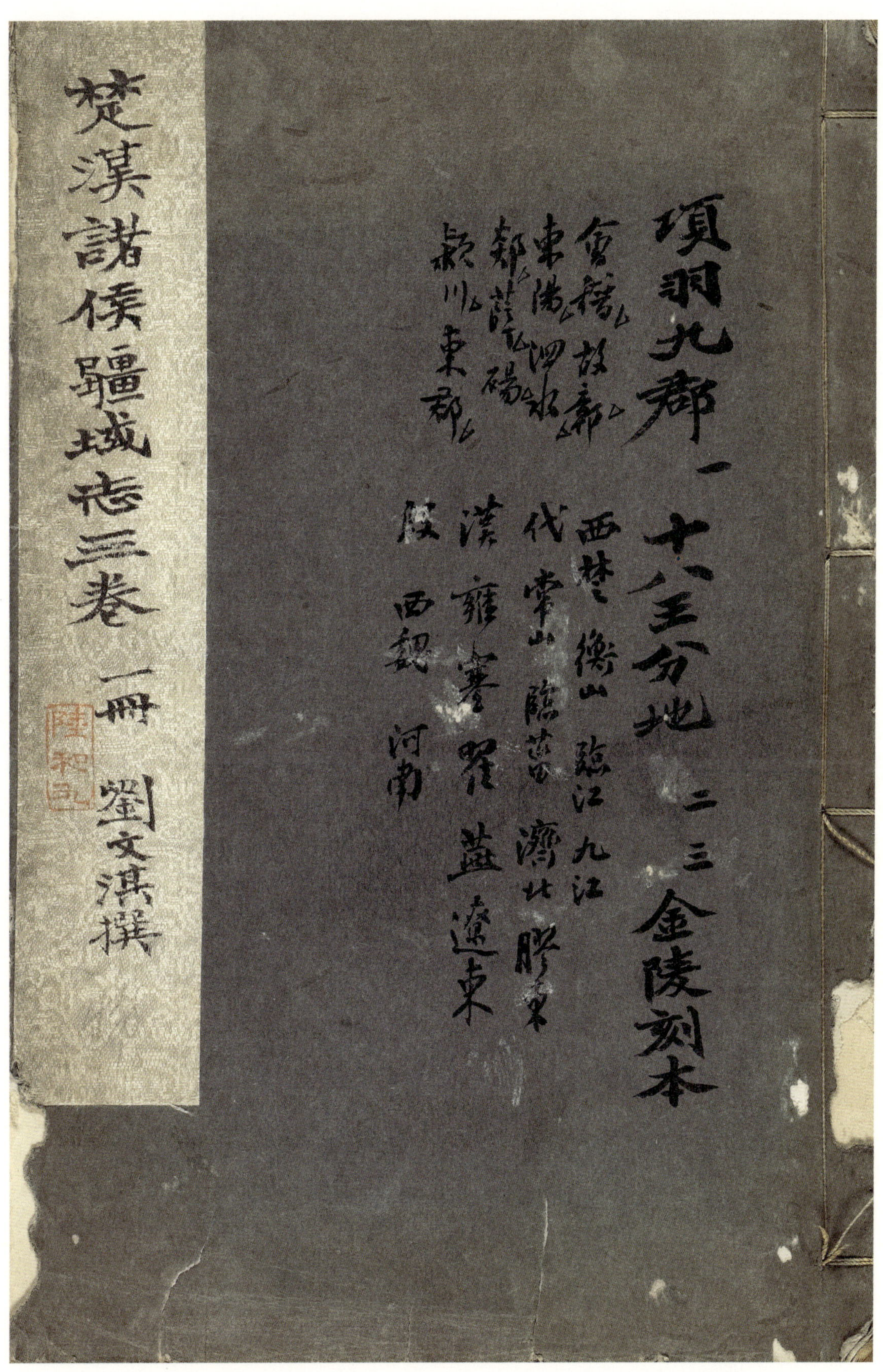
楚漢諸侯疆域志三卷 一冊 劉文淇撰
陸和九
項羽九郡 一 十八王分地 二 三 金陵刻本
會稽 故鄣 東陽 泗水 鄣 薛 碭 潁川 東郡
西楚 衡山 臨江 九江 代 常山 臨菑 濟北 膠東 漢 雍 塞 翟 蓋 遼東 殷 西魏 河南

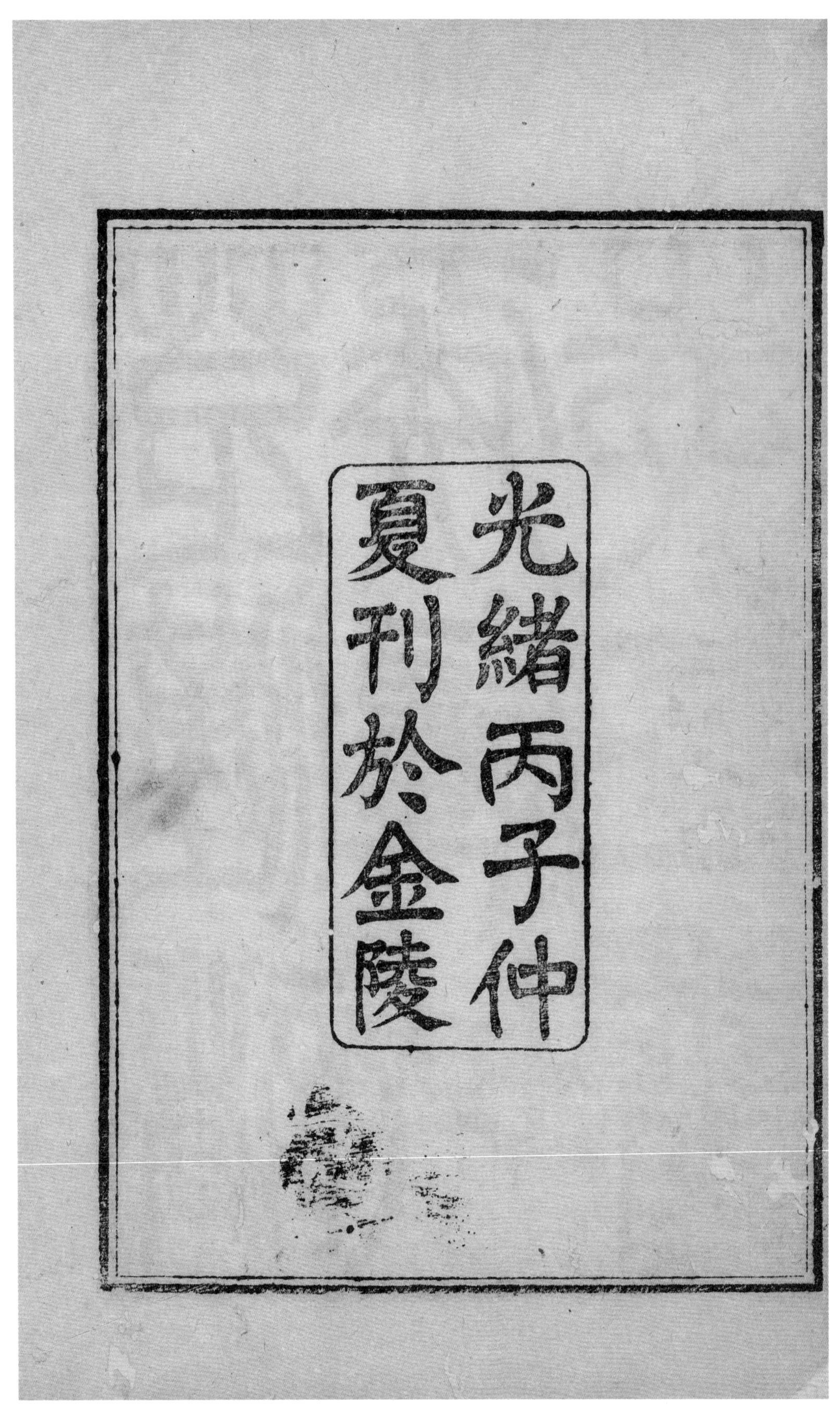
光緒丙子仲
夏刊於金陵

古人著書主於記載時事昭示錯置得失之理其不免於疏略者將使後人依類稽尋然有正求之不得則旁求之旁求之不得則互參之且博證之反覆詳盡務使數千年以上政令之跡如在今世此通儒之學也年丈劉孟瞻先生近世純粹而閎博之儒也所著楚漢諸侯疆域志三卷則以項王所王九郡史漢注無明文是正求之不得矣羽紀傳所記羽初起至於入關歸楚無從徵九郡之事故旁求之亦不得先生乃即梁楚以求其疆班志以辨其域而九郡之界見更即同時受封十八國以正其瓜離之界互參博證而所解益明確而不誣先生之有功乙部豈在小司馬顏監下哉顧先生所言於秦三十六郡凡得其六曰東辟泗水碭會稽潁川於陳

嬰事得東陽於高祖紀六年得鄣郯此皆秦楚之際介道者注皆言故有以也蓋由是而羽所據之九郡如睹司空之圖而昭然共曉余昔于役彭城借府主歸值豐北河決不可行欲北傍運河又阻陸路坡阜不能達乃使從者視行李易小舟棹枯河中而自以輕車馳六日抵袁浦遲一月而書裝亦至其理殆於此方佛先生之子伯山余同歲生也伯山不幸今草已宿其門子恭甫將爲先生刊是書問序於余遂書此以歸之書引班志言趙地南至浮水浮水疑洹水之譌東平國下引太平元和二志按樂史言屬碭郡似隔秦東郡之濟陰不如吉甫言屬辥郡爲相近惜先生已往無從奉手請益矣光緒二年四月年家子江甯汪士鐸拜譔

楚漢諸侯疆域志卷一

儀徵劉文淇

項羽九郡

史記項羽本紀云項王自立爲西楚霸王王九郡都彭城高祖本紀云項王自立爲西楚霸王王梁楚地九郡都彭城漢書高祖紀及項羽列傳俱云羽自立爲西楚霸王王梁楚地九郡都彭城自來注史記漢書者俱不釋九郡所在余按羽所王之九郡謂會稽郡故鄣郡故東陽郡泗水郡郯郡薛郡碭郡潁川郡東郡是也史記項羽本紀籍下相人漢臨淮郡楚漢之際爲東陽郡其季父項梁殺人與籍避仇于吳中秦二世元年七月陳涉等起大澤中會稽守欲發兵召籍入籍擊斬守梁佩其

《汉书西域传补注》二卷，（清）徐松撰。

清《畿辅丛书》本。版框高一七四毫米，宽一二六毫米，四周单边，黑口，无鱼尾，每半叶十行，行二十二字，小字双行同。

班固的《汉书·西域传》记葱岭东西诸城国地理历史，各极详尽。然时隔千余年，其间变化甚大。嘉庆十六年（一八一一）徐松谪戍伊犁，亲历天山南北路，调查山川道里，风土沿革，稽采各家有关记述，就《汉书·西域传》所载葱岭东西史地，考证新疆历史地理变迁，为之补注。所征各家记载，可补唐颜师古《汉书注》未及之处。

徐松（一七八一至一八四八），字星伯。原籍浙江上虞，后入籍顺天大兴。嘉庆十年进士。清代著名地理学家，著有《西域水道记》等。

漢書西域傳補注卷上

畿輔叢書[■]編

大興徐松著

西域傳

補曰史記大宛傳匈奴奇兵時時遮擊使西國者古音國讀如域廣雅釋詁域國也後書烏桓傳有東域西南夷傳有南域此城郭國界中國之西故曰西域按通鑑太初三年貳師將軍誅宛王漢通西域應在是年史通云史記所書年止漢武太初以後闕而不錄是西域之通在史記後史公但據張騫所至大宛大月氏大夏康居烏孫及漢所嘗發使者安息奄蔡犂軒條支身毒諸國作大宛傳班君撰漢書乃分大宛傳爲張騫李廣利兩傳又採錄舊文益以城郭諸國創爲西域傳敘傳云西戎卽序夏后是表周穆觀兵荒服不旅漢武勞神圖遠甚勤王師驒驒致誅大宛姼姼公主迺女烏孫使命迺通條支之瀕昭宣承業都護是立總督城郭三十有六修奉朝貢各以其職是也顏君作注義或未備有所引伸以補曰別之

卷第六十六上

師古曰烏孫國已後分爲下卷補曰孟堅漢書紀表志傳

《三辅黄图》六卷，（清）邓传安校。

清王谟《增订汉魏丛书》本。版框高一九五毫米，宽一四二毫米，左右双边，白口，单白鱼尾，每半叶九行，行二十字。

《三辅黄图》又称《西京黄图》，撰人不详。原书当成于汉末或去汉未远之时。书本有图有记，图已佚，文字部分经后人辑理成书，所记为汉代长安周围三辅地区街市、闾里、苑囿、池沼以及城阙、宫殿、宗庙、陵墓、仓库、官署、明堂、辟雍等重要建筑物的名称、方位、制度，间及周秦古迹，记载详备，是研究汉代长安城和关中历史地理的重要资料。在流传过程中经唐人增益，传写者又将后人注释乱入原文，今本遂有六卷三十六篇，其中杂见唐代地名，且有晋以后诸书杂说。清孙星衍、庄逵吉曾作校正，复订为一卷，收入《平津馆丛书》。

邓传安，字鹿耕，号盱原，清江西浮梁人。嘉庆十年（一八〇五）进士，官至建宁知府。著有《蠡测汇钞》等。

三輔黄圖卷一

漢　亡名氏撰　浮梁鄧傳安校

三輔沿革

禹貢九州舜置十二牧雍其一也古豐鎬之地平王東遷以岐豐之地賜秦襄公至孝公始都咸陽咸陽在九嵕山渭水北山水俱在南故名咸陽秦并天下置内史以領關中項籍滅秦分其地爲三以章邯爲雍王都廢丘司馬欣爲塞王都櫟陽董翳爲翟王都高奴謂之三秦漢高祖入關定三秦元年更爲渭南

《大唐西域记》一二卷，（唐）玄奘译，辩机撰。

明吴氏西爽堂刊本。版框高二〇四毫米，宽一四七毫米，左右双边，白口，单鱼尾，半叶十行，行二十字。

《大唐西域记》简称《西域记》，别称《西域志》《西域传》《西域行传》《玄奘行传》《玄奘别传》。唐玄奘述，弟子辩机编。书成于贞观二十年（六四六）。以玄奘赴五天竺（今印度、巴基斯坦一带）游学亲历和见闻所及一百三十八个城邦、地区、国家为目，记其历史、地理、交通、物产、风俗、宗教、文化、政治、经济等情况，凡十二万余言。叙述范围西抵今伊朗和地中海东岸，南达印度半岛和斯里兰卡，北至中亚南部和阿富汗北部，东迄印度半岛和印度尼西亚一带。所记古印度历史大事件和当时刑法、赋税、王田、分地、封邑等社会状况，各地文字语言，宗教力量，佛教发展衍变及大、小乘情况，小乘部派分布，以至古代神话传说等，类多翔实，于摩揭陀国叙次尤为详细。为研究中亚、南亚社会历史和中外交通的珍贵历史文献。十九世纪以来，先后已被译成法、英、日多种文字。中文本以一九八五年中华书局出版的季羡林等校注本最佳。

玄奘，俗姓陈，名祎，洛州缑氏（河南偃师）人。贞观元年（六二七），玄奘从长安出发，西行取经。贞观十九年（六四五）返回长安，奉唐太宗令撰写此书。玄奘口述，弟子辩机编撰。此书在唐代大约以写本流传，今有敦煌写本。宋太祖开宝四年（九七一）刊印《大藏经》，是为《开宝藏》本。后有北宋《福州藏》本、南宋《资福藏》《碛砂藏》本、《高丽藏》本、金《赵城藏》本、元《普宁藏》本、明《南藏》《北藏》本、西爽堂刻本、清《龙藏》本、墨海金壶本、守山阁丛书本、天宁寺刻本等。

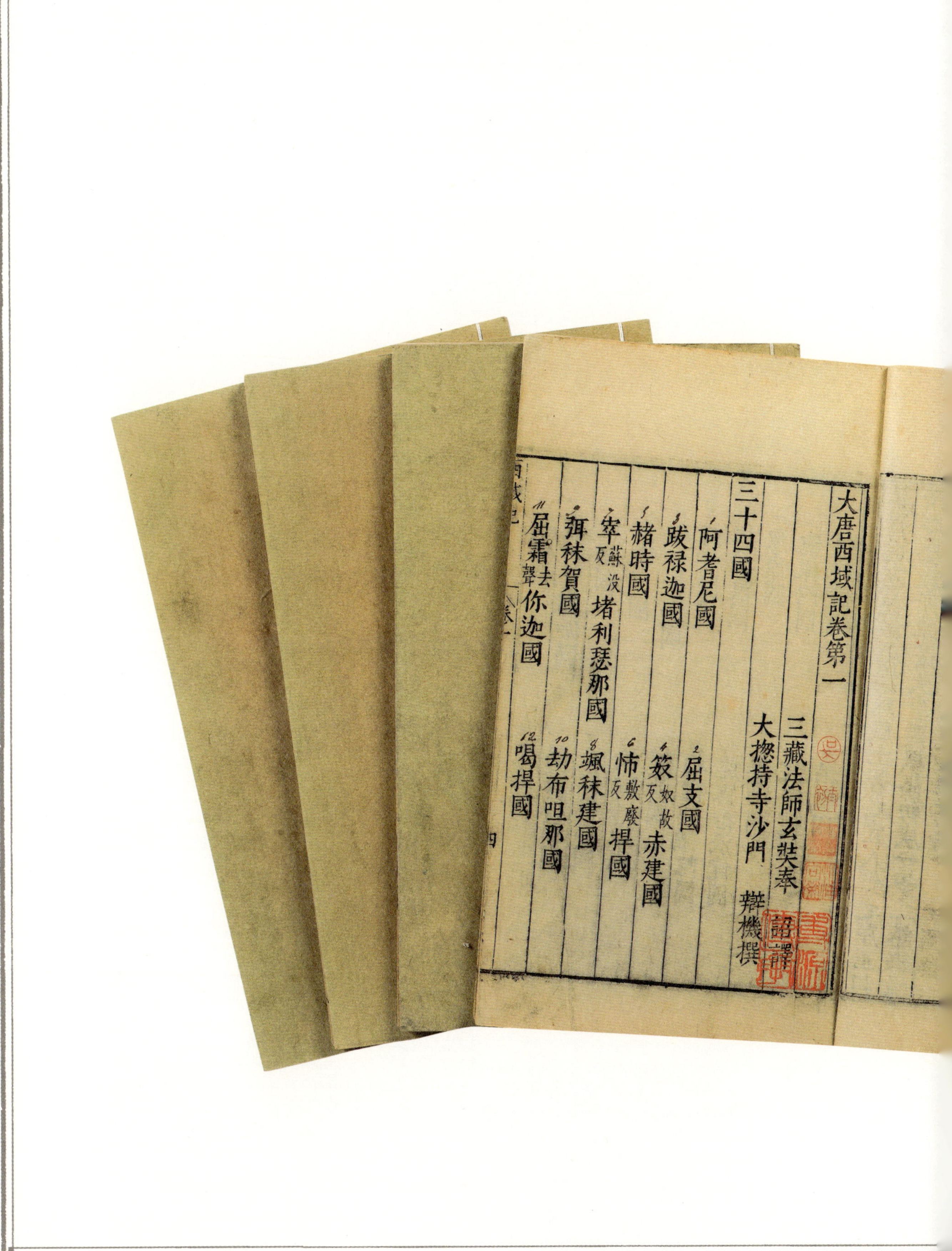
大唐西域記卷第一
三藏法師玄奘奉詔譯
大總持寺沙門辯機撰
三十四國
阿耆尼國
屈支國
跋禄迦國
笯赤建國
赭時國
怖捍國
窣堵利瑟那國
颯秣建國
弭秣賀國
劫布呾那國
屈霜你迦國
喝捍國

大唐西域記序

尚書左僕射燕國公製

若夫玉毫流照甘露灑於大千金鏡揚輝薰風被於有截故知示現三界粤稱天下之尊光宅四表式標域中之大是以慧日淪影像化之跡東歸帝猷宏闡大章之步西極有慈恩道場三藏法師諱玄奘俗姓陳氏其先頴川人也帝軒提象控華渚而開源大舜賓門基歷山而聳構三恪照於媯載六奇光於漢祀書奏而承朗月遊道而聚德星縱壑駢鱗培風齊翼世濟之美鬱爲景冑法師藉慶誕生含和降德結根

大唐西域記卷第一

三藏法師玄奘奉　詔譯

大揔持寺沙門　辯機撰

三十四國

阿耆尼國　屈支國

跋祿迦國　笯奴故反赤建國

赭時國　怖敷廢反捍國

窣蘇没反堵利瑟那國　颯秣建國

弭秣賀國　劫布呾那國

屈霜去聲你迦國　喝捍國

《大唐西域记》十二卷，（唐）玄奘译，辩机撰。

清宣统元年（一九〇九）常州天宁寺刻本。版框高一七五毫米，宽一三一毫米，左右双边，白口，无鱼尾，每半叶十行，行二十字。

大唐西域記卷第一

三藏法師玄奘奉詔譯

大總持寺沙門辯機撰

三十四國

阿耆尼國　屈支國

跋祿迦國　笯奴故反赤建國

赭時國　怖敷廢反捍國

窣蘇沒反堵利瑟那國　颯秣建國

弭秣賀國　劫布呾那國

屈霜去聲你迦國　喝捍國

《元丰九域志》一〇卷，（宋）王存、曾肇等编。

清乾隆五十三年（一七八八）冯集梧德聚堂刊本。版框高一〇三毫米，宽九〇毫米，左右双边，白口，单鱼尾，每半叶十一行，行二十二字。

王存、曾肇、李德刍编修的北宋官修地理总志。北宋大中祥符六年（一〇一三）王曾、李宗谔参照《十道图》修成《九域图》，作为考定官吏俸给、赋役和政府实施政令的依据，至熙宁八年（一〇七五）由于政区改变，《九域图》已不可用，于是以王存主其事重修此书，始修于熙宁八年（一〇七五），元丰三年（一〇八〇）成书。后陆续修订，元祐元年（一〇八六）正式颁行。因原书名虽为图，实只限于文字，遂改称为志。所载政区，以元丰八年（一〇八五）为准，始于四京，次列二十三路，终于省废州军及化外、羁縻州。分路记载所属府、州、军、监及其地里、户口、土贡、领县等，府、州、军、监皆列等第，每县又详列乡、镇、堡、寨与山川。其中地里记府、州、军、监的四至八到，叙述最详；府、州、军、监土贡，备载额数，为其他志书所不及；所列各县之镇、监、场、务，尤为治经济史者重要参考资料。因志书简略，绍圣四年（一〇九七）黄裳复辑录各地山川、民俗、物产、古迹等，以补其缺，名为《新定九域志》。

王存（一〇二三至一一〇一），字正仲，润州丹阳（今属江苏）人，历任著作佐郎、国史编修、尚书左丞等职。

曾肇（一〇四七至一一〇七），字子开，南丰（今属江西）人，历任馆阁校勘、吏部侍郎等职，以才学显于当世。李德刍，北宋邯郸（今属河北）人，历任光禄寺丞等职，长于地理之学。

臣聞先王建國所以周知九州封域與其人民之數者詔地事則有圖詔觀事則有志比生齒則有籍近世撮其大要會爲一書趣時施宜文約事備則唐之十道圖本朝之九域圖是也然自天禧以後歷年兹多事有因革皇帝陛下疆理萬邦聲教旁暨內省州縣以休民力南開五溪西舉六郡皆正朔所不及祖宗所未臣可謂六服承德萬世之一時也至於壤地之有離合戶版之有耗登名號之有升降以今準昔損益蓋多而稽地理者猶以故書從事豈非陋哉有司建言適契上志乃詔臣肇臣德芻譔次於祕閣而臣存實董其事綴緝大體略倣前書舊名圖而無繪事迺請改曰志郡名之下附

天下州縣迄八年凡廢州軍監三十一縣一百二十七其所列如萬州如富順監雅州之滎經縣志俱不言熙寧中曾廢象州之武化并不言曾有是縣然志于河中注有慶成軍謂廢于熙寧元年而沈不數又如廣之四會秦之長道辰之麻陽俱于熙寧中改隸而沈乃列之廢縣蓋互有不照云乾隆四十九年八月十六日桐鄉馮集梧識

九域志卷第一

承議郎知制誥同脩國史同判太常寺兼禮儀事判祕閣祕書省兼詳定郊廟奉祀禮文上騎都尉丹陽縣開國子食邑三百戶賜紫金魚袋臣王存等奉

聖旨删定

四京

東京

西京

南京

北京

京東路

東路

《舆地广记》三八卷，（宋）欧阳忞撰。

光绪六年（一八八〇）金陵书局刊本。版框高一八五毫米，宽一二五毫米，四周单边，白口，单鱼尾，半叶十三行，行二十四字，小字双行同。

《舆地广记》是北宋时期的地理总志。主要叙述政区沿革，并结合历史。一般地志共有的四至、道里、户口、风俗、土产等，此书概不采入。前四卷先叙历代疆域，五卷以后按元丰时四京、二十三路分区，分述州县建置沿革；路下附有化外州县。采用略古详今，纵横解剖的著作方法。叙解详明，系统清晰，便于寻检。

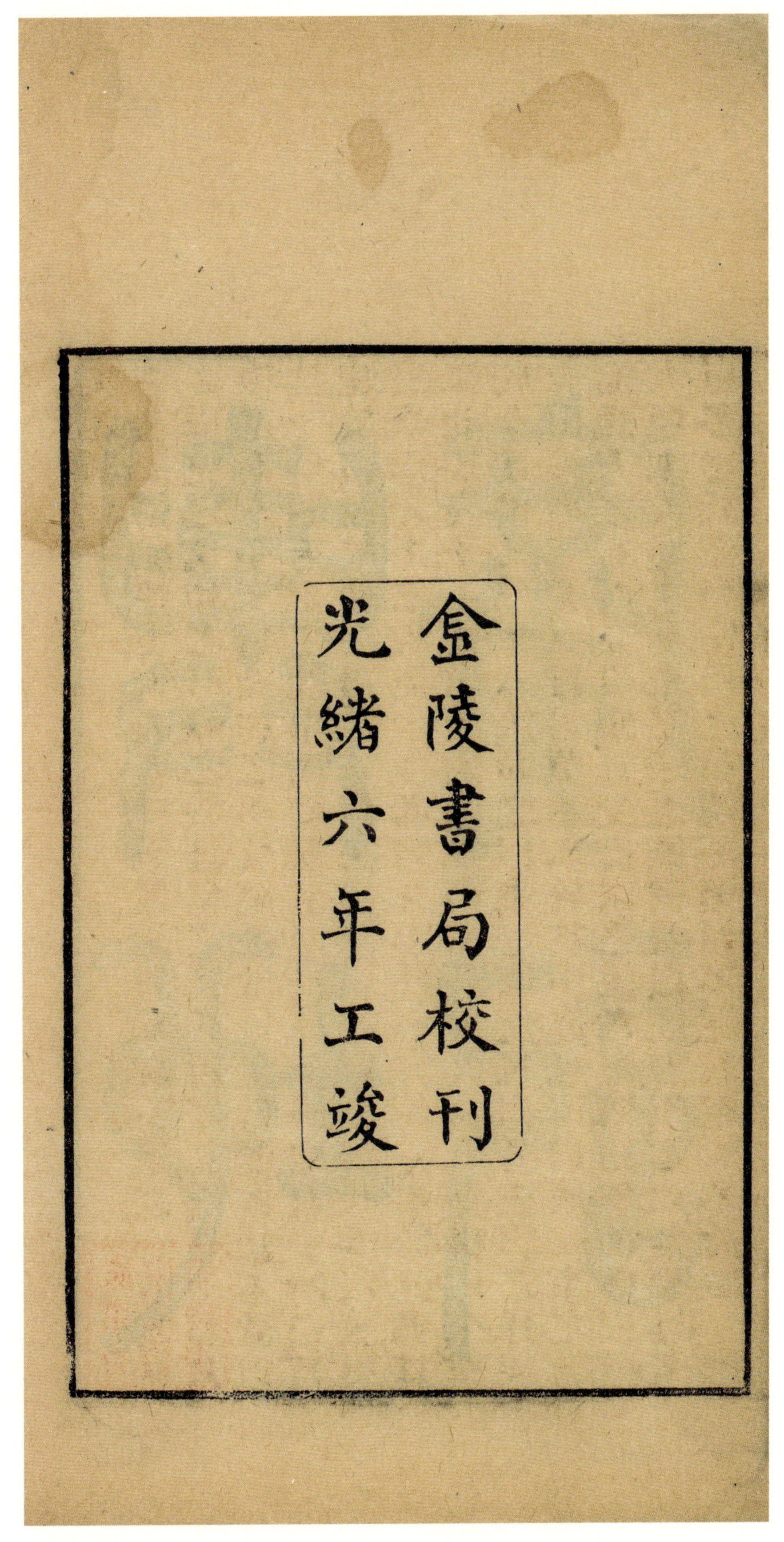

金陵書局校刊
光緒六年工竣

輿地廣記序

古者風俗醕厚士大夫安於所習而無外慕不足之心故其藝必專兒之戈和之弓倕之於圓秋之於弈皆以此終其身而名後世而人亦未有能加之者及至後世日益奢靡未始不欲以其一身擅天下之能事而終無所至嗚呼此後之君子所以有媿於古歟地理之書雖非有深遠難見之事然自歷世以來更張改作先王之制無一在者自非專門名家而從事於此者其孰能知之予不佞自少讀書私嘗留意於此嘗自堯舜以來至於今爲書凡三十八篇命之曰輿地廣記凡自昔史官之作與夫山經地誌旁見雜出莫不入於其中庶幾可以成一家之言備職方之考而非口傳耳受嘗試之說者也傳曰執璿璣以觀大運則天地之動未足怪也據會要以觀方來則六合輻輳未足多也統之有宗會之有源則繁而不能亂衆而不能惑　地

序　一

輿地廣記卷第一

禹貢九州

晉 絳 隰 河中 解 太原

威勝 平定 汾 忻 代 嵐 石 憲

澤 潞 岢嵐 寧化 火山 保德 眞定 中山

趙 深 冀 河間 祁 保 莫 雄

霸 信安 永寧 順安 保定 安肅 廣信 相

磁 邢 洺 懷 衞 晉寧 雲 應

新 寰 儒 毅 蔚 朔 幽 涿

易 檀 薊 嬀 平 營 安北都護

鎭北都護 單于都護

右古冀州地按冀州禹貢不言封界蓋堯都所在以餘州見之疆域尤廣梁州境宇雖遐遠而雜以夷獠中夏惟冀州最大山東之人

《北边备对》不分卷，（宋）程大昌著。

明刊本。版框高二〇五毫米，宽一三九毫米，左右双边，白口，单鱼尾，每半叶十行，行二十字。

全书记述秦汉至南宋北疆史地诸事，包括四海、汉边九郡、秦汉河南、虏名号、契丹等项。有明嘉靖本、清顺治三年《说郛》本、道光《古今说海》本等。

程大昌（一一二三至一一九五），字泰之，南宋徽州休宁人。绍兴二十一年（一一五一）进士。著有《禹贡论》《禹贡山川地图》《易原》《演繁露》等。

北邊備對

宋新安程大昌　著
明新安吳　琯　校

四海

四海之邊中國者在山東則爲東海在廣南則爲南海人人得而聞見不待證說矣若夫禹迹所及西境流沙而極不言西海東北嘗至碣石而北海之名不著于經則謂外薄四海訖于四海者如之何而四也漢武帝事遠有效使命方行四表故西北二海遂有身歷而目擊之者矣非道聽塗說之比也於是條支

《广舆记》二四卷，存卷八，（明）陆应阳辑。

明万历刊本。版框高二〇八毫米，宽一五〇毫米，左右双边，白口，单鱼尾，每半叶十行，行十九字，小字双行同。

《广舆记》是明代陆应阳编修的地理总志，全书按照明代各省及其他区域编目，依次对北直隶、南直隶、山西、山东、河南、陕西、浙江、江西、湖广、四川、福建、广东、广西、云南、贵州、九边、外夷进行专题记录，内容大略分建制沿革、形胜、山川、土产、祠庙、名宦、人物、烈女、仙释等十五项。清人蔡方炳在此书基础上进行删补成《增补广舆志》一书，较为流行。

陆应阳，字伯生，明青浦（今属上海）人，工书法。

廣輿記卷之八

明雲間陸應陽伯生輯

陝西

西安府

建置沿革禹貢雍州之域天文井鬼分野周王畿地秦曰關中漢初曰渭南曰內史武帝立京兆馮翊扶風爲三輔東漢曰雍州唐曰關內自周秦漢晉西魏後周隋唐並都於此宋曰永興軍曰安西　國朝爲西安府領州六縣三十一

長安周鎬京地秦漢長安　咸寧秦芷陽漢霸陵[illegible]萬年隋大興唐咸[illegible]

《徐霞客游记》一〇卷，（明）徐弘祖撰。

清乾隆四十一年（一七七六）徐氏刊本。版框高一七四毫米，宽一三三毫米，左右双边，白口，无鱼尾，每半叶十行，行二十三字。

《徐霞客游记》用日记体裁记述作者自明万历四十一年（一六一三）至崇祯十二年（一六三九年）间的旅行考察，为一部重要地理文献。本书对地貌、水文、地质、植物等均作详细记录，开中国地理学界系统观察自然、描写自然的新方向。对西南各省地理提供不少稀有资料，有关岩溶地貌的考察和记述，早于欧洲人一个多世纪。游记分为两大部分：自天台山游记至恒山游记共十七篇为名山游记，是作者早期作品；自浙游至滇游为西南游记，游程远，篇幅占全部游记的十分之九，是游记主要部分，也是最富有地理学价值的部分。另有《江源考》和《盘江考》两篇专文。游记文笔生动旖旎，旧时被称为「千古奇书」。

通行本有十卷、十二卷、二十卷等多种。作者去世时仍为手稿，次年始由季梦良、王忠纫整理成书。后因家乡被清兵攻破，滇游首册散失。又历经传抄删改，多非本来面目。后由徐弘祖的族孙徐镇整理校勘，于清乾隆四十一年（一七七六）付梓，即为定本。以后各种通行本于游记本身无甚出入，仅附录有所增补。后发现浙游至粤西游旧钞本五册，题名《徐霞客西游记》，有原编者季梦良壬午（一六四二）题识，所记日数较通行本多，字数约多一倍，应是季编本的残存部分。上海古籍出版社以季编本和乾隆本为底本，参校其他各本重编，于一九八〇年出版，是目前《徐霞客游记》最佳版本。

徐弘祖（一五八七至一六四一），字振之，号霞客，江苏江阴人。

遊記第一册上

江陰徐宏祖霞客著　　子别姓李寄介立輯

李夢良會明編　　無錫吳峻黼仙

同邑　楊名時凝齋閱　　族孫徐鎮芻峪　重校

遊天台山日記浙江台州府

癸丑之三月晦自寧海出西門雲散日朗人意山光俱有喜態三十里至梁隍山聞此地於菟夾道月傷數十人遂止宿

四月初一日早雨行十五里路有岐馬首西向台山天色漸霽又十里抵松門嶺山峻路滑舍騎步升自奉化來雖越嶺數重皆循山麓至此迂迴臨陟俱在山脊而雨後新霽泉聲

《徐霞客游记》一二卷，（明）徐弘祖撰。

清光绪七年（一八八一）瘦影山房活字本。版框高一七〇毫米，宽一三二毫米，四周单边，黑口，无鱼尾，每半叶十行，行二十三字。

遊記第一册上

江陰徐宏祖霞客著　　子　寄介立　輯

季夢良會明編　　無錫吳　峻耦仙

同邑　楊名時凝齋閱　　族孫徐　鎮鈞峪　重校

遊天台山日記　浙江台州府

癸丑之三月晦自寧海出西門雲散日朗人意山光俱有喜態三十里至梁隍山聞此地於菟夾道月傷數十人遂止宿四月初一日早雨行十五里路有岐馬首西向台山天色漸霽又十里抵松門嶺山峻路滑舍騎步行自奉化來雖越嶺數重皆循山麓至此迂迴臨陟俱在山脊而雨後新霽泉聲

遊記一册上

《帝京景物略》八卷，（清）刘侗、于奕正撰。

清金陵弘道堂刊本。版框高一九〇毫米，宽一三六毫米，四周单边，白口，无鱼尾，每半叶八行，行十九字。

此书记述明代北京及周边各州、县山川园林、名胜古迹、风俗民情。崇祯八年（一六三五），刘侗、于奕正于金陵撰成此书，刊刻印行。明末清初，此书曾多次翻刻。乾隆三十一年（一七六六），纪昀又删订刻印出版。

刘侗，生卒年不详，字同人，号格庵，湖北麻城人。崇祯七年进士。其于北京结识于奕正，成为好友，游历京畿各地。

于奕正，生卒年不详，原名继鲁，字司直，宛平人，崇祯初年秀才。

帝京景物畧卷之一

　　　　　　　　麻城劉　侗
　　　　　　　　　　修
遂安方逢年　定
　　　　　　　　宛平于奕正

大學石鼓

都城東北艮隅，瞻其坊曰崇教，步其街曰成賢，國子監在焉。國初本北平府學，永樂二年，改國子監。左廟右學，規制大備。彝倫堂之松，元許衡手植也。廟門之石鼓，周宣王獵碣也。維我　太祖高皇

李一氓旧藏《日下旧闻》四二卷，（清）朱彝尊辑。

清朱氏六峰阁刊本。版框高一八八毫米，宽一三五毫米，四周单边，白口，单鱼尾，每半叶十二行，行二十一字，小字双行同。

此书记载北京自远古以至明末的掌故史迹。「日下」典出唐代诗人王勃《滕王阁序》中「望长安于日下」一句，代指京城。内容分星土、世纪、形胜、宫室、城市、郊坰、京畿、侨治、边障、户版、风俗、物产、杂缀等十三门类，而以石鼓考殿后。皆征引前人著作，逐条排比。所引经、史、小说、文集、金石文字等凡一千四百四十九种。采辑渊博，记载详备。其子朱昆田撰作《补遗》，清高宗又命大臣增续修订，别成《日下旧闻考》。

朱彝尊（一六二九至一七〇九），字锡鬯，号竹垞，浙江秀水人。康熙十八年应博学鸿词征，授翰林院检讨，与修《明史》。著述宏富，有《经义考》《曝书亭集》等。

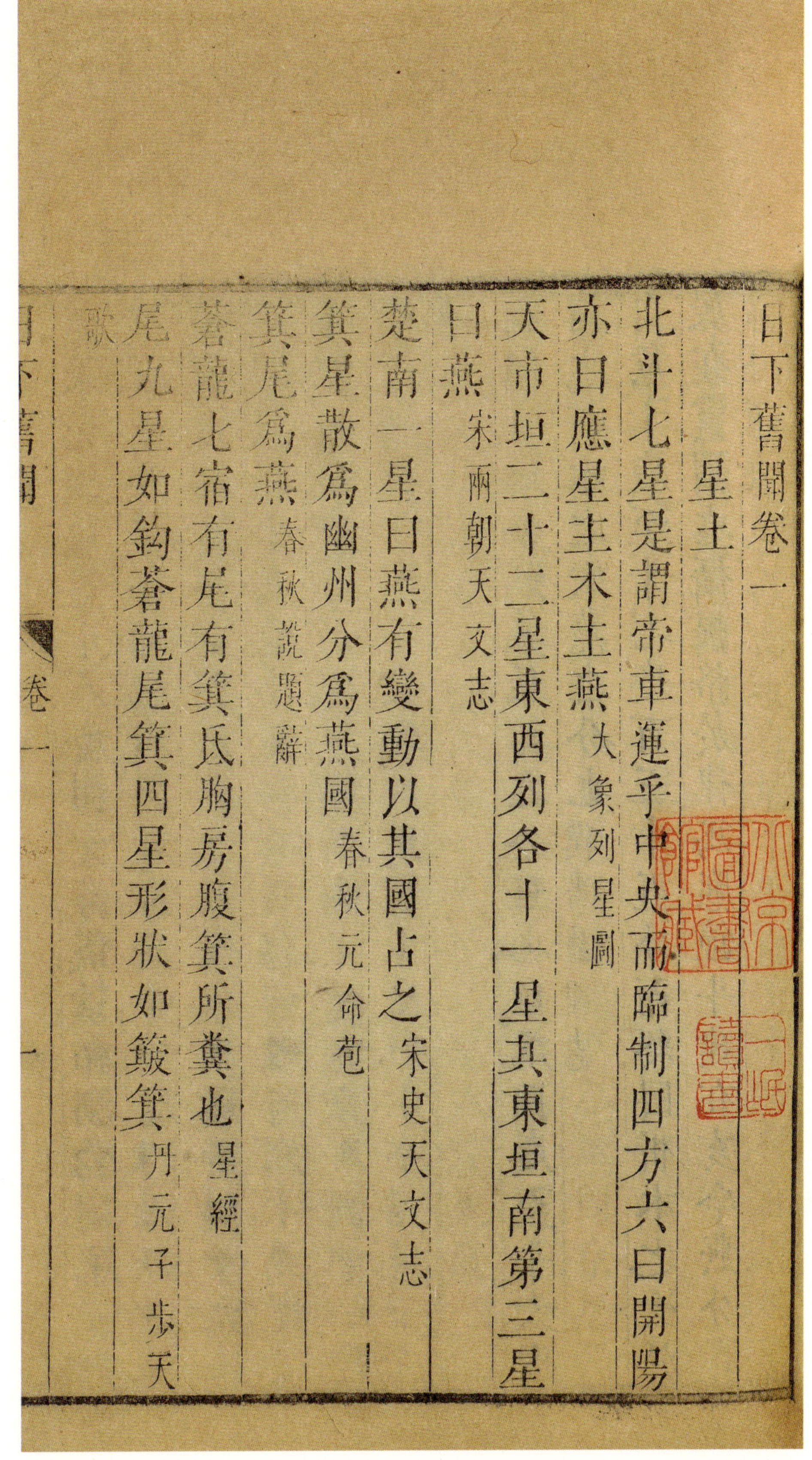

日下舊聞卷一

星土

北斗七星是謂帝車運乎中央而臨制四方六曰開陽亦曰應星主木主燕 大象列星圖

天市垣二十二星東西列各十一星其東垣南第三星曰燕 宋兩朝天文志

楚南一星曰燕有變動以其國占之 宋史天文志

箕星散爲幽州分爲燕國 春秋元命苞

箕尾爲燕 春秋説題辭

蒼龍七宿有尾有箕氐胸房腹箕所糞也 星經

尾九星如鉤蒼龍尾箕四星形狀如簸箕 丹元子步天歌

《钦定日下旧闻考》一六〇卷，（清）于敏中等编纂。

清乾隆刊本。版框高一八六毫米，宽一四六毫米，四周双边，白口，单鱼尾，每半叶九行，行二十一字。

清乾隆中窦光鼐、朱筠等据朱彝尊《日下旧闻》增补修订而成。所述以北京为主，兼及京畿各地。原书分星土、世纪等十三门，新书大体依旧，但新增官署、苑囿、存疑等门，附侨治于京畿门之后，置石鼓考于官署门国子监条下，原书叙事止于明末，新书概以乾隆现制为准。原书所列古迹全据文献记载，不免传闻讹舛，新书一一实地勘查，注明现状。又删繁补缺，考订讹误，卷帙较前增约二倍，内容体裁也更翔实精赅，是清代以前最大最完全的关于北京历史、地理、城坊、宫殿、名胜等的资料选辑，为研究北京历史和历史地理的重要参考书。有殿本及北京出版社新点校本。

于敏中（一七一四至一七八〇），字叔子，号耐圃，江苏金坛人。乾隆二年（一七三七）状元，历任内阁学士、军机大臣、文华殿大学士等职。曾充《四库全书》馆总裁，著有《素余堂集》等。

欽定日下舊聞考
欽定日下舊聞考
欽定日下舊聞考
欽定日下舊聞考
欽定日下舊聞考
欽定日下舊聞考
欽定日下舊聞考
欽定日下舊聞考
欽定日下舊聞考
欽定日下舊聞考

御製日下舊聞考題詞二首

第一章書緣起

第二章書自儆

重考彛尊書以成七言權當序而行名因日下荀鳴鶴蹟逮春明孫北平朱彛尊所編日下舊聞据拾載籍及金石遺文分為十三門四十二卷頗為綜核與北平孫承澤所著春明夢餘錄七十卷均有裨

欽定日下舊聞考　御製題詞

欽定日下舊聞考卷一

星土

臣等謹按自周禮保章氏以星土辨九州之地而後世之言分野者或以中宫斗杓或以二十八宿或以天市垣或以五星至唐一行則又創爲山河兩戒之説衆議紛緐立論各殊按唐杜佑分野議謂以國之分野上酌天象始於周季然其可疑者如周敬王魯哀公之時吳爲越所滅其後六十九年始命韓趙魏爲諸侯又十七年三國始分晉地

《海国图志》一〇〇卷，（清）魏源撰。

清咸丰二年（一八五二）古微堂重刊本。版框高一七二毫米，宽一三一毫米，四周双边，白口，单鱼尾，半叶九行，行二十一字。

《海国图志》是道光二十一年（一八四一）六月魏源受林则徐嘱托，根据《四洲志》等译稿和中国历代史志及明以来岛志中的资料编撰而成，叙述世界各国历史、地理，介绍西方先进科技尤其是关于战舰、火器的制造技术，且阐述了魏氏的见解；认为英国国富民强的原因，是由于「不务行教而专行贾，且佐行贾以行兵，兵贾相资，遂雄」。斥责封建顽固派反对「师夷」是「夏虫」「井蛙」之见，继《圣武记》之后，提出了「师夷长技以制夷」的完整主张；明确认识到要想真正抵制外国的侵略，必须迅速学习西方制造战舰、火器和练兵之法。此外，还表达了对西方近代资本主义民主政体羡慕之意。本书对中国政治学术思想和史学思想有重要影响。咸丰元年（一八五一），本书传入日本后，日本学者竞为翻译、训解、刊刻，于日本人士扩大视野、了解西方情况，裨益殊多。明治维新前后，佐久间象山、吉田松荫、安井息轩等纷纷争读，由此最初获得关于国际法及立法知识，对明治维新运动有一定影响。

初刻于道光二十二年（一八四二），共五十卷。道光二十七年（一八四七）扩为六十卷，咸丰二年（一八五二）又增补为一百卷。另有道光二十四年（一八四四）古微堂刊本、道光二十九年（一八四九）古微堂重刊本、同治六年（一八六七）广州重刊本、光绪二年（一八七六）平庆泾固道署重刊本等。

咸豐壬子斈古
[illegible]堂重刊定本

海國圖志原敘

海國圖志六十卷何所據一據前兩廣總督林尚書所譯西夷之四洲志再據歷代史志及明以來島志及近日夷圖夷語鈎稽貫串創榛闢莽前驅先路大都東南洋西南洋增於原書者十之八大小西洋北洋外大西洋增於原書者十之六又圖以經之表以緯之博參群議以發揮之何以異於昔人海圖之書曰彼皆以中土人譚西洋此則以西洋人譚西洋也是書何以作曰爲以夷攻夷而作爲以夷款夷而作爲師夷長技以制夷

海國圖志卷之一

邵陽魏源撰

籌海篇一 議守上

自夷變以來，幃幄所擘畫，疆場所經營，非戰即款，非款即戰，未有專主守者，未有善言守者。不能守，何以戰？不能守，何以款？以守爲戰，而後外夷服我調度，是謂以夷攻夷；以守爲款，而後外夷範我馳驅，是謂以夷款夷。自守之策二：一曰守外洋不如守海口，守海口不如守內河；二曰調客兵不如練土兵，調水師不如練水勇。攻夷

《海国图志》一〇〇卷，（清）魏源撰。

清光绪二年（一八七六）平庆泾固道署重刊本。版框高一六三毫米，宽一二〇毫米，四周双边，白口，单鱼尾，半叶九行，行二十一字。

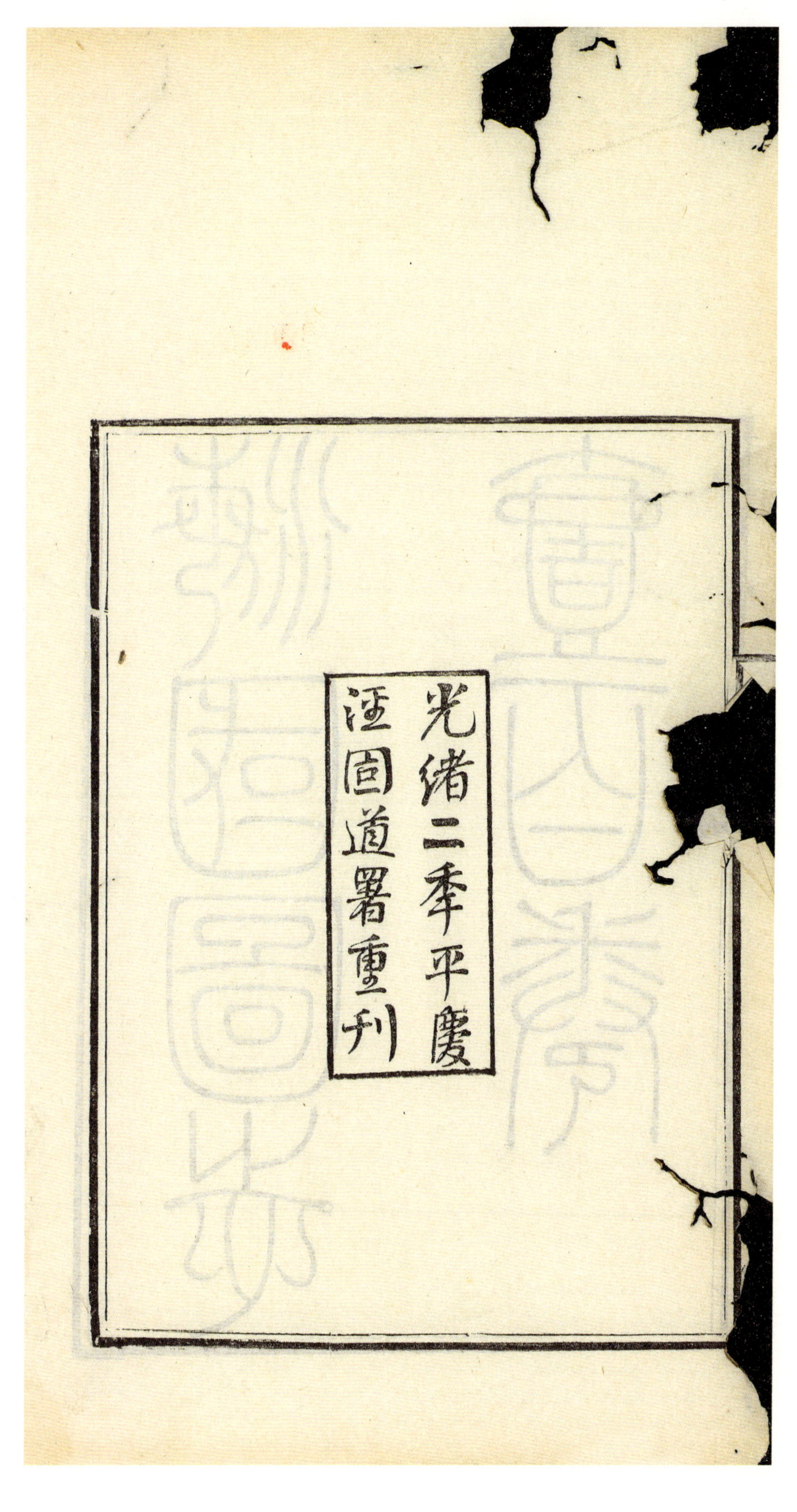
光绪二年平庆
泾固道署重刊

重刻海國圖志敘

邵陽魏子默深海國圖志六十卷成於道光二十二年續增四十卷成於咸豐二年通爲一百卷越二十有三年光緒紀元其族孫甘肅平慶涇固道光燾懼孤本久而失傳督匠重寫開雕乞余敘之維

國家建中立極土宇閎廓東南盡海島嶼星錯海道攸分內外有截西北窮山水之根以聲教所暨爲疆索荒服而外大險無垠距海遼遠以地形言左倚東南矣然地體雖方與天爲圓固無適非中也以天氣言分至協

海國圖志卷一

邵陽魏源撰

籌海篇一上 議守

自夷變以來，帷幄所擘畫，疆埸所經營，非戰即款，非款即戰，未有專主守者，未有善言守者。不能守，何以戰？不能守，何以款？以守爲戰而後外夷服我調度，是謂以夷攻夷；以守爲款而後外夷範我馳驅，是謂以夷款夷。自守之策二：一曰守外洋不如守海口，守海口不如守內河；二曰調客兵不如練土兵，調水師不如練水勇。攻夷

《瀛寰志略》一〇卷，（清）徐继畬撰。

清道光三十年（一八五〇）红杏山房刊本。版框高二五七毫米，宽一八二毫米，左右双边，黑口，单鱼尾，半叶十行，行二十五字，小字双行同。

道光二十三年（一八四三）徐继畬任福建布政使，开始着手编写此书。从雅裨理（David Abeel）等外国人处获取西方国家知识，又参考本国地理著作，并收集晚明以来西方传教士的著作，于道光二十四年（一八四四）写成稿本《瀛寰考略》。后对书稿改动数十次，道光二十八年（一八四八）于福州刊刻印行。此书运用近代地理学的理论和科学方法，记述世界地理形势和各国风土人情、历史沿革、山川城郭，地图绘制精细，方位准确，是当时中国人研究世界地理、历史的一部拓荒之作。又有道光三十年（一八五〇）红杏山房刻本、同治五年（一八六六）五台徐氏本、同治十二年（一八七三）掞云楼校刊本及日本刊本数种。

徐继畬（一七九五至一八七三），字健男，号牧田，山西五台人，道光六年（一八二六）进士。

地球

○地形如球以周天度數分經緯線縱橫畫之每一周得三百六十度每一度得中國之二百五十里海得十之六有奇土不及十之四泰西人推算甚詳茲不贅

○地球從東西直剖之北極在上南極在下赤道橫繞地球之中日馭之所正照也赤道之南北各二十三度二十八分爲黄道限寒溫漸得其平又再北再南各四十三度四分爲黑道去日馭漸遠凝陰沍結是爲南北冰海

○地球從中間横剖之北極南極在中其外十一度四十四分爲黑道再外四十三度四分爲黄道限再外二十三度二十八分赤道

《光绪顺天府志》一三〇卷，（清）缪荃孙辑。

清光绪刊本。版框高二一〇毫米，宽一六〇毫米，四周双边，黑口，双鱼尾，每半叶十行，行二十五字。

此书先由张之洞任总纂，后因张氏调任山西，由缪荃孙任总裁。缪氏编写疆域、乡贤、艺文、金石等卷，又延请当时名儒硕彦担任各门分纂，并复审全书。自光绪五年设局修纂，至十二年刻书印行。此书内容翔实、丰富，记述了以北京为中心的顺天府的各个方面。光绪十五年重印此书，印前覆校，有改削添补。

缪荃孙（一八四四至一九一九），字炎之，江苏江阴人。晚清著名目录、历史、金石学家。光绪二年进士，曾助张之洞编著《书目答问》。

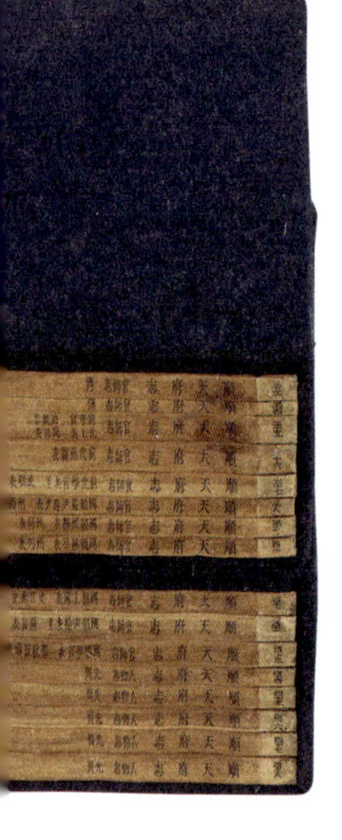

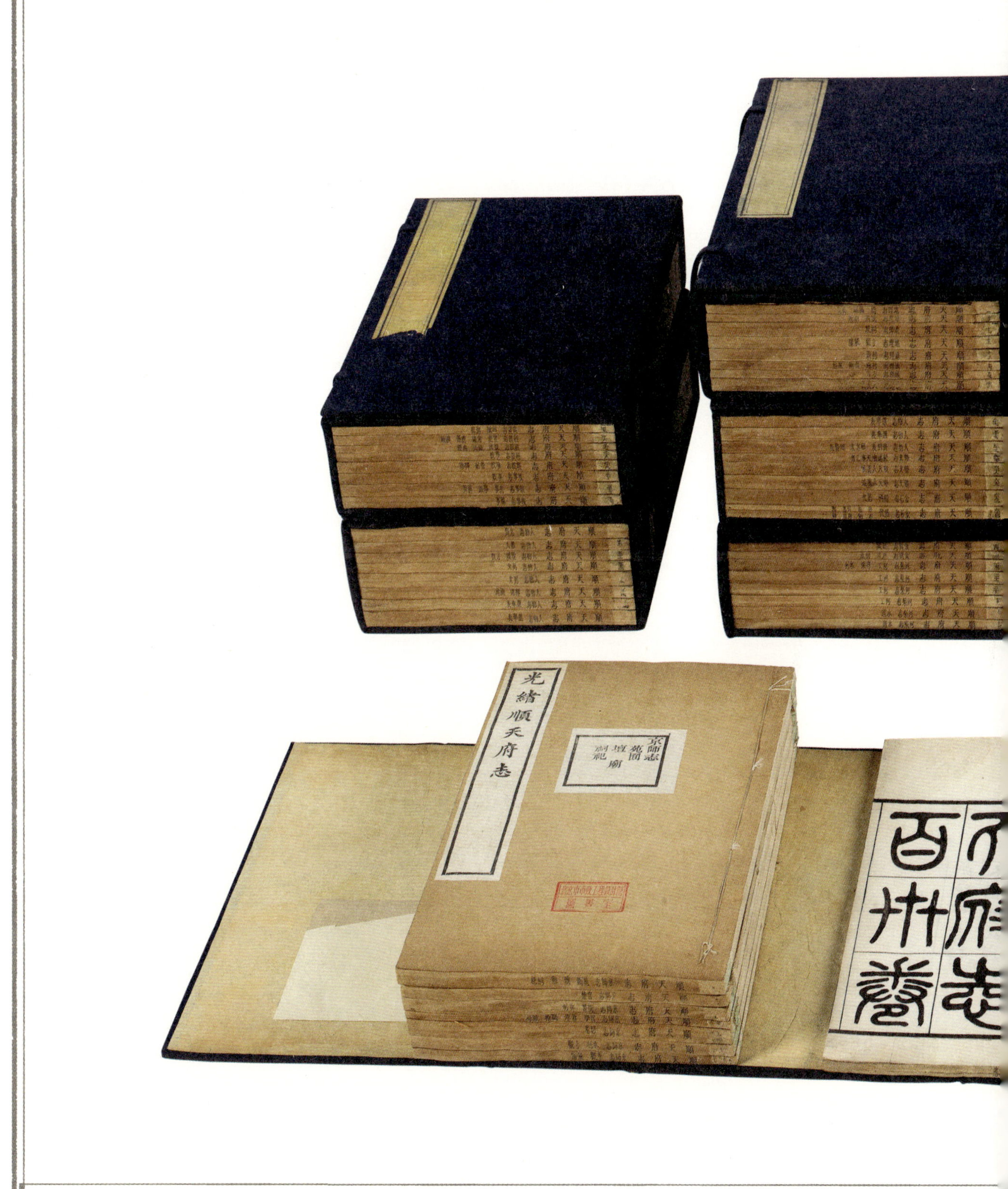
光緒順天府志
京師志
苑囿
壇廟
祠祀

京師志一　　光緒順天府志一

黄岡洪良品纂　江陰繆荃孫覆輯

城池

京師古冀州地左員遼海右引太行喜峯居庸擁後翼衛居高馭重臨視乎六合天啓

聖清膺圖建鼎此維與宅制沿明舊邦命維新翼翼巍巍億萬年金湯之固矣溯遼金肇都猶沿唐藩鎮舊城元明以降規體增廓今雖府治實爲

帝都爰述

建繕所由綴於簡端遼金元明亦附考焉志城池

京城周四十里爲門九南爲正陽門南之東爲崇文門南之西爲宣武門東之南爲朝陽門東之北爲東直門西之南爲阜成門西之北爲西直門北之東爲安定門北之西爲德勝門自元至元四

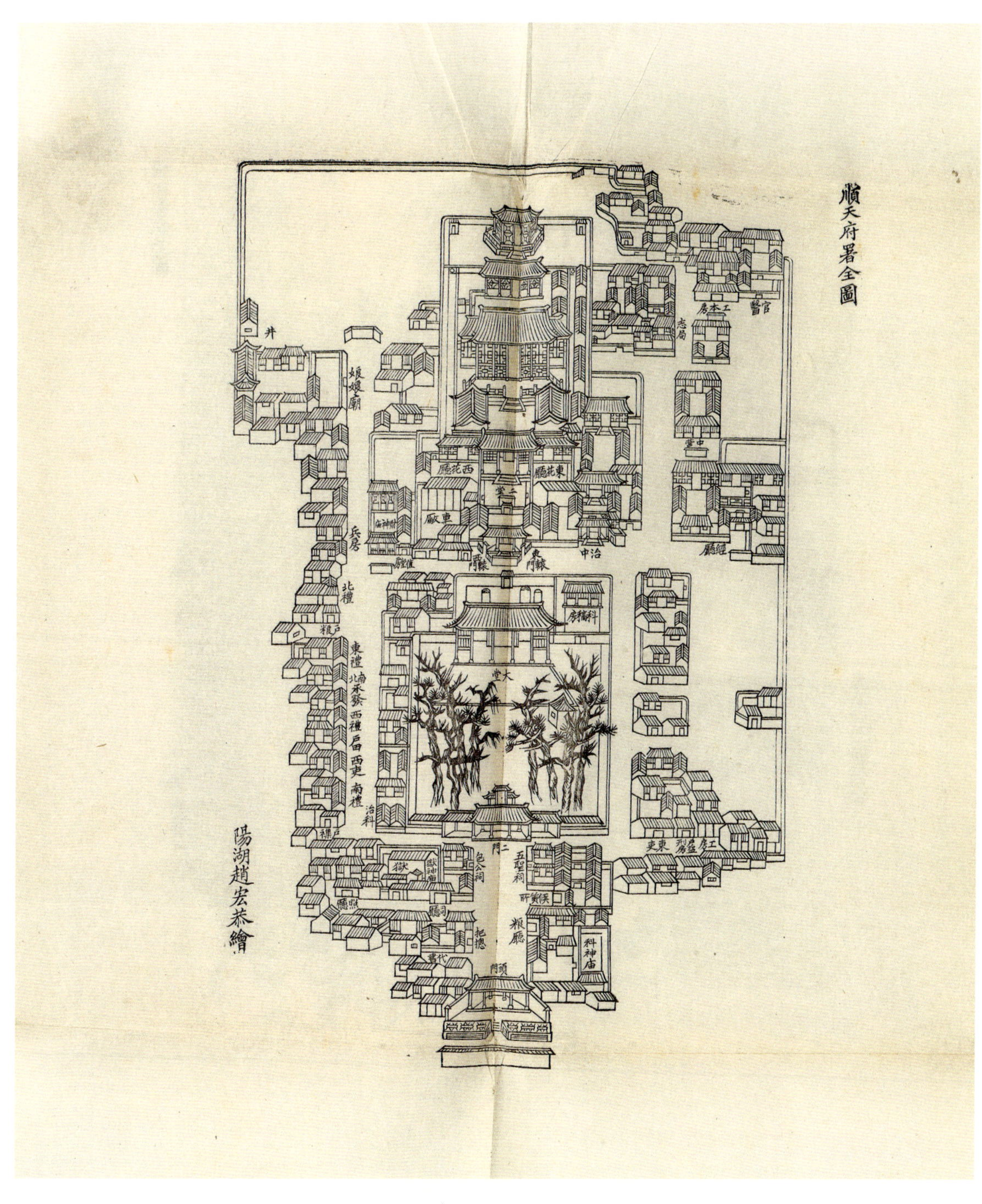

順天府署全圖
陽湖趙宏恭繪
井
娘娘廟
兵房
西花廳
東花廳
二堂
大堂
二門
頭門
五聖祠
糧廳
科神廟

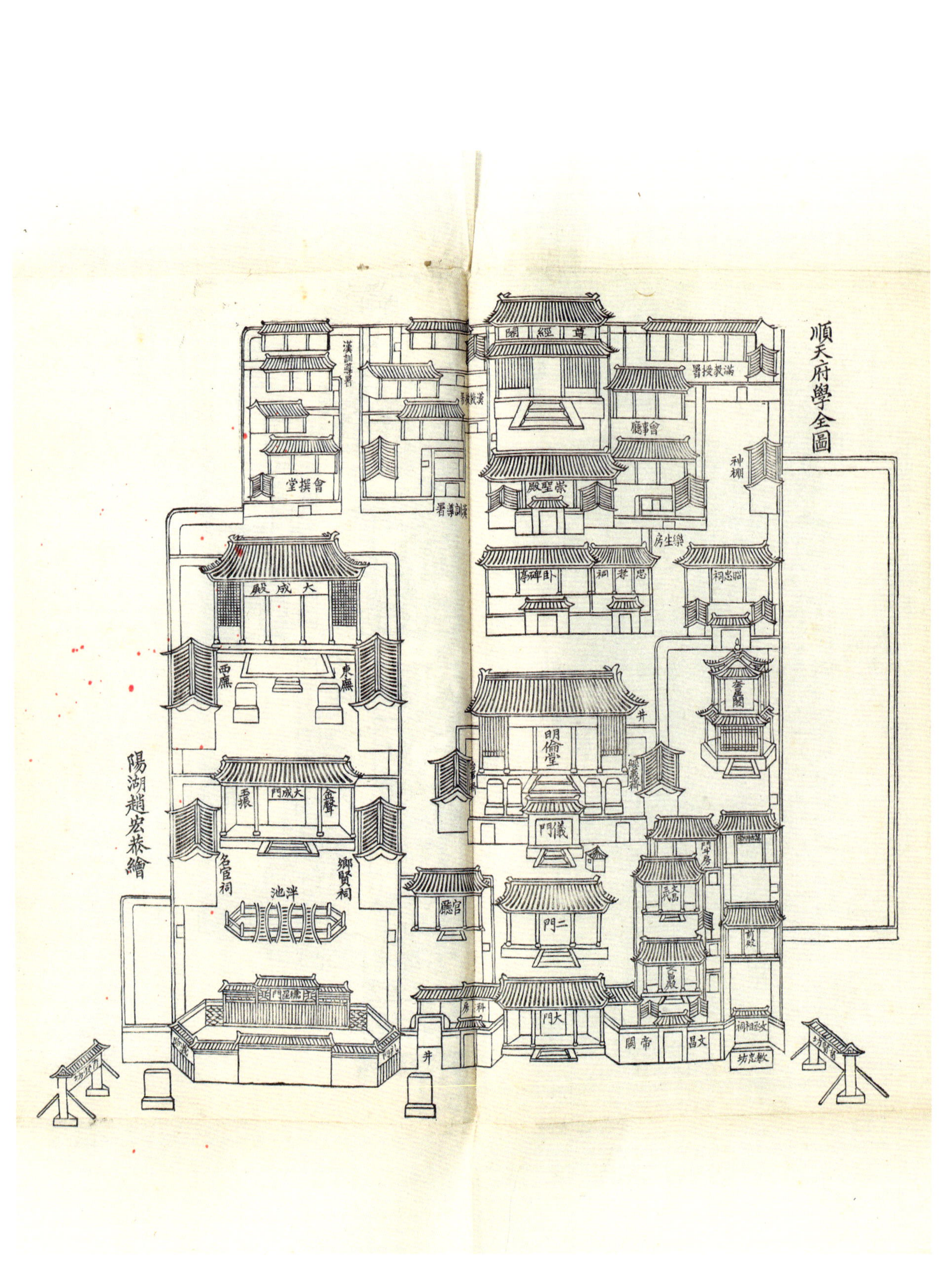
順天府學全圖
陽湖趙宏恭繪
大成殿
大成門
明倫堂
崇聖殿
會撰堂
會事廳
尊經閣
二門
大門
儀門
官廳
名宦祠
鄉賢祠
泮池
西廡
東廡
金聲
玉振
櫺星門
滿教授署
漢訓導署
神祠
樂生房
忠孝祠
昭忠祠
帝閣
文昌
井

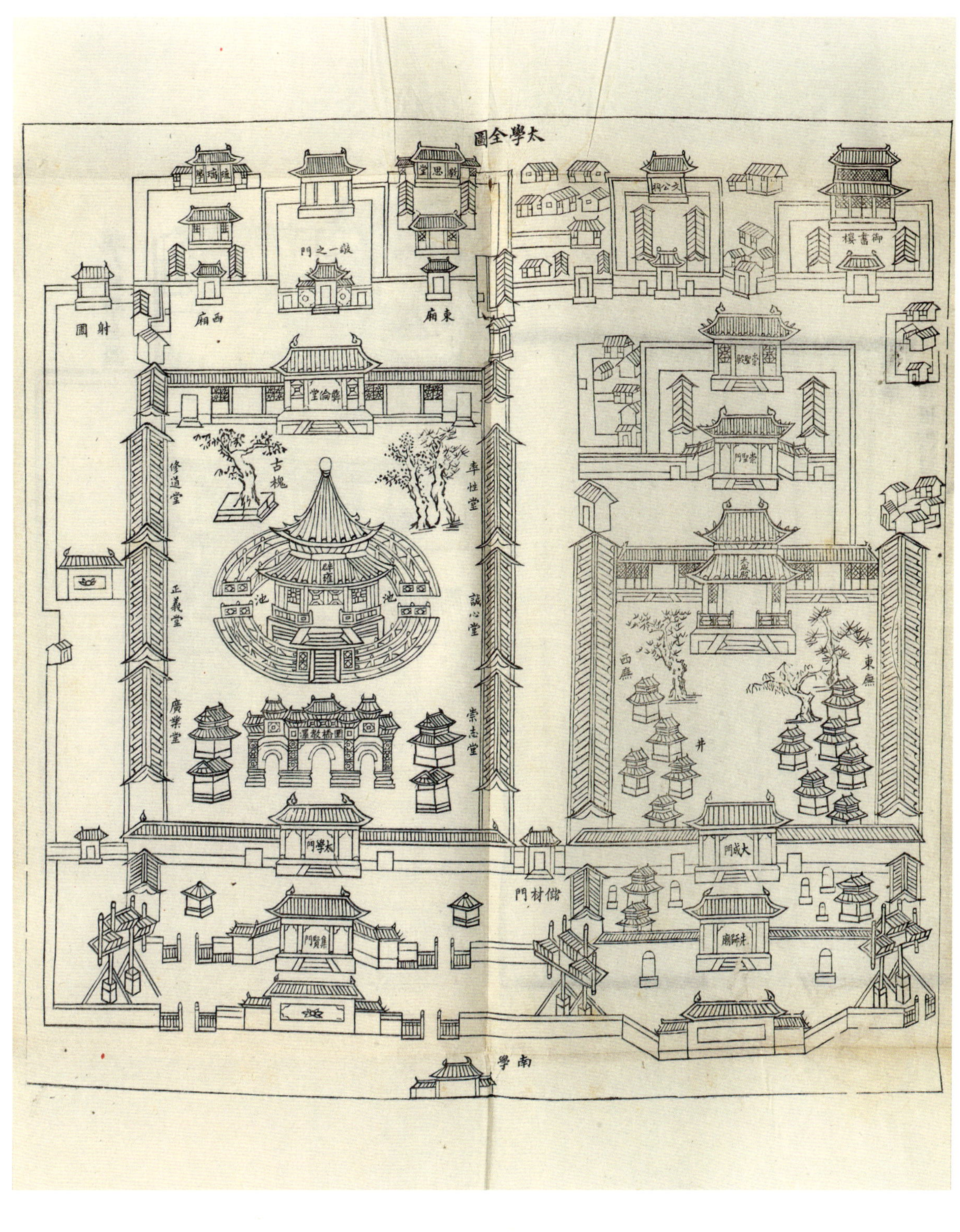
太學全圖
射圃
西廟
東廟
敬一之門
彝倫堂
修道堂
正義堂
廣業堂
率性堂
誠心堂
崇志堂
古槐
辟雍
池
池
圜橋教澤
太學門
集賢門
儲材門
南學
崇聖祠
御書樓
大成殿
西廡
東廡
井
大成門
先師廟

《湘潭县志》二二卷，（清）陈嘉榆等修、王闿运等纂。

清光绪十五年（一八八九）刊本。版框高二一三毫米，宽一四七毫米，四周双边，白口，单鱼尾，每半叶十行，行二十一字。

该志以道光、同治间《湘潭县志稿》为基础，以图志名篇，将图、表、传三类，分隶各篇，独创清末方志新体例。文笔精湛，内容新颖，表图准确精密，考证翔实详尽，被誉为晚清名志之一。光绪十三年（一八八七）由王闿运删削增补而成，十五年（一八八九）付梓成书。有民国三十二年印本。

陈嘉榆，字心田，福建宁德人，光绪十二年（一八八六）任湘潭知县。

王闿运（一八三三至一九一六），字壬秋，湖南湘潭人。民国时期一度出任国史馆馆长。著作甚丰，有《湘绮楼全集》等。

湘潭縣志卷弟一

疆域弟一

湘潭名國始蕭梁時隋代併省縣國茶陵攸水陰山建甯地盡入湘潭自此厤代皆有湘潭縣唐書地理志曰湘潭後漢湘南縣地天寶八年移治洛口因改爲湘潭言沿革者自此殽矣漢志曰禹貢衡山在湘南東南後志亦言衡山在湘南侯國東南此湘南封域之可知者宋祁等改修唐書乃言湘潭縣有衡山以符合三志一若今縣卽漢湘南在衡山西者是以後名移前境也今縣地則湘南而名自茶攸昔孫吴分郡以湘西隸衡陽

《同治上海县志》三二卷，（清）应宝时修、俞樾等纂。

清同治刊本。版框高一八一毫米，宽一二八毫米，四周双边，白口，单鱼尾，每半叶十二行，行二十三字。

同治五年（一八六六），时任上海道应宝时延请俞樾任总编纂，续修县志。此志为清代最后一部上海县志，搜罗甚广，记有是时涉外、洋务诸事，保留了不少史料。历时四年修成，并经冯桂芬厘定，同治十年付印。后有同治十一年、光绪八年印本。

俞樾（一八二一至一九〇七），字荫甫，号曲园。浙江德清人。

同治上海縣志卷一

疆域

上海立縣始於元一分於青浦再分於南匯三分於川沙今所存者惟高昌鄉十之九長人鄉十之三計保十二圖二百一十四而已然實爲繁疲難要缺土愈隘而民愈稠且有司爲朝廷守土於一縣提封形勝必瞭然心目之間斯控制有要調劑得宜大政遠猷皆從此出志疆域

沿革

上海今松江府屬縣也禹貢揚州之域春秋屬吳後屬越戰國屬楚相傳爲春申君封邑秦始置縣曰瞜領於會稽郡今縣當屬其南境漢更名曰婁初屬荆國後屬吳國尋屬江都

上海縣志　卷首　二

鄭志曰元至元二十九年割華亭長人高昌北亭新江海隅五鄉爲縣東至江灣里一十有八西至烏泥涇里三十南至下沙場北至靑龍鎭里皆五十共東西四十八里南北一百里國朝指明代東至大海里五十西至華亭界里百有十南至華亭界里七十有二到下沙場里六十北至嘉定縣界里十有八東南到南匯嘴千戶所里八十西南到府治里九十東北到嘉定江灣里二十有四西北到嘉定縣治里七十有三共東西一百六十里南北九十里其編戶凡六百三十里云

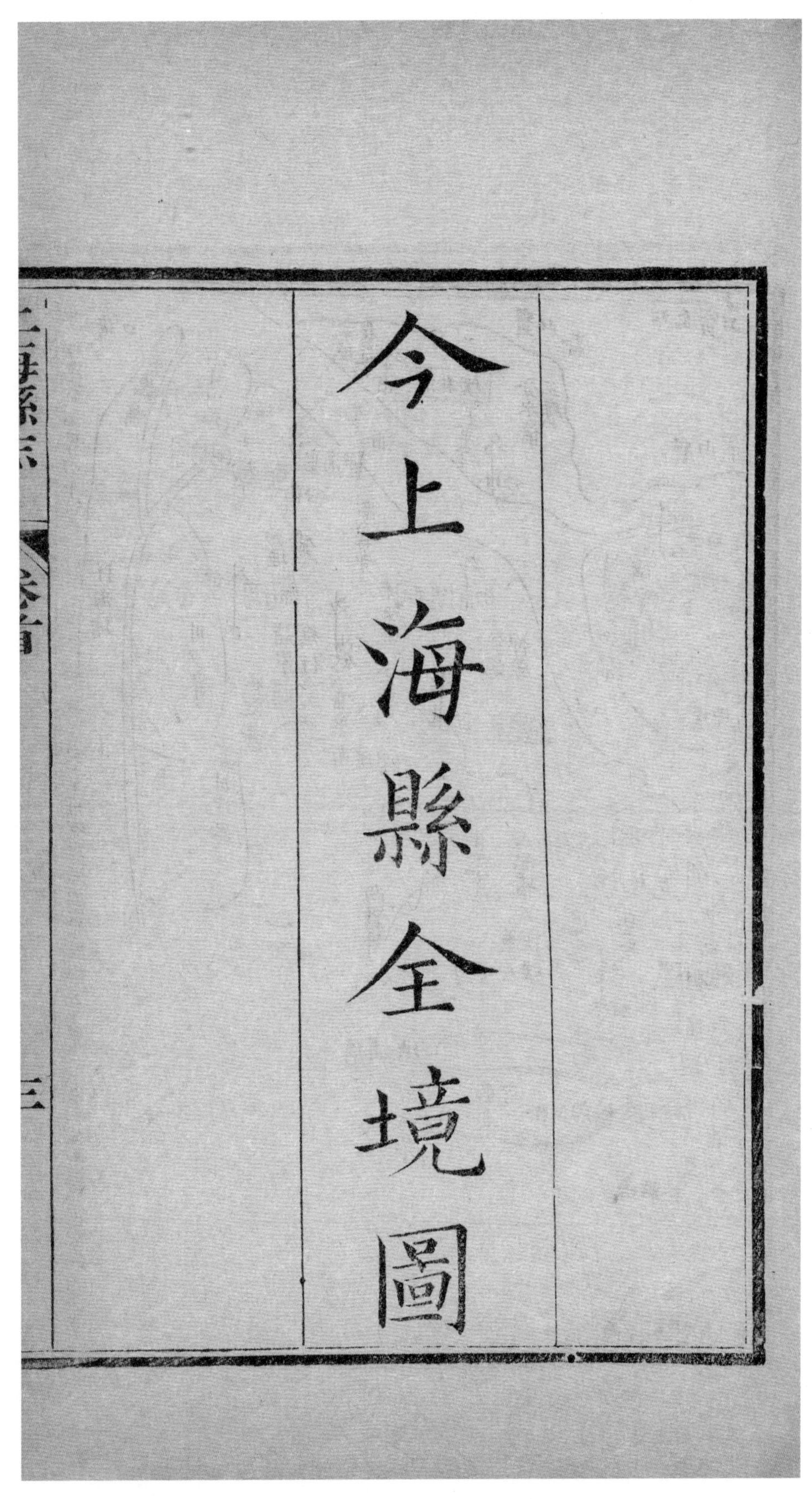
今上海縣全境圖

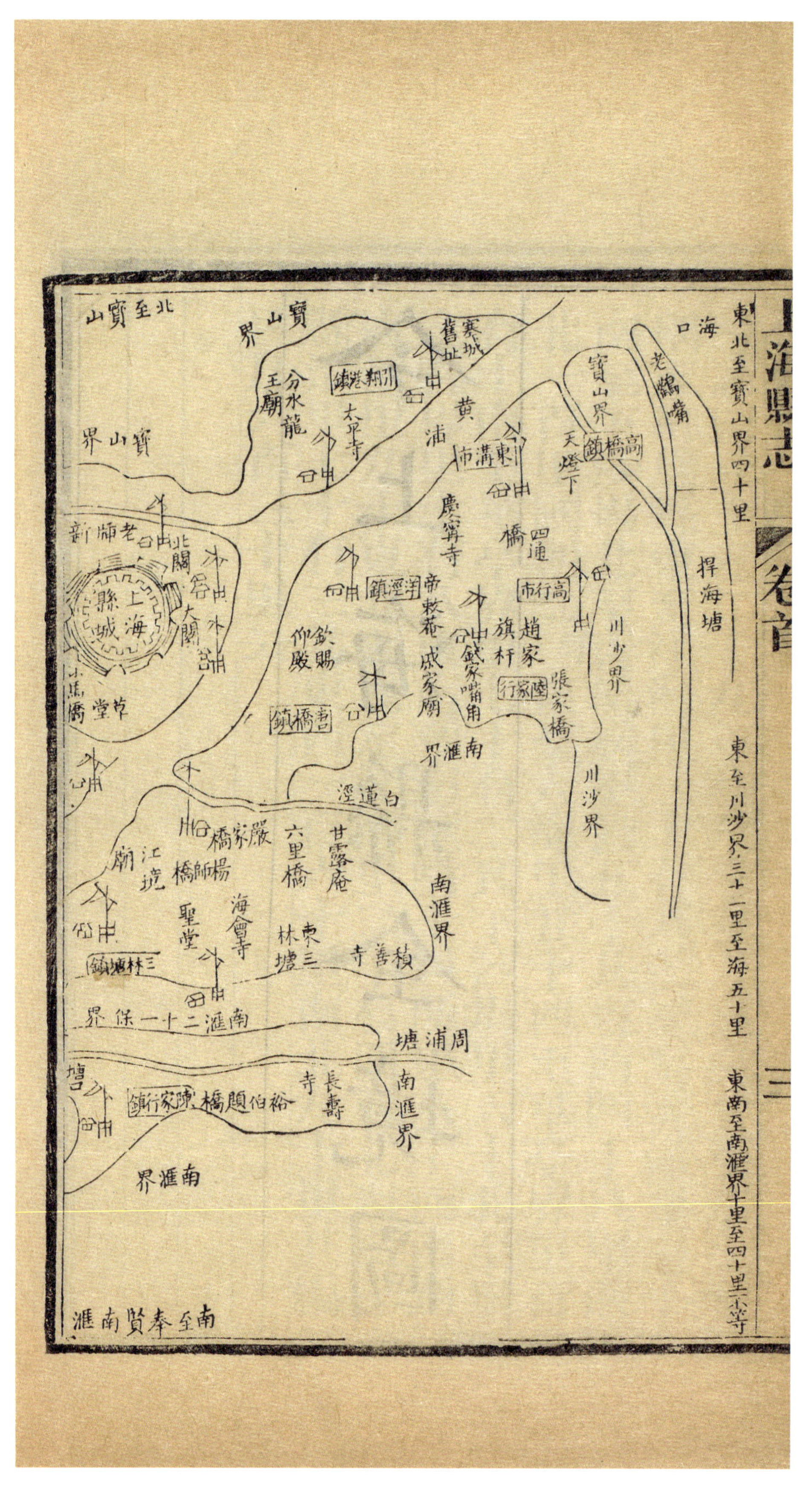
東北至寶山界四十里
東至川沙界三十一里至海五十里
東南至南滙界十里至四十里不等
南至奉賢南滙
北至寶山

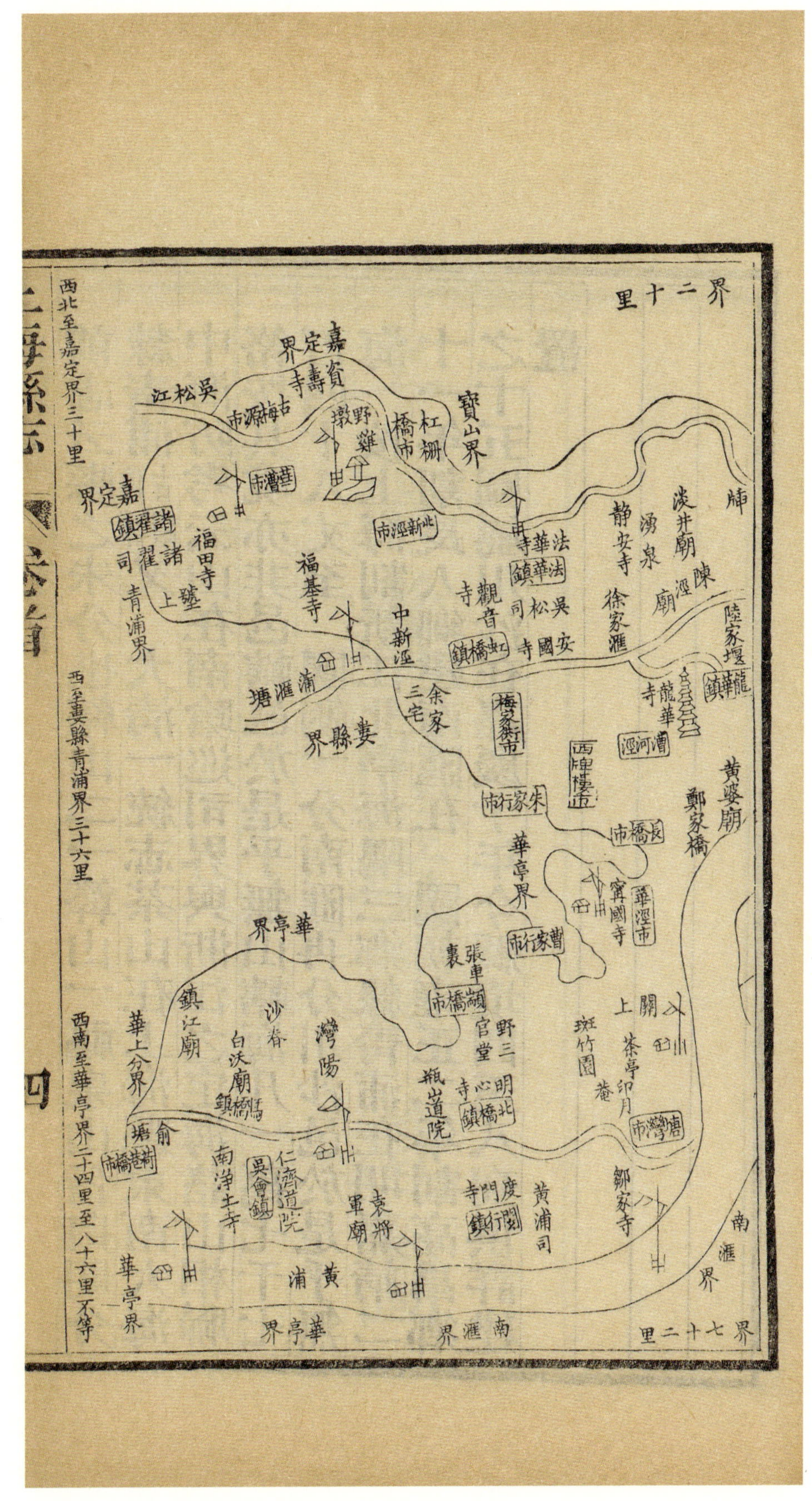

界二十里
西北至嘉定界三十里
嘉定界
吴松江
資壽寺
古梅源市
野雞墩
杠栅橋市
寶山界
嘉定界
諸翟鎮
諸翟司
福田寺
青浦界
北新涇市
法華寺
法華鎮
静安寺
湧泉廟
淡井廟
陳涇廟
福基寺
觀音寺
吴松司
安國寺
徐家滙
中新涇
虹橋鎮
陸家堰
龍華鎮
龍華寺
蒲滙塘
余家三宅
婁縣界
漕河涇
黄婆廟
鄭家橋
朱家行市
長橋市
西至婁縣青浦界三十六里
華亭界
寶國寺
華涇市
曹家行市
華亭界
張車裏
高橋市
野三官堂
斑竹園
閘上
茶亭
江廟鎮
沙脊
白沃廟
灣陽
北明心寺
北橋鎮
周浦
唐灣市
西南至華亭界二十四里至八十六里不等
華上分界
俞塘
南淨土寺
吴會鎮
仁濟道院
將軍廟
度門寺
閔行鎮
黄浦司
鄒家寺
南滙界
華亭界
黄浦
華亭界
南滙界
界七十二里

《江南通志》卷一九五，（清）尹继善等修。

清乾隆《钦定四库全书》本。版框高二一〇毫米，宽一三九毫米，四周双边，朱丝栏，白口，单鱼尾，每半叶八行，行十九字。

《江南通志》始修于康熙二十二年（一六八三），次年成书。雍正七年（一七二九）下诏重修《江南通志》，九年开局于江宁。书成于乾隆元年，次年刊刻印行。后收入《四库全书》。此志以康熙《江南通志》为基础，记述江苏、安徽之舆地、食货、学校、武备等内容，附山川等图五十幅。重修后增诏谕、御制诗文及河渠等内容。

尹继善，字元长，号望山，满洲镶黄旗人。雍正进士，历任江苏巡抚、两江总督、江南河道总督等职。著有《尹文端公诗集》。

欽定四庫全書

江南通志卷一百九十五

雜類志

志為史之一體今以表與傳入志所謂各從其類以類聚也其為九志所不能入而通志所不可棄者天時之一機一祥人事之一言一行古書之一信一疑繫於江南者不能更僕數矣網羅散失參伍而鉤稽之其詳備尚難焉若片羽碎金之可珍

欽定四庫全書　江南通志　一

《山西通志》卷二一〇，（清）储大文等修。

清乾隆《钦定四库全书》本。版框高二一〇毫米，宽一三九毫米，四周双边，朱丝栏，白口，单鱼尾，每半叶八行，行十九字。

雍正七年（一七二九），山西巡抚觉罗石麟以储大文为纂修，开局重修此志。雍正十二年（一七三四）完稿刊行，后收入《四库全书》。此书以康熙二十一年（一六八二）刘梅《山西通志》为基础，博采见闻，记述山西之建置沿革、山川水利、关隘武事、风俗物产等内容。

储大文（一六六五至一七四三），字六雅，号画山，江苏宜兴人，康熙六十年进士。

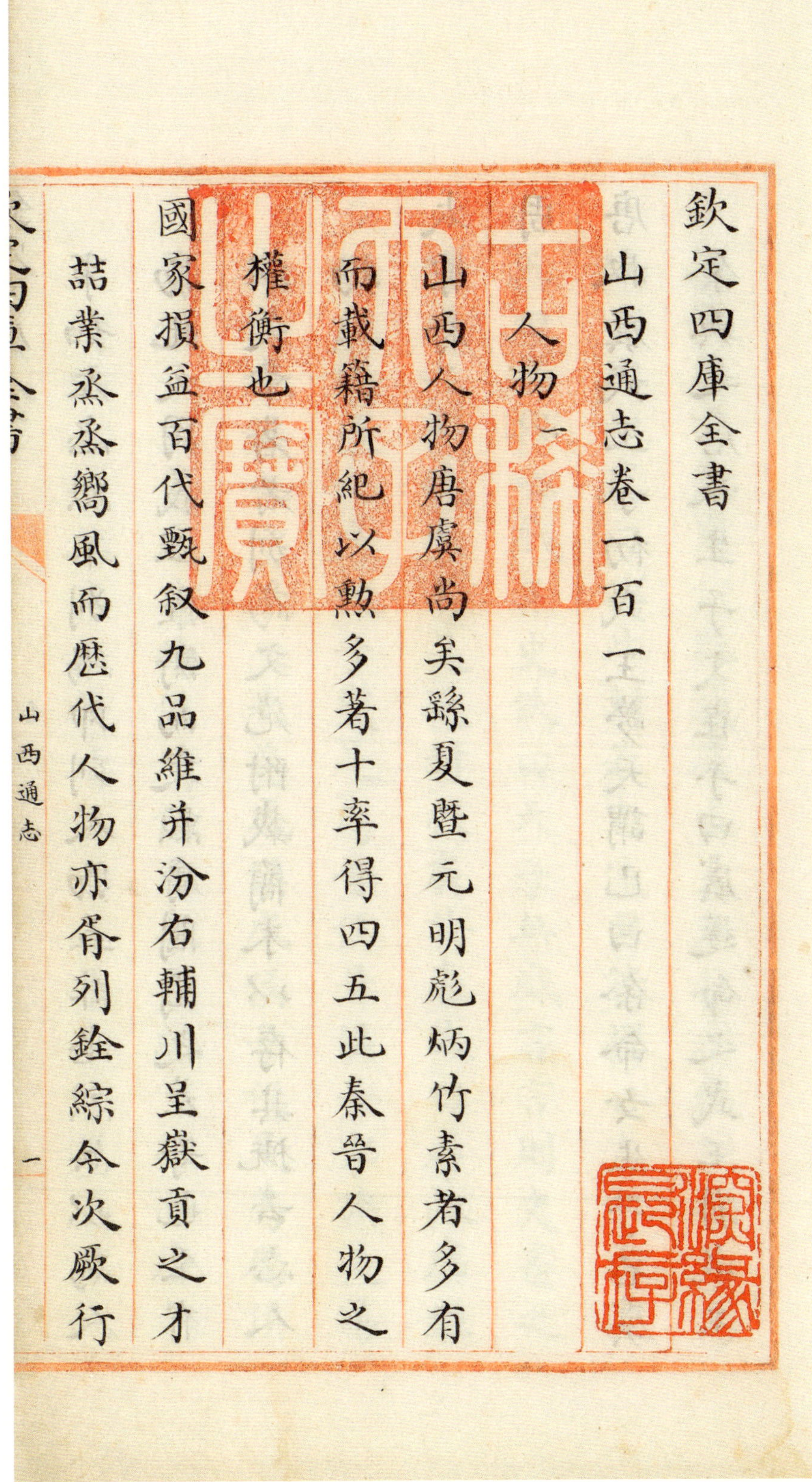

欽定四庫全書

山西通志卷一百一

人物一

山西人物唐虞尚矣繇夏暨元明彪炳竹素者多有而載籍所紀以勲多著十率得四五此秦晉人物之權衡也

國家損益百代甄叙九品維并汾右輔川呈嶽貢之才喆業烝烝嚮風而歷代人物亦胥列銓綜仌次厥行

山西通志　一

《华阳国志》卷一至三，（东晋）常璩撰。

清乾隆《钦定四库全书》本。版框高二一〇毫米，宽一三九毫米，四周双边，朱丝栏，白口，单鱼尾，每半叶八行，行十九字。

此书是一部记述西南历史的史地著作。常璩曾任成汉史官，撰《梁益二州地志》《巴汉志》《蜀志》《南中志》等。入晋后，删削旧作，著成是篇。全书分为两大部分，前四卷《巴志》《汉中志》《蜀志》《南中志》为地理之部，后九卷是对我国西南地区重大历史事件和人物的记载。体例完备，资料丰富，考证翔实，文笔富瞻。

北宋元丰元年吕大防于成都始刻此书，后有南宋嘉泰四年刻本。明清间翻刻传抄众多，有嘉靖刘大昌刻本、嘉靖张佳胤刻本、嘉靖钱谷手抄本、天启李一公本、万历吴琯《古今逸史》本、万历何允中《汉魏丛书》本、乾隆李调元《函海》本、乾隆王谟《汉魏丛书》本、嘉庆南京廖寅刻本等。

常璩，东晋蜀郡江原（今四川崇庆）人。

欽定四庫全書

華陽國志卷一

晉 常璩 撰

巴志

昔在唐堯洪水滔天鯀功無成聖禹嗣興導江疏河百川蠲脩封殖天下因古九囿以置九州仰禀參伐俯壤華陽黑水江漢為梁州厥土青黎厥田惟下上厥賦惟下中厥貢璆鐵銀鏤砮磬熊羆狐狸織皮於是四隩既

《华阳国志》十二卷，（东晋）常璩撰。

清杭州增补何允中《广汉魏丛书》本。版框高一九八毫米，宽一四一毫米，左右双边，白口，单白鱼尾，每半叶九行，行二十字。

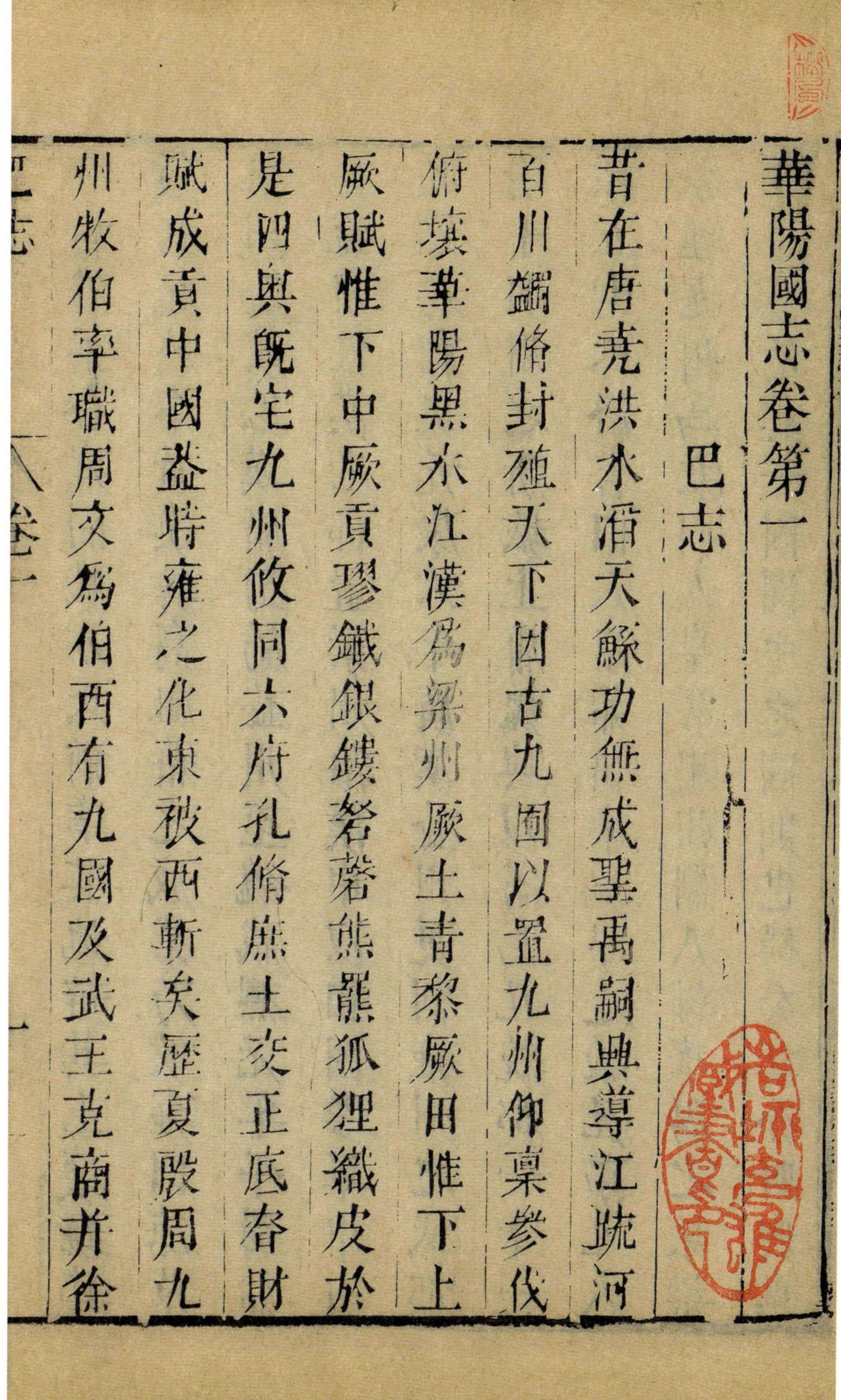

華陽國志卷第一

巴志

昔在唐堯洪水滔天鯀功無成聖禹嗣興導江疏河百川蠲脩封殖天下因古九圍以置九州仰稟參伐俯壤華陽黑水江漢爲梁州厥土青黎厥田惟下上厥賦惟下中厥貢璆鐵銀鏤砮磬熊羆狐狸織皮於是四與既宅九州攸同六府孔脩庶土交正底慎財賦成貢中國盖時雍之化東被西漸矣歷夏殷周九州牧伯率職周文爲伯西有九國及武王克商并徐

志　卷一　一

《西湖志》四八卷，（清）李卫、吴焯等修撰。

清雍正九年（一七三一）两浙盐驿道库刻本。版框高一九九毫米，宽一四三毫米，四周双边，白口，单鱼尾，每半叶九行，行二十一字。

《西湖志》是记载中国杭州西湖的方志。清雍正九年（一七三一）由浙江总督李卫监修，傅王露总纂，搜罗文献，历时五年，于雍正十三年（一七三五）修纂成《西湖志》。全书附有大量插图，是一部图文并茂的精美志书。目录列水利、名胜、山水、堤塘、桥梁、寺观、祠宇、古迹、方外、特产、冢墓、撰述、书画、艺文、诗话、志余、外纪等二十门，其中山水、堤塘、桥梁、寺观、祠宇之属，还特别分为孤山、南山、北山、吴山、西溪五路，极便读者阅览。

李卫（一六八六至一七三八），字又玠，江南铜山（今属江苏）人。初捐资为员外郎，历任云南布政使、浙江总督、直隶总督等职。

西湖志卷之一

水利一

西湖源出武林泉滙南北諸山之水而注於上下兩塘之河其流甚長其利斯溥唐宋以來屢經濬治而興廢不常

盛朝特重水利首及東南疏鑿之功爲前古未有恭紀聖恩垂利萬世而歷代開濬始末悉詳著於篇志水利

西湖古稱明聖湖漢時有金牛見湖人言明聖之瑞因名又以其在錢塘故稱錢塘湖又以其輸委於

《长白山录》一卷，（清）王士禛撰。

清康熙刊本。版框高一六四毫米，宽一三二毫米，左右双边，黑口，单鱼尾，每半叶十行，行十九字。

长白山位于今山东省邹平县境。顺治十三年（一六五六），王士禛与友人同游长白山，刻《长白游诗》一卷。又编辑成此书，记述长白山地理形势、历史古迹及有关传说。

王士禛（一六三四至一七一一），字子真，一字贻上，号阮亭，别号渔洋山人。山东新城人，清代著名诗人。顺治十五年（一六五八）进士。

長白山錄

新城王士禛字貽上

長白山在濟南鄒平縣西南本屬長山縣縣所得名也高二千九百丈周六十里晏謨述征記云雲雨常白故又名常白司馬子微洞天福地記第六十一長在山在齊州長山縣故又名長在抱朴子曰長白泰山之副岳酉陽雜組曰古肅然山也史記封禪書元封元年四月乙卯封泰山丙辰禪泰山下趾東北肅然山今以地理考之山在泰山東北相距三百里安得乙卯封泰山丙辰禪肅然若

《岱史》一八卷，（明）查志隆辑、张缙彦删补。

明万历十五年（一五八七）刻清顺治康熙增补本。版框高二一六毫米，宽一五四毫米，四周单边，白口，无鱼尾，每半叶九行，行二十字。

此书是继明嘉靖《泰山志》后的又一部大型泰山专志，由查志隆在山东盐运司同知任上所编。全书分为考、表、纪、志，内容丰富，后世泰山著述多征引此书。万历十四年（一五八六）成书，次年由戴相尧刊刻。顺治十一年（一六五四），张缙彦对查氏原书进行删补，并由傅应星增修补刻。康熙三十八年（一六九九），劳绳祖又行增修。

查志隆，字鸣治，浙江海宁人，嘉靖三十八年（一五五九）进士。

岱史第一卷圖考

叙曰曷云乎圖考也考泰山之形勝而繪之為圖也夫鴻濛始判為物者萬而惟流峙最大為峙者萬而惟嶽最大為嶽者五均之巍巍峻極而惟岱最大近則橫亘齊魯跨引江淮遠則雄峙九紘霖雨四海豈非寰衷之巨觀古今之崇鎮乎顧欲以方寸赫蹏捴挈全勝抑何難也然自古考方辨域必取諸圖不然則周覽不能窮其勝載籍不能紀其詳即有高雅之士興起卧游之想曷從而觀焉是用攈古證今圖諸

岱史第一卷　　圖考

經石谷
高老橋
斗母殿
天仙閣
一天門
岱宗
眼光殿
青帝觀
鳳凰臺
厲壇
帝廟
速報司
岱廟
遥参亭
觀音堂
灵派祠
金橋
行宮
觀音堂

御帳
二天門
快活三
增福庫
石丈崖
龍王廟

日觀峯
見駕石
五大夫松
行宮
質十四

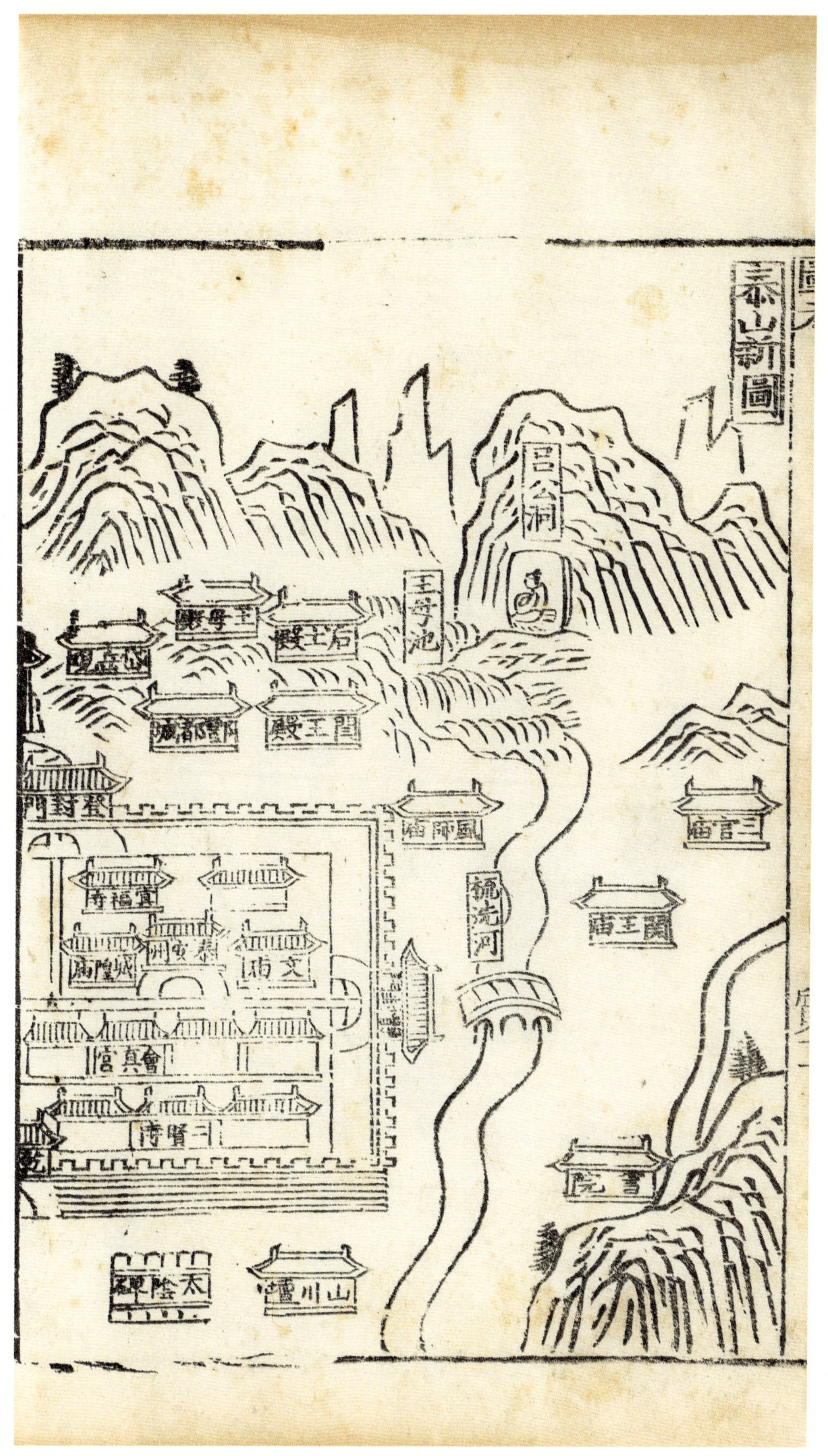
泰山新圖
呂公洞
王母池
王母殿
后土殿
閻王殿
風師廟
三官廟
閻王廟
遥參亭
岱廟
會真宮
鏡流河
書院
太陰碑
山川壇

《泰山道里记》一卷，（清）聂鈫撰。

清光绪四年（一八七八）刊本。版框高一七七毫米，宽一四九毫米，左右双边，白口，单鱼尾，每半叶十一行，行二十一字。

此书为介绍泰山道路景物、名胜古迹、庙宇碑刻的重要著作，考证谨严，记述精炼，文笔优美。初稿完成于乾隆三十年（一七六五），其后四易其稿，至乾隆三十七年（一七七二）定编。次年，由聂氏杏雨山堂雕版刊印。

聂鈫，字剑光，山东泰安人。

泰山道里記序

分之爲五合之爲一名曰泰山道里記凡古蹟祠宇橋坊悉繇其下他如高里徂徠云亭諸山皆支峯別阜石汶北汶三谿諸水同歸於大汶再靈巖琨瑞川谷名蹟連屬嶽之極北者雖異縣何妨兩載而泰山全体著矣之數者庶凡補前人諸紀所不逮亦欲使後之遊者易考焉惟是管窺所及文詞鄙拙復芟蕪較訂自乙酉迄壬辰四易稾而始定非敢謂記之成也聊以自娛山居云爾泰安聶鈫自序

泰山道里記

泰山虞書謂之岱宗風俗通義曰岱者長也萬物之始陰陽交代白虎通德論曰東嶽爲岱宗者言萬物之相代於東方也又嶽之爲言桷也桷考功德定黜陟也禹貢謂之岱周禮謂之岱山爾雅論語謂之泰山是泰山之名後於岱也

泰山結體惟魯頌巖巖一語足以形容氣象後人謂泰山如坐者言一山之體也又曰泰山爲龍者言衆山之奔赴也舊說皆謂山脈自西而東鄭樵通志謂濟南諸山其北麓兖州諸山其南麓青齊海上諸山其左翼河東諸山其右翼終不言其脈之所起李光地禹貢注導

泰山道里記　一　雨山堂

玉皇頂
碧霞宮
御碑
東嶽殿
養雲亭
日觀峯
東天門
大士殿
金星亭
玉皇廟
壺天閣
水簾洞
萬仙樓
紅門
紅門
經石峪
周明堂
呂公洞
王母池
眼明殿
青帝觀
關帝廟

《黄山志定本》七卷附图一卷，（清）闵麟嗣撰。

清康熙闵氏自刻本。版框高二〇一毫米，宽一三六毫米。四周双边，白口，无鱼尾，每半叶九行，行二十一字，小字双行同。

闵麟嗣鉴于黄山旧志载撰未精，难以信后行远，于是删其芜杂，撰为定本。此志体例精当，搜罗宏富，影响较大。康熙十八年（一六七九）成书刊行，后有康熙二十五年（一六八六）、乾隆三十二年（一七六七）刊本。

闵麟嗣，字宾连，歙县人，明末清初学者。

黃山志定本卷一

吳山僧弘濟益然閱定 原姓汪名沐日字掞光

新安閔麟嗣賓連纂次

同學程 守非二

吳 綺薗次

吳聖修旉公

江銘勳尚一

趙吉士天羽

汪士鋐扶晨

慈光寺

山圖

青鸞峰

山圖
文殊院
天都峰
蓮花峰
朱砂峰
石人峰
白龍潭

《金山志》一〇卷，附《续金山志》二卷，（清）卢见曾撰。

清乾隆二十七年（一六八八）雅雨堂刻本。版框高一八七毫米，宽一三七毫米，左右双边，白口，单鱼尾，每半叶十行，行二十一字。

卢见曾取裁金山诸志，核证群书，补缺订讹，编成此篇。主要记述金山之自然地理、寺庙古迹、逸事异闻、诗文书画等。乾隆二十七年（一七六二）书成，由雅雨堂刊行。光绪二十六年（一九〇〇），释秋崖继此书撰《续金山志》，刊刻印行。

卢见曾（一六九〇至一七六八），字抱孙，号雅雨，山东德州人，康熙进士，官至两淮盐运史。室名雅雨堂，校刻有《雅雨堂丛事》《金石三例》等。

金山志卷第一

山水

金山在鎮江府城西北楊子江中自城至山五里脈接長山迤邐爲五州山至下鼻浦入江哭爲此山道藏記始名浮玉言玉京諸峯浮而至者宋周必大雜志言此山大江環繞每風濤四起勢若飛動故南朝謂之浮玉山一名氐父山又名獲苻山元和郡縣圖志氐父山在縣西北十里晉破苻堅獲氐俘置此山下因名又名伏牛山唐志潤州貢伏牛山銅器又九域志唐時有

《焦山志》二六卷，（清）吴云撰。

清同治刻本。版框高一八二毫米，宽一二八毫米，左右双边，白口，单鱼尾，半叶九行，行二十一字。

吴云于同治二年（一八六三）开始编修《焦山志》，同治四年刊刻印行。主要记述焦山之景物、金石、碑刻、诗赋等。

吴云（一八一一至一八八三），字少甫，号平斋，晚年又号退楼，浙江归安人。官苏州知府。笃学好古，著有《两罍轩彝器图释》等。

焦山志卷首

前江蘇鎮江府知府補用道臣吳雲恭錄

宸翰

御賜

聖祖仁皇帝

詩

焦山

焦山何岧嶤遥與金山峙草木盡蒙茸幽偏隔城市放舟下中流攀蘿上涯涘隱士不可招鶴銘洵足紀棲鶻

《武夷山志》二十四卷，（清）董天工撰。

清道光重刊本。版框高一九五毫米，宽一四三毫米，四周双边，白口，单鱼尾，每半叶十行，行二十二字。

董天工隐居武夷山，遍览山中名胜，搜集旧志诗文，详加考订，并细绘山图、绣像、建筑，著成是编。此书修撰于乾隆十六年（一七五一），两年完稿，第三年付梓问世。此后乾隆刻板剩落漶漫，导致此书一度散佚。道光二十六年（一八四六），崇安罗才纶于广州重新刊刻，即五夫尺木轩本。

董天工，字材六，号典斋，福建崇安（今属武夷山市）人。

武夷山志卷之一

武夷董天工典齋氏編

籍溪羅艮嵩峯極重刻男才育樂三韜樸卿綸經甫較刊

總志上

武夷本爲仙窟一山一水一水一石水貫山行山挾水轉然其間琳宮梵宇鳥革翬飛自紫陽書院一闢而臺亭莊館接武而與山則爲峯爲巖爲石爲壇爲嶂爲岫爲島爲嶺爲岡爲峽爲洞爲窩爲巢爲巃爲塢爲坑爲洲爲坪爲崖爲川爲原爲坡爲窟爲石門爲林爲園水則爲江爲湖爲溪爲灘爲潭爲澗爲泉爲池爲沼爲塘爲井建造則爲

胡文定公諱安國字康侯號武夷翁　茅堂先生諱寗字和仲　五峯先生諱宏字仁仲謚曰明　籍溪先生諱憲字原仲謚靖肅　致堂先生諱寅字明仲謚文忠

憶昔文定志在春秋格君化俗扶綱闡猷
次子和仲克承家學贊述麟經以啟後覺
季子仁仲負性邁邁不求祿仕乞祠家居
從子原仲辭祿養親晦菴東萊俱列門人
猶子明仲昂昂孤鶴忠鯁不移遷謫自若
是為五胡千秋昭灼

繪像
八

《历代地理志韵编今释》二〇卷，《皇朝舆地韵编二卷增补一卷》，（清）李兆洛辑。

清光绪长沙草素书局刊本。版框一八二毫米，宽一三五毫米，四周双边，白口，单鱼尾，每半叶八行，行二十二字，小字双行同。

此书与《历代地理沿革图》《皇明舆地韵编》《纪元编》《皇朝一统舆地图》统称「李氏合刊五种」，是史料价值极高的历史地理系列工具书。全书综列《汉书》以下各史「地理志」中的地名，按韵分编，并注名历代所属的州郡及今地所在。初刊于道光十七年（一八三七），有同治十年（一八七一）聚珍书局刻本、光绪十四年（一八八八）扫叶山房本等。

李兆洛（一七六九至一八四一），字申耆，号养一，江苏阳湖人。嘉庆十年进士，精舆地之学。

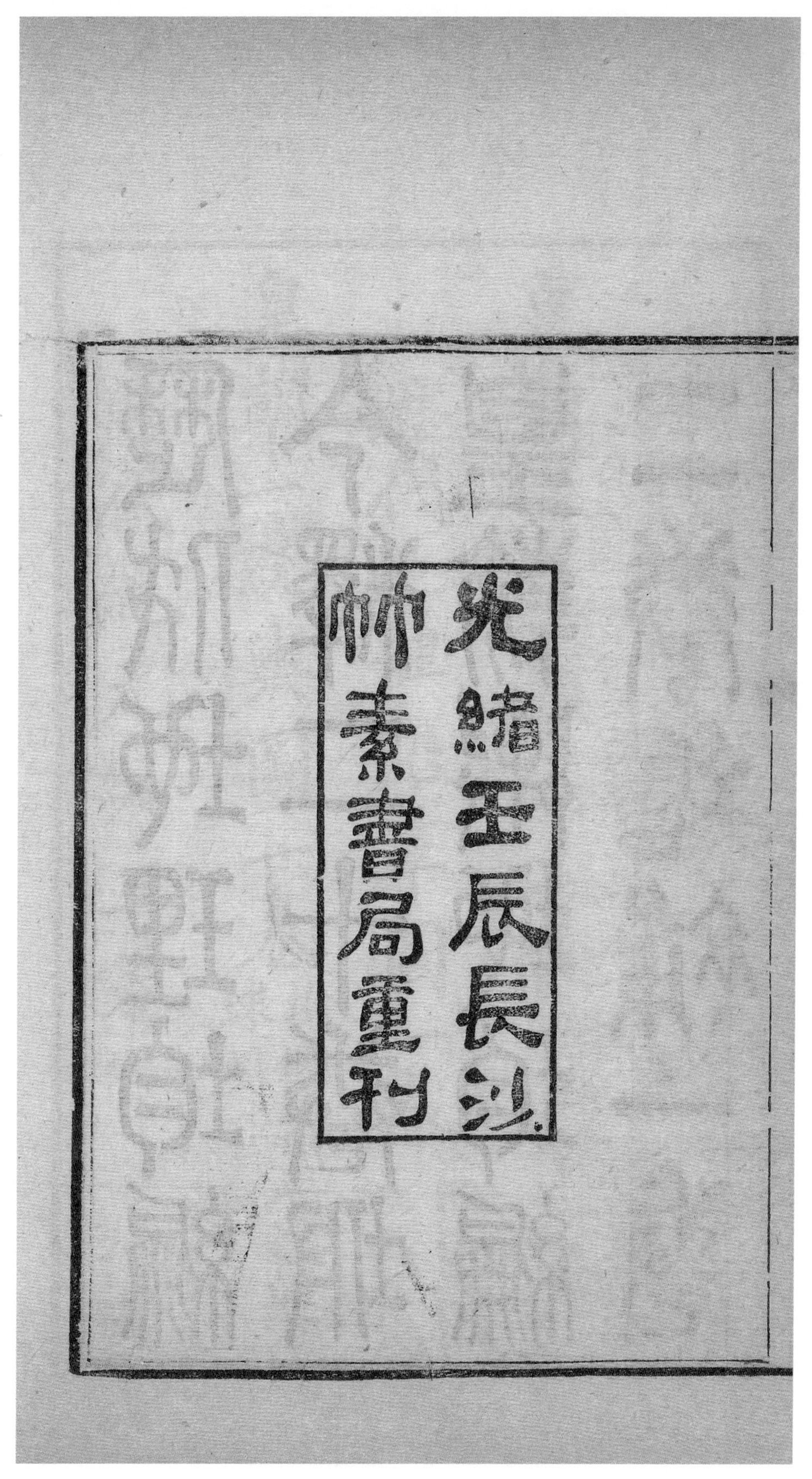
光緒壬辰長沙
艸素書局重刊

自漢書有地理志條列郡縣因革建置歷代從之於是輿地之學遂爲專家唐宋至今纂述益廣然其疆域名號合幷析易或閒廢闕晉魏後復有僑置鎭堡羈縻諸名紛紜參錯代有罷立苟非由今日以推諸古昔明其地之遠近名之同異人士且南朔之不辨奚以達其形勢利病之得失緩急哉武進李先生申耆學術閎邃慨學者於輿地之學多昧古今而諸家之書或過繁賾而失統紀嘗縱橫爲圖自沙漠迄島嶼以水道緯其經界以極度準其里差率

序　一

歷代地理志韻編今釋卷一

武進李兆洛輯　受業江陰六嚴　六承如　宋景昌　徐思鍇編集

上平一東

東

河東〔西漢〕郡○〔東漢〕郡司隸○〔晉〕郡司州○〔今〕山西解州夏縣北●〔東晉〕郡荊州○〔今〕湖北荊州府松滋縣西●〔北魏〕郡秦州○〔今〕山西蒲州府永濟縣東南●〔隋〕郡冀州○〔隋〕縣冀州河東郡○〔唐〕縣河東道河中府○〔宋〕縣陝西永興軍路河中府○〔金〕縣河東南路河中府○〔元〕縣中書省晉寧路河中府○〔今〕山西蒲州府永濟縣治●〔唐〕州

《大元混一方舆胜览》《新编事文类聚翰墨全书》本三卷。

元刊本。版框高一五四毫米，宽一〇五毫米，四周双边，黑口，双鱼尾，每半叶十四行，行二十四字。

此书又名《圣朝混一方舆胜览》，乃元代地理总志。体例仿宋祝穆《方舆胜览》，以《大元大一统志》疆域为纲，记录元代各政区的山川人物、沿革本末等。书前附地图一套，共十四幅，首幅为《混一诸道图》，即全国图，余十三幅为分省区图。此套地图为今所见现存中国最早的比较完整的分省地图集，这一体裁形式为明、清《一统志》所继承。

此书长期作为元代类书《新编事文类聚翰墨大全》的一部分编撰刊行，有元大德本、泰定本、明初本、正德本、嘉靖本等。亦曾被收入另一元代类书《群书通要》，有清阮元《宛委别藏》丛书本。

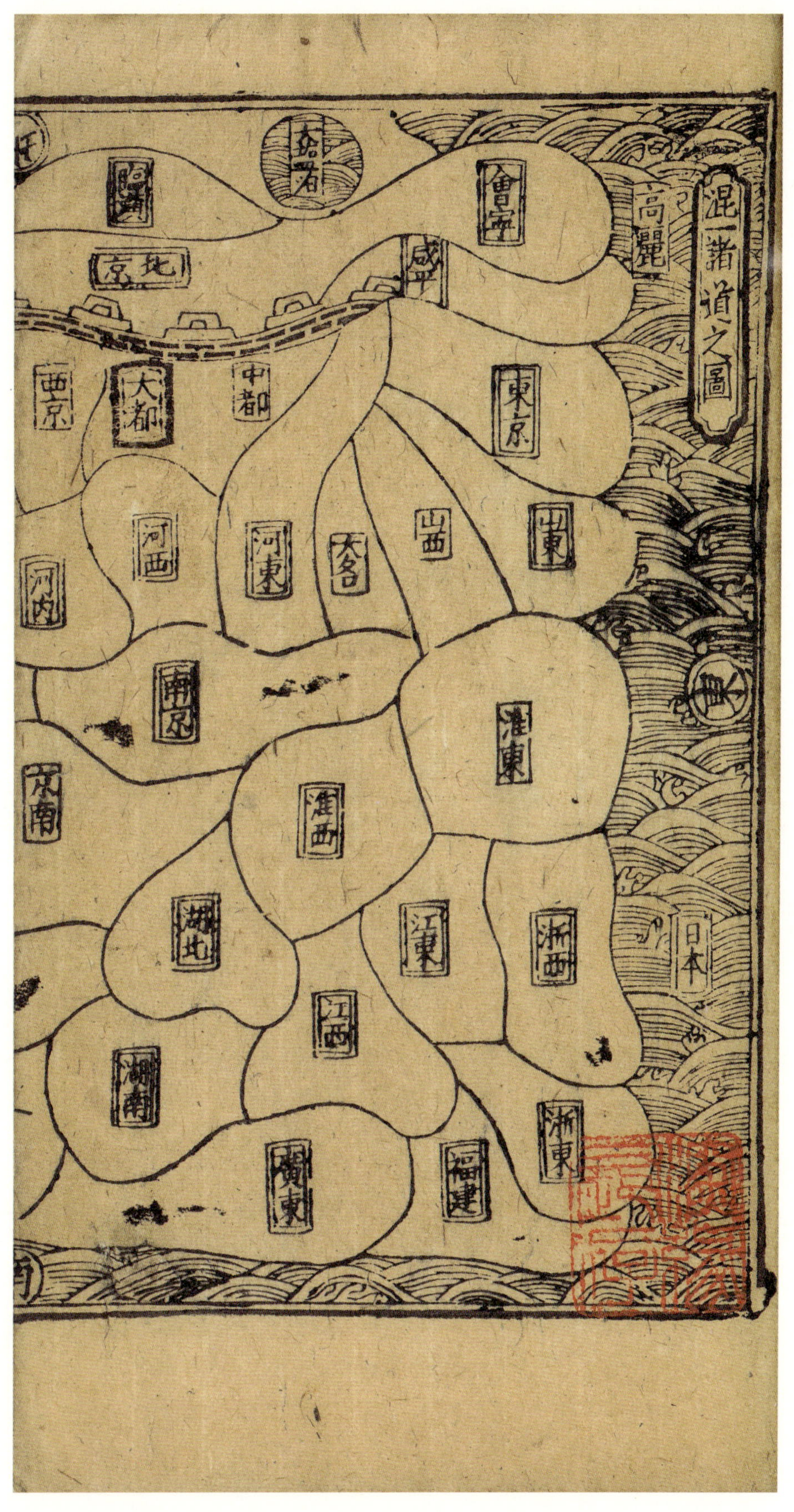
混一諸道之圖
高麗
會寧
北京
大都
中都
西京
東京
河西
河東
山西
山東
河內
南京
淮東
京南
淮西
湖北
江東
浙西
日本
江西
湖南
廣東
福建
浙東

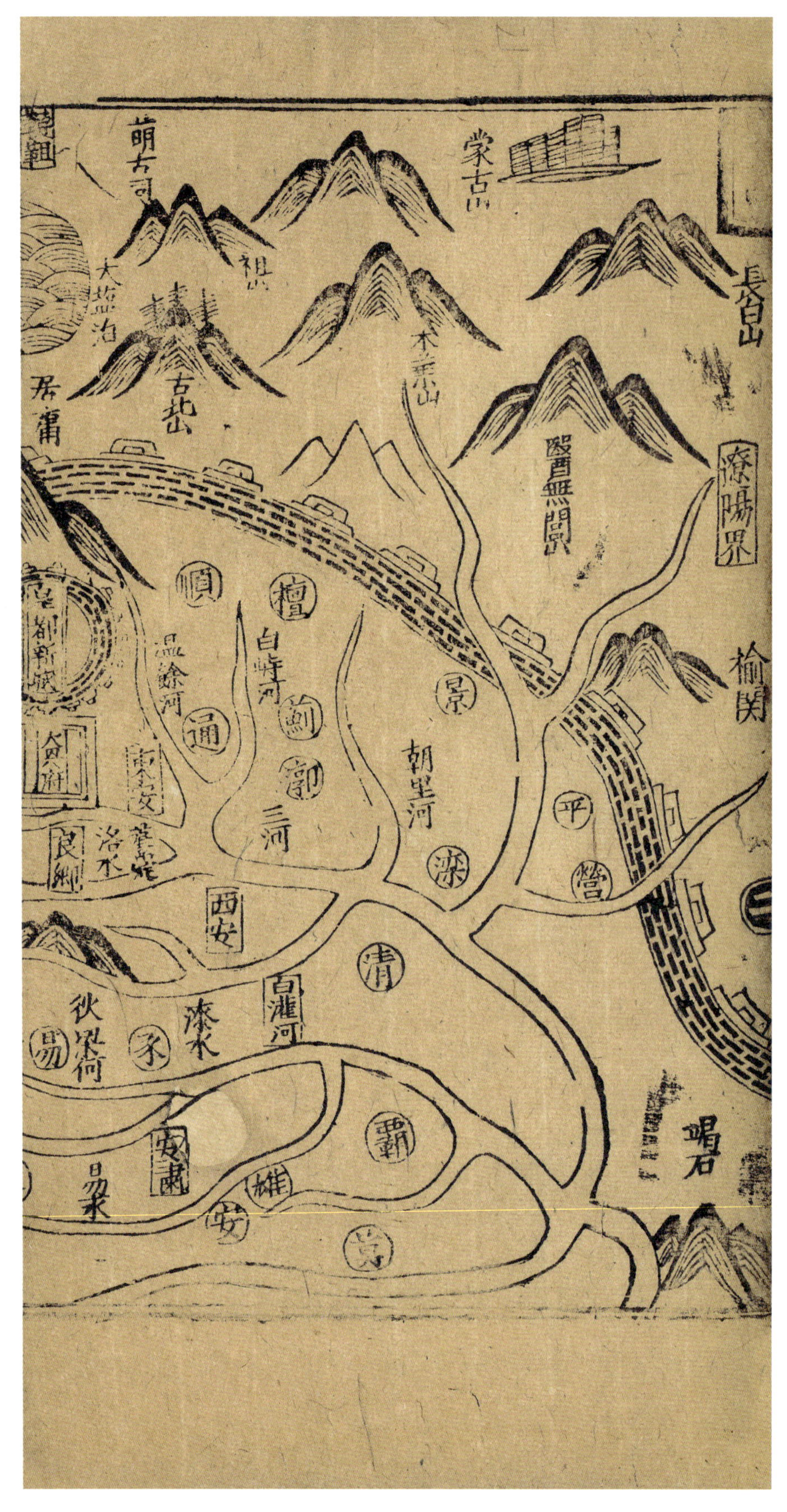
蒙古山
萌古司
大鹽泊
古北
長白山
醫巫閭
遼陽界
順
檀
温餘河
白峰河
通
薊
景
榆関
朝里河
三河
平
灤
營
良鄉
西安
清
白灤河
涿
霸
雄
安
唱石

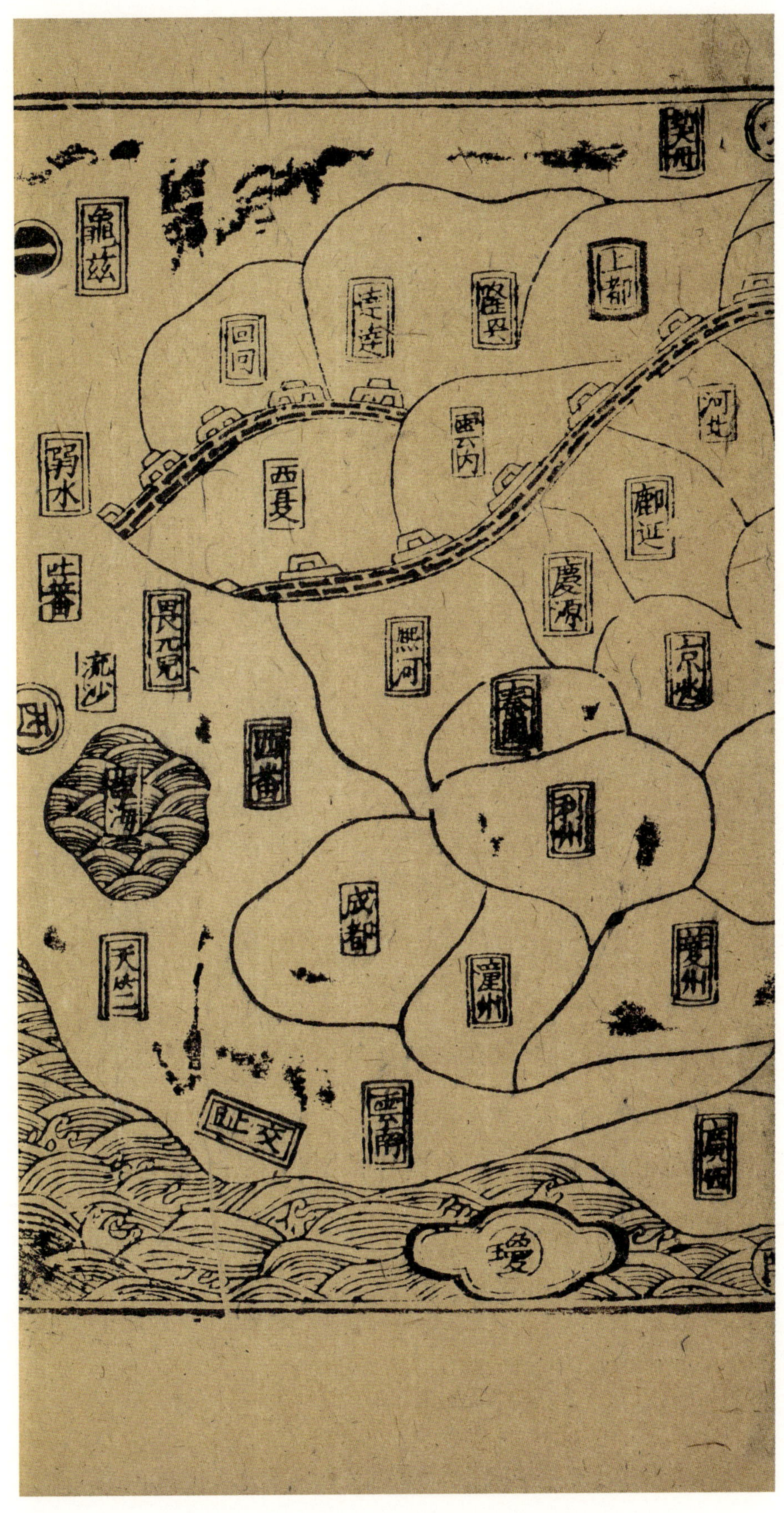
龜茲
上都
回回
弱水
西夏
流沙
西番
成都
天竺
交趾
雲南
京兆
夔州
廣西
瓊

腹裡
滄
獻
景
河間
棣
陵
深
元
冀
德
淄
維
恩
高唐
濟南
益都
濟水
登
寧海
萊
密
博
濮
東平
泰安
莒
兖
沂
曹
濟寧
單
滕
沂水

諸部落
古豐于府
回鶻
開平府
上都府
隆興
淨
桓
秦聖
宣德
弘
礬山
豐
雲內
大同
宣邊
東勝
雲
姑水
牛岩
桑乾
忠
武
朔
應
蔚
渾源
王河
滱水
盧溝河
幽都
白登山
延孤嶺
固
堅
管
寧
沙河

北岳
保德
忻
完
中山
太原
平定
祈
嵐
石
汾
眞定
晉
隰
汾水
威
趙
吉
絳
霍
沁
滹沱
順德
廣平
平陽
磁
榮
林
彰德
大名
澤
濬
衛
新
淇水
懷
解
開
河中
孟
輝
滑
黄河

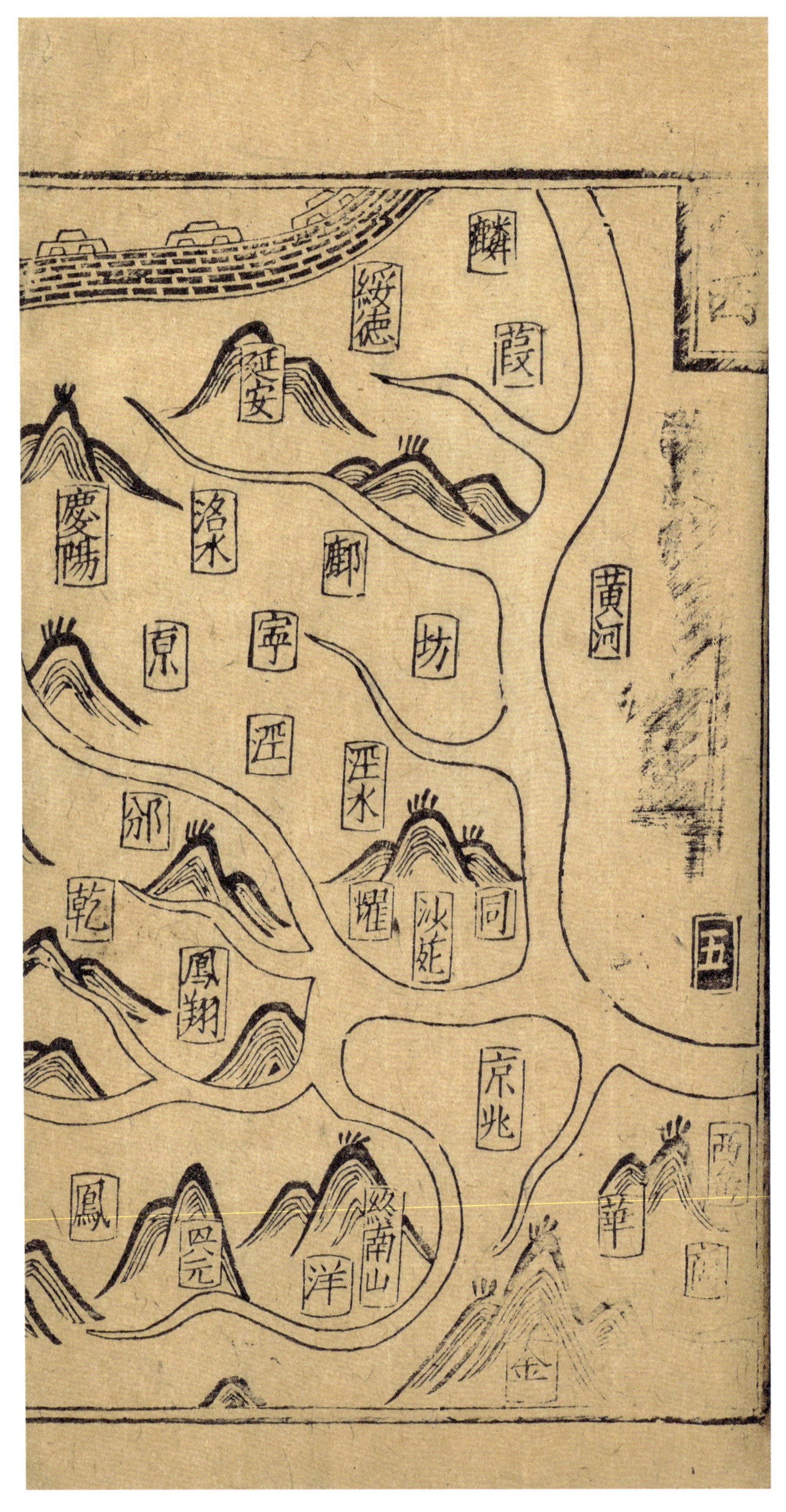
麟
綏德
葭
延安
慶陽
洛水
鄜
黄河
京
寧
坊
涇
涇水
邠
乾
耀
同
鳳翔
五
京兆
鳳
華
終南山
洋

泰
混沌江
黄龍府
饒
懷
祖
春
祥
信
臨潢河
木葉山
隆聖
宗
安
轉
恩
澤
建
北川
大定
毫
義
川
高
全
宜
利
儒
松亭嶺
白川
安德
居庸山
長城
景
來
習
霸
北海
平濼路

四川
保元府
洋
金
利
珍
壁
巴
集
遠
蓬
江巴
順慶
開
太寧監
渠
廣安
梁山
夔
合
豐都
雲安
忠
萬
富順監
重慶
紹慶
瀘
大江

黄河源
熙河路
會
環
盤山
蘭
平涼
德順
鳥鼠山
河
洮水
洮
鞏昌
秦
隴
成
沔
西和
文
階

沂泗
古澤
沂水
海寧
芒碭山
歸德
徐
邳
亳
宿
睢
汴水
懷遠
荆山
安豊
泗
淮河
安豊
濠
淮安
臨淮
盧
公山
寶應
滁
高郵
巢湖
鎮巢
泰
和
六合
真
楊
安慶
無為
蘄
通

西和
岷山
階
皇木史嶺
文
君水
大江源
隆慶
劍門關
龍
茂
松
威
綿
石泉
文江
潼川府
彭
邛
遂寧
崇慶
眉
漢
玉壘山
雅
成都
普
嘉
懷安
榮
簡
黎
隆
資
叙
長寧
大渡河

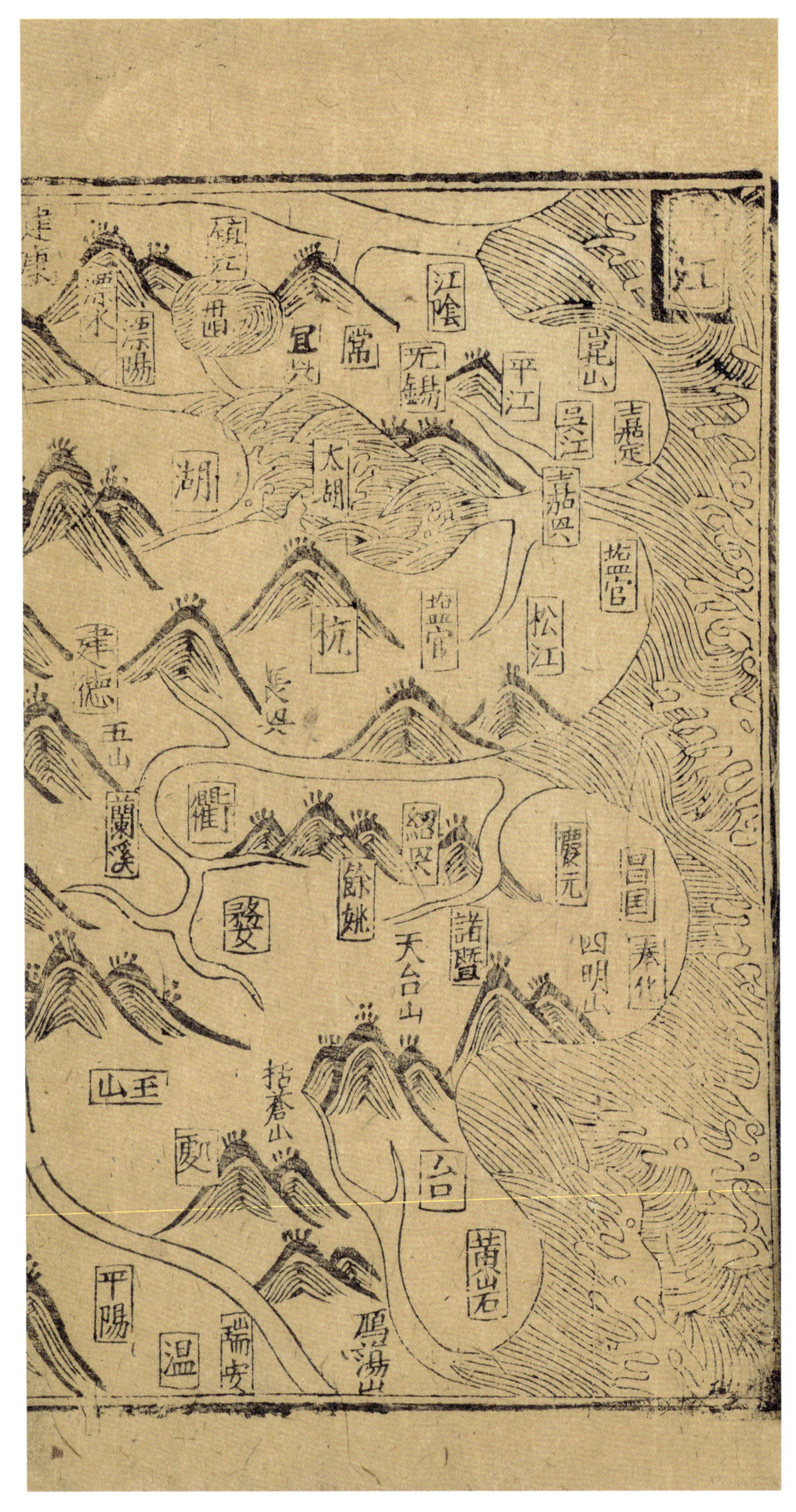
江陰
鎮江
溧水
溧陽
宜興
常
無錫
平江
崑山
吳江
嘉定
湖
太湖
嘉興
海鹽
杭
松江
建德
長興
蘭溪
衢
紹興
餘姚
慶元
昌国
奉化
四明山
諸暨
婺
天台山
玉山
括蒼山
台
黄岩
平陽
溫
瑞安
鴈蕩山

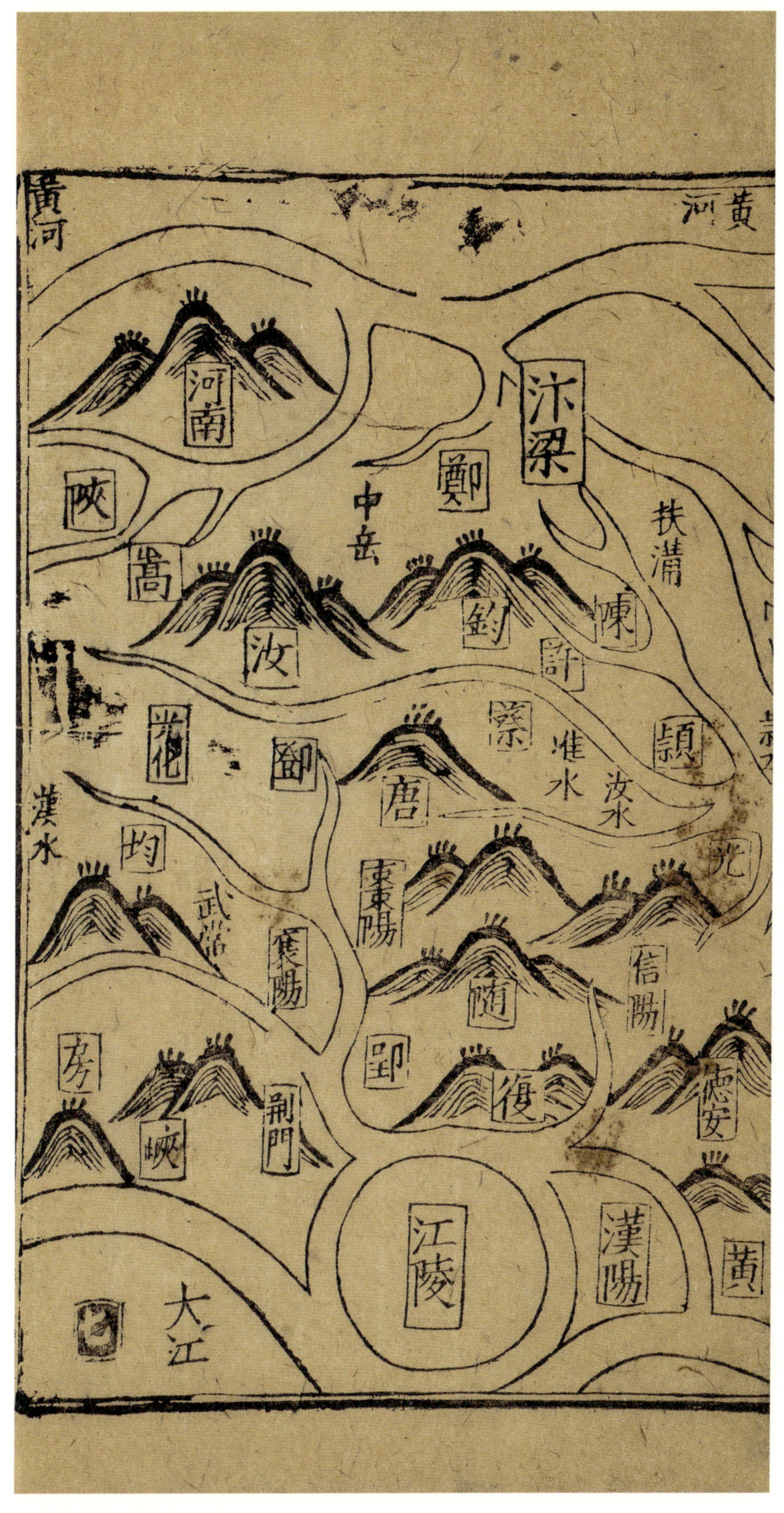
黄河
黄河
河南
汴梁
陜
鄭
中岳
扶溝
嵩
汝
鈞
陳
許
光化
鄧
蔡
潁
准水
汝水
漢水
唐
均
棗陽
武當
襄陽
信陽
隨
房
郢
復
德安
峽
荊門
江陵
漢陽
黄
大江

崇安
浦城
武夷山
建陽
松溪
温州界
政和
建
建安
歐寧
長溪
福安
福寧
寧德
羅源
古田
延平
南平
連江
閩清
永福
懷安
侯官
福
閩縣
長樂
福清
興化
仙遊
莆田
興化
晉江
惠安

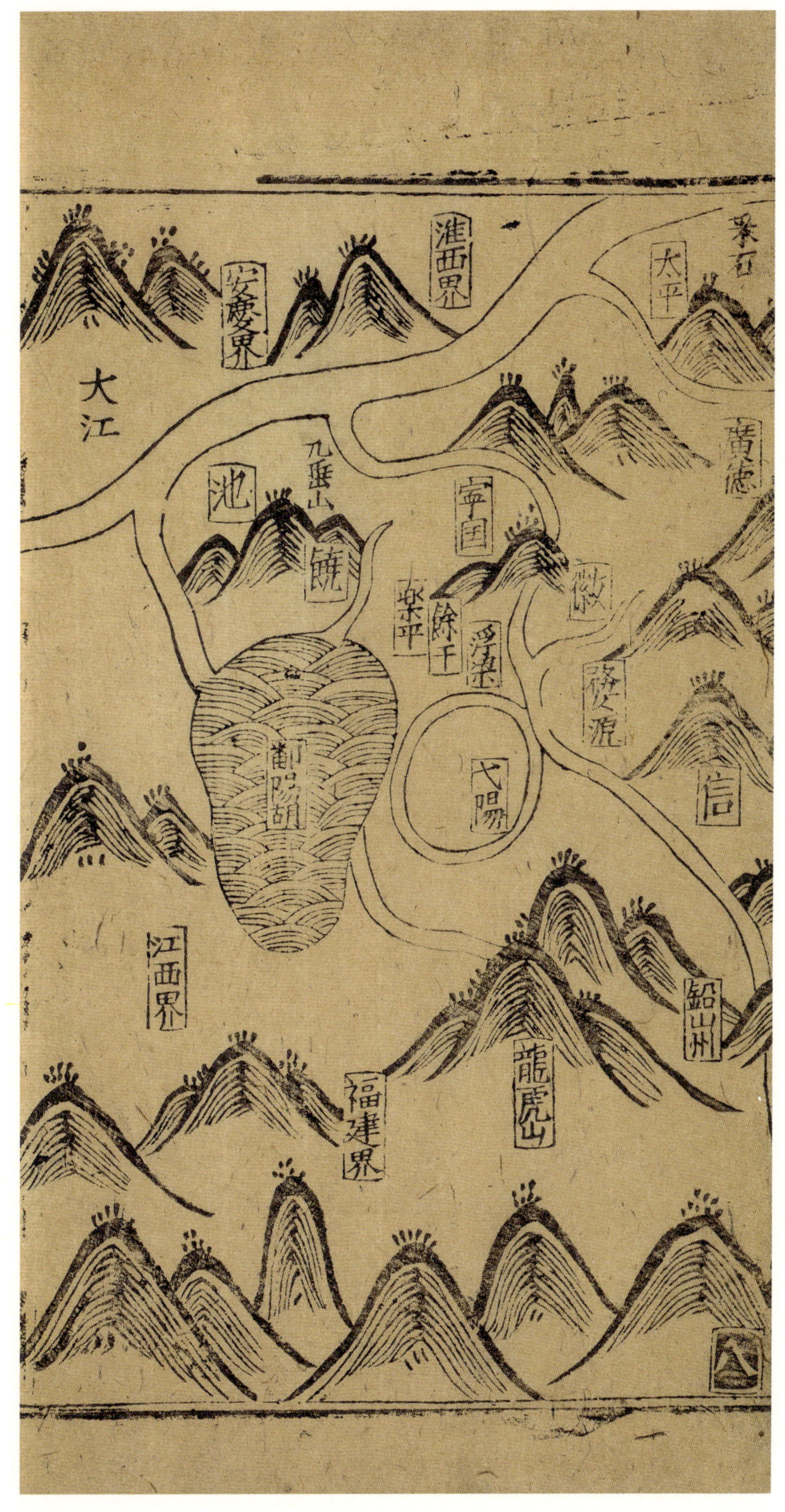
采石
淮西界
太平
安慶界
大江
廣德
九華山
池
寧国
饒
樂平
餘干
浮梁
徽
婺源
鄱陽湖
弋陽
信
江西界
鉛山州
龍虎山
福建界

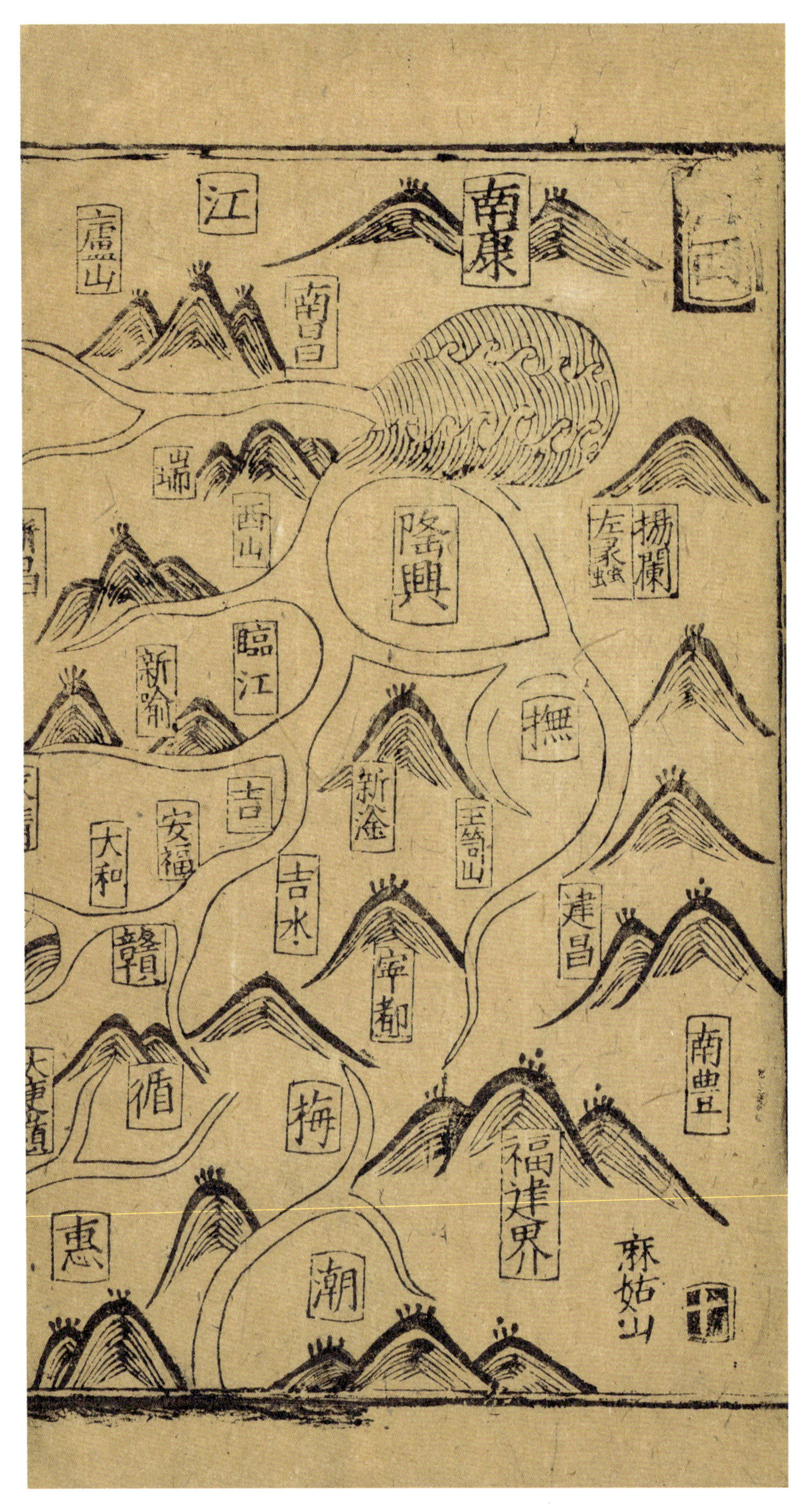
江
廬山
南康
南昌
瑞
西山
隆興
左蠡
揚蘭
臨江
新喻
撫
吉
安福
大和
新淦
吉水
贛
寧都
建昌
南豐
循
梅
福建界
惠
潮
麻姑山

光澤
邵武
邵武
寧化
建寧
泰寧
汀
將樂
順昌
武平
清流
長汀
上杭
連城
沙縣
長泰
尤溪
龍岩
德化
漳
永春
安溪
泉
南安
同安
漳浦
九

大江
湖廣
澧
岳
鄂
慈利
常德
桃源
洞庭
青草
益陽
湘陰
江西界
沅
靖
湘潭
湘鄉
瀏陽
醴陵
寶慶
南岳
耒陽
茶陵
全
常寧
衡
永
柳
道
桂陽
湘水
瀟水
廣東界
連
賀
梧
封
高

湖南界
萍鄉
袁
連
桂揚
南安
封
德慶
肇慶
韶
南雄
英德
新
南恩
廣

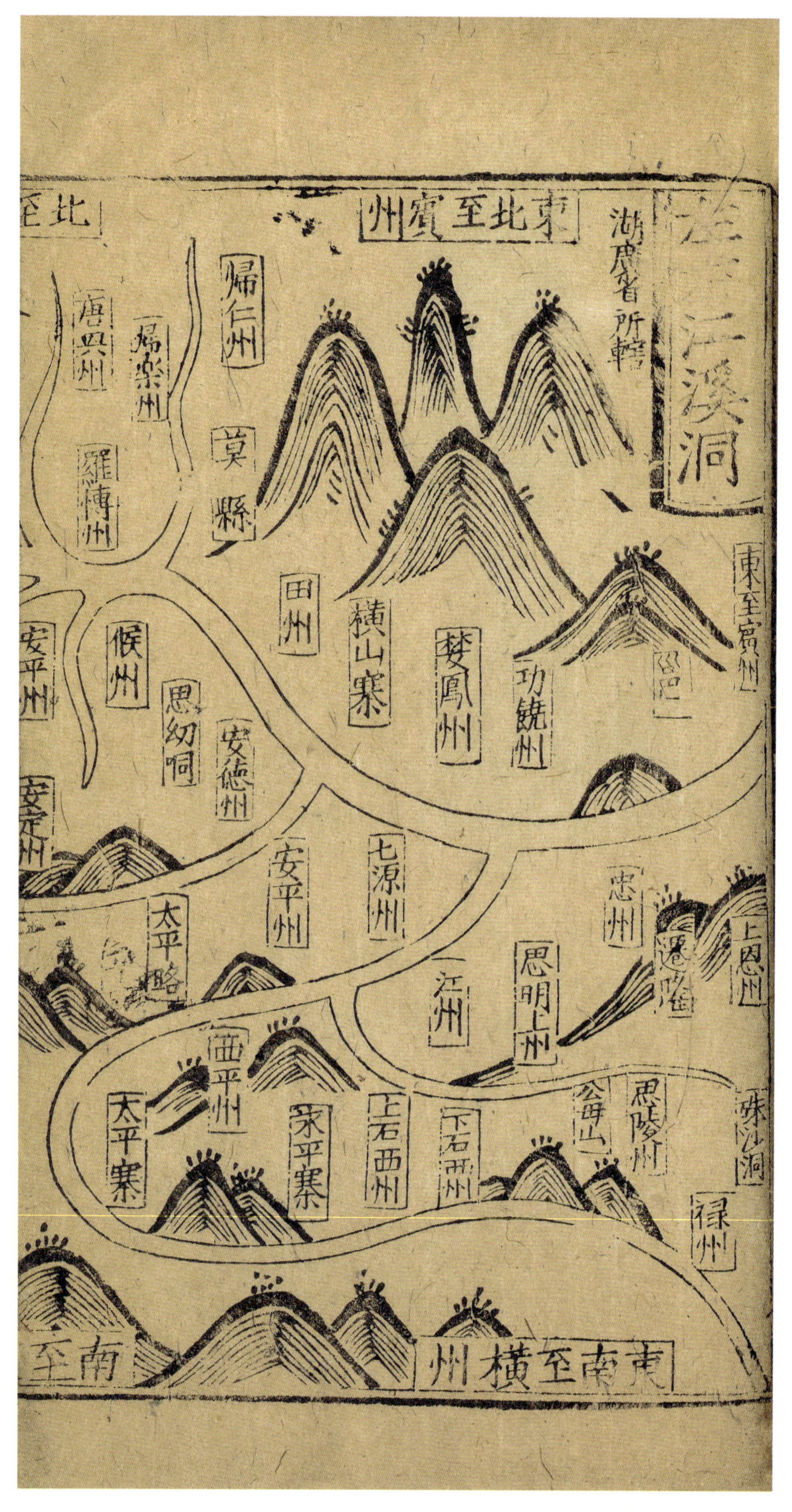
左江溪洞
湖廣省所轄
東北至賓州
北至
歸仁州
唐興州
歸樂州
羅博州
莫縣
田州
横山寨
婪鳳州
功饒州
東至賓州
侯州
思幼峒
安德州
安平州
安定州
七源州
安平州
太平略
忠州
上思州
思明上州
江州
遷隆
西平州
太平寨
永平寨
上石西州
下石西州
公母山
思陵州
禄州
東南至横州
南至

涪
紹慶
施
南平
彭水
溪洞
合江
播
黔江
洞
思
夜郎
鎮遠
黄平
南丹
慶遠
沅水
融
雲南
自杞国
牂牁江
融水
静江
柳
鬱水
邕
賓
象
大理国
羅殿
貴
羅浮山
欽
鬼門關
潯
廉
白
容
化
藤
安南
南詔
交趾
驩
雷
南寧
吉陽
瓊

孟定路
金齒
太姑
建安
姚
羅羅斯
建昌路
昌
德安路
瀘
蘇
中慶路
高明
威龍
會川路
晉寧
昆陽
安寧
武定路
蘭
武安
永寧
陸梁
曲靖路
麗江路
巨津
北勝府
越
霑益

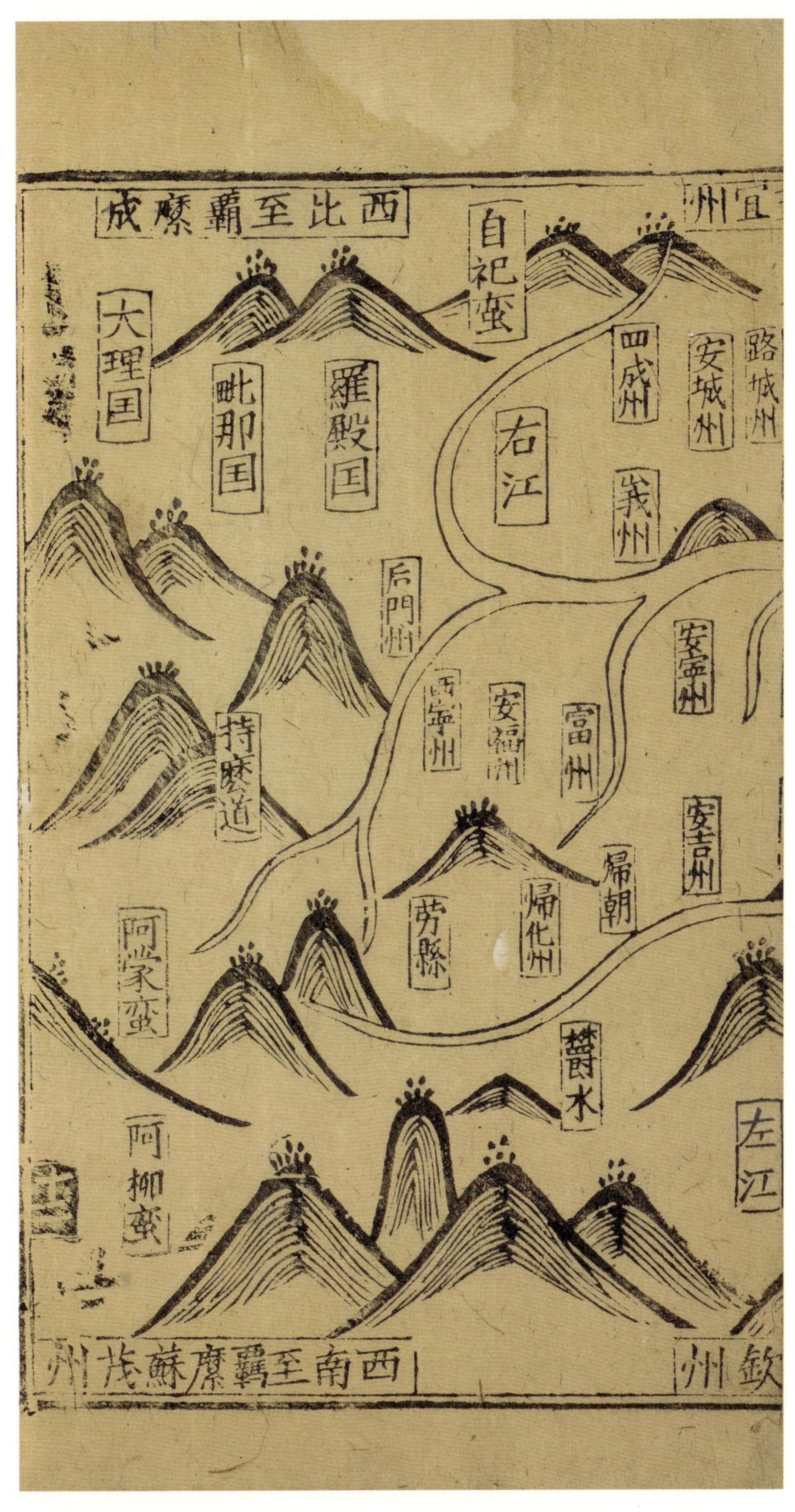
西比至羈縻成
自杞蛮
宜州
大理国
羅殿国
毗那国
四成州
安城州
路城州
右江
羲州
后門州
持麼道
西寧州
安福州
富州
安寧州
安吉州
帰朝
帰化州
劳縣
阿黨家蛮
鬱水
阿柳蛮
左江
西南至羈縻蘇茂州
欽州

甘肅
突厥
陰山
單于府
中受降
東受降
黃河
居延路
木剌山
西受降
吐蕃
居延澤
西夏国
夏
朵山
靈
鹽
涼
甘峻山
賀蘭山
湟水
西安
陝西路
會州界
蘭
秦鳳界
長城

茫施路
木朶路
木連路
蒙化路
鎮西路
大理路
川
孟定路
永昌
騰衝府
威楚
開南
鎮南
南安
武安
和曲州
東川府
石平
臨安路
三弄
澂江路
元江路
廣西路
普安路
路南州

庚申年四月初六日欽奉詔旨節文
有四方武功疊興文治多闕五十餘
後事有緩急天下大業非一聖一朝
即位之初風飛雷厲將大有為憂國
尊賢使能之道未得其人方[illegible]
豈期餘恨竟弗克終肆予沖人
開國中重以[illegible]

第三单元

百代典章

孔子在《论语·八佾》中论及前代典章制度时言：「夏礼，吾能言之，杞不足征也；殷礼，吾能言之，宋不足征也。文献不足故也，足则吾能征之矣。」孔子囿于前代文献不足，对于夏商两代的制度不能尽言。周公创立礼乐制度，使得整个国家在有序的轨道上运行。文明国家的制度创建固然重要，对历代典章制度的总结也必不可少。历代正史中的「书」「志」「录」留下了丰富的典制记载。唐代杜佑撰《通典》记历代典章制度沿革，首创典章政书体例。宋代郑樵作《通志》，元代马端临作《文献通考》，三书都以贯通古今为主旨，又都以「通」字为书名，后世名之「三通」。又与《续通典》《续通志》《续文献通考》《清朝通典》《清朝通志》《清朝文献通考》《清朝续文献通考》合称「十通」。这些著作以及各种「法令」「律则」「典章」「会要」「会典」等共同构成了中国古代典章政书的主体。

《通典》二〇〇卷，存卷一三二，（唐）杜佑撰。

明刊本。版框高一八五毫米，宽一五〇毫米，四周单边，白口，无鱼尾，每半叶十一行，行二十字。

《通典》书成于唐贞元十七年（八〇一年）。通记历代典章制度建置沿革，始于传说中唐虞时代，止于唐天宝末，间及肃宗、代宗、德宗三朝。分为食货、选举、职官、礼、乐、兵、刑、州郡、边防九典，各冠总论，下系子目，凡有一千五百八十四条，正文约一百七十万字，注文约二十万字。取材博综古今，广采群经、诸史、地志、汉魏六朝文集、奏疏、唐国史、实录、档案、诏诰文书、政令法规、大事记、《大唐开元礼》及私家著述等，皆按时间顺序分类纂次。于历代制度多究其原本，明其始末，并引前人议论，参以己见，见其得失，其中以食货、职官、边防各典较为精到。为中国典制文化专史的首创之作，对后世史书编纂影响甚巨。内容略古详今，唐代部分约居全书的四分之一，多属原始资料，其价值不在《唐六典》《唐会要》等书之下。惟记事偶有遗漏，《兵典》叙兵法而不载兵制，《礼典》一门竟占全书之半，体例殊未允当，窜入宪宗朝数事。书约初刊于北宋。以《万有文库》二集缩印武英殿本较为通行。

杜佑（七五三至八一二），字君卿，京兆万年（今陕西省西安市）人，唐朝政治家、史学家。

杜氏通典卷第一百三十二

禮九十二　軍一　大唐開元禮纂類二十七

皇帝親征類于上帝

皇帝親征告于太廟

皇帝親征禡于所征之地

皇帝親征及巡狩郊祭有司軷于國門

皇帝親征及巡狩告所過山川

平蕩寇賊宣露布

遣使勞軍將

皇帝講武

皇帝田狩

《通典》二〇〇卷，（唐）杜佑撰。

清乾隆十二年（一七四七）武英殿本。版框高二二五毫米，宽一五二毫米，左右双边，白口，单鱼尾，每半叶十行，行二十一字。

通典卷第一

唐　京　兆　杜　佑　君　卿　纂

佑少嘗讀書而性且蒙固不達術數之藝不好章句之學所纂通典實采羣言徵諸人事將施有政夫理道之先在乎行教化教化之本在乎足衣食易稱聚人曰財洪範八政一曰食二曰貨管子曰倉廩實知禮節衣食足知榮辱夫子曰既富而教斯之謂矣夫行教化在乎設職官設職官在乎審官才審官才在乎精選舉制禮以端其俗立樂以和其心此先哲王致治之大方也故職官設然後興禮樂焉教化隳然後用刑罰焉列州郡

乾隆十二年校刊

《通志》二〇〇卷，存刑法略第一，食货略第一，食货略第二，职官略第一，（宋）郑樵撰。

明刊本。版框高一八八毫米，宽一三三毫米，四周单边，白口，无鱼尾，每半叶十行，行二十二字，小字双行同。

《通志》是南宋郑樵撰的纪传体通史。凡本纪十八卷，年谱四卷，略五十二卷，世家三卷，列传一百一十五卷，载记八卷。仿司马迁之作，于《史记》五体外，改表为谱，改书为略。记事上起三皇，下迄于隋，《二十略》中涉及典章制度之处至唐。本纪、世家、列传、载记系综合诸史旧文，损益而成。惟《二十略》尤为精心结撰，独出心裁之作。如《氏族略》记载了各个氏族的由来；《校雠略》阐明了整理图书、辨章学术的方法；《图谱略》指出了图表与书籍的相互作用；《金石略》扩大了史料研究的范围；《六书略》《七音略》开启了文字、音韵之学的新途径，均为诸史所不及载。

郑樵（一一〇四至一一六二），南宋史学家。字渔仲，兴化军莆田（今属福建）人。

食貨略第一

田制

禹別九州制田九等雍州第一等徐州第二等青州第三等豫州第四等冀州第五等兗州第六等梁州第七等荊州第八等揚州第九等九州之地墾田九百一十萬八千二十頃周文王在岐用平土之法以爲治民之道地著爲本故建司馬法六尺爲步步百爲畝畝百爲夫夫三爲屋屋三爲井井十爲通通十爲成成十爲終終十爲同同方百里同十爲封封十爲畿畿方千里故丘有戎馬一疋牛三頭甸有戎馬

刑法略第一

歷代刑制

虞　夏　商　周
秦　漢　後漢　晋
東晉　宋　齊　梁
陳　後魏　北齊　後周
隋
唐

黄帝以兵定天下此刑之大者陶唐以前未聞其制虞舜聖德聰明建法曰象以典刑流宥五刑鞭作官刑扑作教刑金作贖刑眚災肆赦怙終賊刑欽哉欽哉惟刑之恤哉於是流共工于幽州放驩兜于崇山竄三苗于三危殛鯀于羽山四罪而天下咸服又五流有宅五宅三居惟明克允　夏啓即位有扈不道

職官略第一

官制總序

伏羲氏以龍紀故以龍名官共工以水紀故以水名官神農氏以火紀故以火名官黃帝氏以雲紀故以雲名官少昊摯之立也鳳凰至故爲鳥紀而以鳥名官鳳鳥氏歷正也玄鳥氏司分也伯趙氏司至也青鳥氏司啓也丹鳥氏司閉也祝鳩氏司徒也鴡鳩氏司馬也鳲鳩氏司空也爽鳩氏司寇也鶻鳩氏司事也五鳩鳩民者也五雉爲五工正九扈爲九農正自顓帝以來不能紀遠乃紀於近爲民師而命以民事

《文献通考》三四八卷，（元）马端临撰。

明嘉靖三年（一五二四）司礼监刊本。版框高二六〇毫米，宽一七五毫米，四周双边，黑口，双鱼尾，每半叶十行，行十六字，小字双行同。

唐杜佑《通典》叙历代典制，至唐天宝而止，其后阙而未备。元代马端临撰《文献通考》续载唐天宝之后典制沿革，并杜佑其书所失载之处。始撰于至元二十二年（一二八五）前后，成书于大德十一年（一三〇七），历时二十余年。凡分二十四门，其田赋、钱币、户口、职役、征榷、市籴、土贡、国用、选举、学校、职官、郊社、宗庙、王礼、乐、兵、刑、舆地、四裔十九门，皆因《通典》成规，而离析其门类。天宝以前，加以补充；天宝以后，续写至嘉定之末。其经籍、帝系、封建、象纬、物异五门，则为《通典》所未有，采录诸书以成之。其中所载宋制最详，多《宋史》各志所未备。书中案语亦多能贯穿古今，折衷至当。虽简严稍逊《通典》，而详赡则过之。为研究中国古代典章制度之重要史籍。

马端临，字贵与，号竹洲，宋元之际饶州乐平（今江西乐平）人。

田賦考

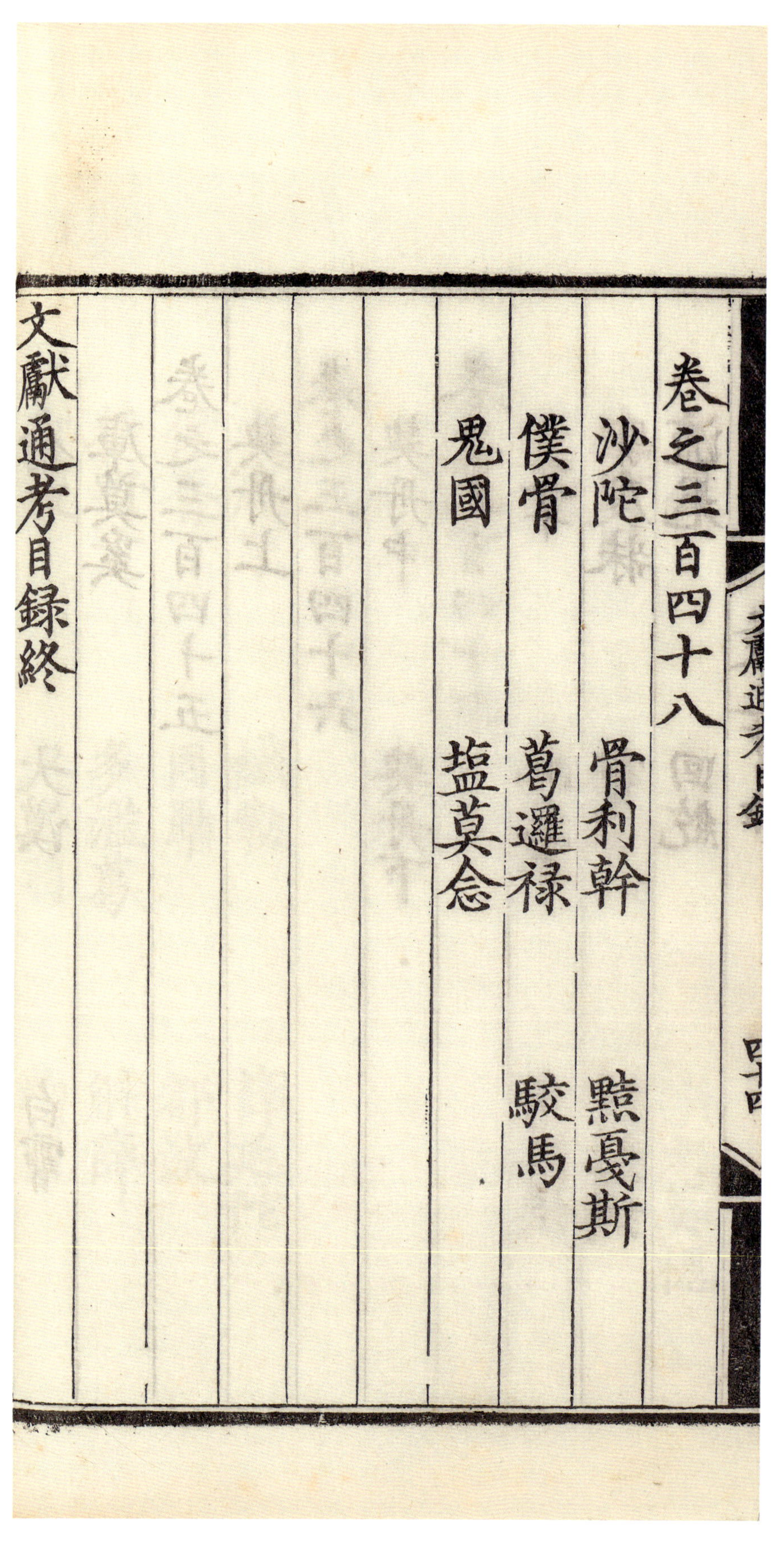
卷之三百四十八
沙陀 骨利幹 黠戛斯
僕骨 鶻邏祿 駮馬
鬼國 鹽莫念
文獻通考目録終

文獻通考卷之一

鄱陽 馬端臨 貴與 著

田賦考

堯遭洪水。天下分絕。使禹平水土。別九州。冀州。厥土白壤。無塊曰壤厥田惟中中。田第五厥賦上上錯。賦第一錯謂雜出第二之賦兗州。厥土黑墳。色黑而墳起厥田惟中下。第六厥賦貞。貞正也州第九賦正與九州相當作十有三載乃同。治水十三年乃有賦法與他州同青州。厥土白墳。厥田惟上下。第三厥賦中上。第四徐州。厥土赤埴墳。土黏曰埴厥田惟上中。第二厥賦中中。第五揚州。厥土惟塗泥。地泉濕厥田惟下下。第九厥賦下上上錯。第七雜出

《文献通考纪要》上下卷，（清）尹会一撰。

清刻本。版框高二〇六毫米，宽一四七毫米，四周双边，白口，单鱼尾，每半叶九行，行二十字。

此书以《文献通考》为基础，按《通考》的先后次第将其内容分门改编为四百首七言绝句，以便于记忆。有清乾隆四年（一七三九）博陵尹氏刻本、道光九年（一八二九）黄鸣盛刻本、清光绪二十八年（一九〇二）石印本等。

尹会一（一六九一至一七四八），字元孚，号健余。直隶博野（今属河北）人。雍正进士，历任吏部主事、扬州知府、河南巡抚、江苏学政等职。

文獻通考紀要卷上

田賦考

貢助徹之制

授田計畝夏商周徹法原因貢助修都鄙藉耕鄉遂賦八家同井十夫溝

夏時一夫授田五十畝每夫計其五畝之入以爲貢商人始爲井田之制以六百三十畝之地畫爲九區區七十畝中爲公田其外八家各授一區但借其力以助耕公田而不復稅其私田周時一夫授田百畝鄉遂用貢法十夫有溝都鄙用助法八家同井耕則通力而作收則計畝而分故謂之徹周制公田百畝中以二十畝爲廬舍一夫所耕公田實計十畝通私田百畝爲十一分取其一商制

《皇朝通志》一二六卷，存卷一至卷三四，（清）刘墉等撰。

清光绪八年（一八八二）浙江书局仿武英殿聚珍本。版框高一八五毫米，宽一三〇毫米，左右双边，白口，单鱼尾，每半叶九行，行二十一字。

《皇朝通志》亦称《清朝通志》，清乾隆时官修政书。起自清初，止于乾隆晚年。体例与《通志》《续通志》颇异，省去本纪、列传、年谱，具存于实录、国史列传及宗室王公功绩表、传诸书，馆臣不敢多加撰述，而仅存与《通典》《文献通考》性质相近的「二十略」，以凑足「三通」之数。其内容除氏族、六书、七音、校雠、图谱、金石、昆虫草木诸略外，大体与《清通典》相重复。

刘墉（一七一九至一八〇四），字崇如，号石庵，又号木庵、勖斋、青原、香岩、日观峰道人。诸城（今属山东潍坊）人。清乾隆年间进士，官至体仁阁大学士。

光緒八年浙江書局上版

兵部侍郎都察院右副都御史浙江巡撫臣陳士杰敬謹模刻

武英殿修書處刊刻

皇朝三通諸臣職名

總理

和碩儀親王臣永璇

經筵講官太子太師領侍衛內大臣大學士世襲騎都尉臣慶桂

總裁

經筵日講起居注官太子少師大學士世襲雲騎尉臣戴衢亨

經筵講官戶部左侍郎兼左翼總兵官臣英和

戶部右侍郎管理錢法堂事務署吏部左侍郎臣陳希曾

天

皇朝通志卷一

氏族畧一

臣等謹按鄭志氏族畧以三十二類敘得姓受氏之原附以四聲綴以總論旁羅古今綦辨且博雖炫多聞而廣附會在所不免然伊古姓氏已備見於此矣恭惟我

國家肇興東土受姓自

帝統既尊

《唐会要》一〇〇卷，（宋）王溥撰。

清武英殿聚珍本。版框高一八五毫米，宽一二八毫米，四周双边，白口，单鱼尾，每半叶九行，行二十一字，小字双行同。

唐苏冕曾编辑高祖至德宗九朝史事，为《会要》四十卷。大中七年（八五三），崔铉、杨绍复等又奉诏编辑德宗以来事，为《续会要》四十卷。北宋王溥因袭两家原本，复采宣宗至唐末事续之，撰成此书，于建隆二年（九六一）奏进。凡分目五百十四，对于唐代典章制度的沿革损益，记载详核，可补《通典》之未备。旧本残缺，佚四卷。别本有补亡四卷，不知作者。《四库全书》据以录补，仍加注明，以示区别。有一九九一年上海古籍出版社出版校勘本。

王溥（九二二至九八二），字齐物，并州祁县（今属山西）人。后汉乾祐进士。宋初进位司空，后封祁国公。

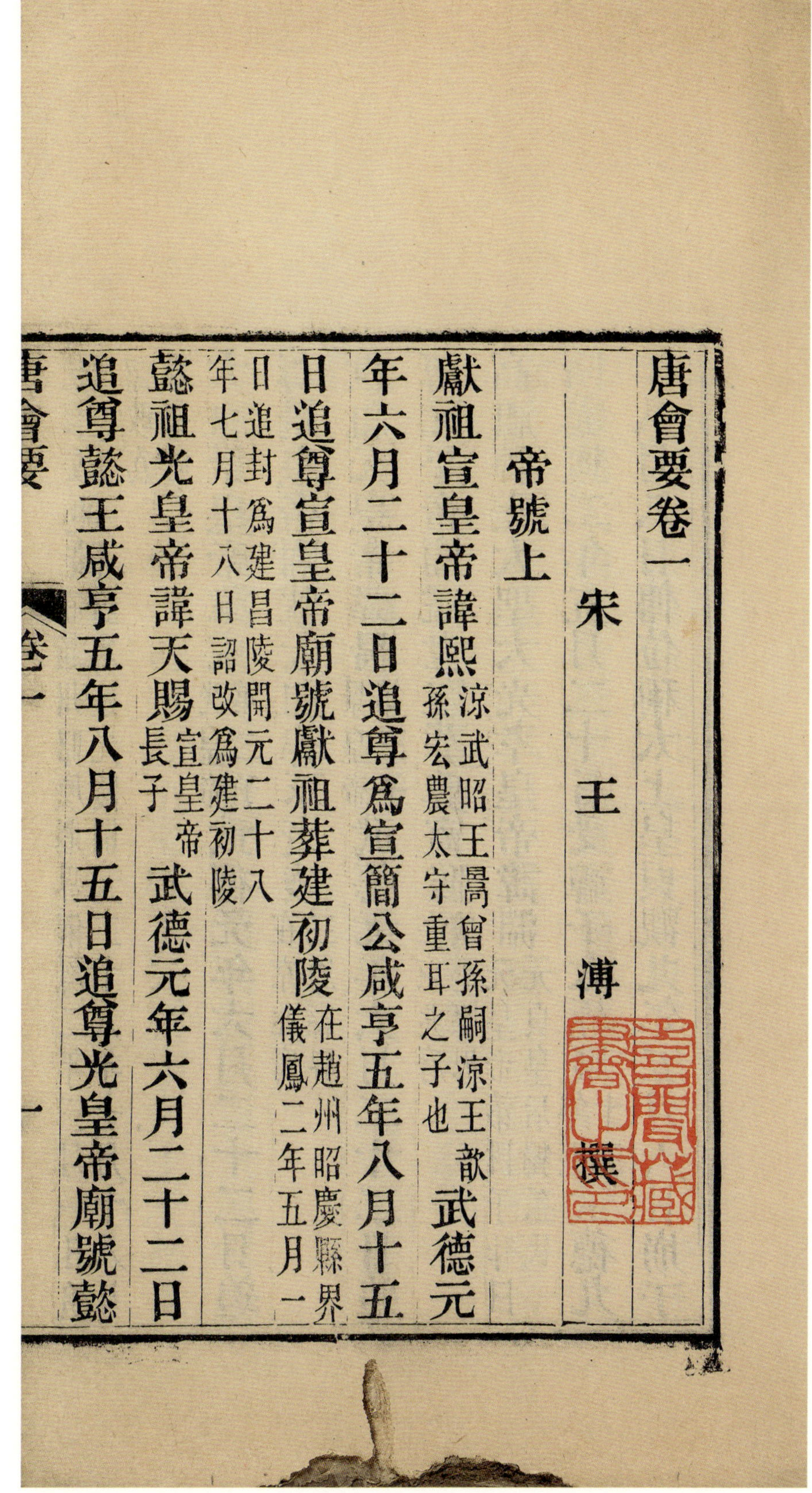

唐會要卷一

宋　王溥　撰

帝號上

獻祖宣皇帝諱熙涼武昭王暠曾孫嗣涼王歆孫宏農太守重耳之子也武德元年六月二十二日追尊爲宣簡公咸亨五年八月十五日追尊宣皇帝廟號獻祖葬建初陵在趙州昭慶縣界儀鳳二年五月一日追封爲建昌陵開元二十八年七月十八日詔改爲建初陵

懿祖光皇帝諱天賜宣皇帝長子武德元年六月二十二日追尊懿王咸亨五年八月十五日追尊光皇帝廟號懿

《元典章》六〇卷，不著撰人。

光绪杭州丁氏藏本重校本。版框高一八六毫米，宽一四一毫米，左右双边，白口，单鱼尾，每半叶十三行，行二十一字。

《元典章》全称《大元圣政国朝典章》。元代官修政书，不署撰人。正集六十卷，附《新集》不分卷。正集记载自元世祖即位（一二六〇）至元仁宗延祐七年（一三二〇）的典章制度，分诏令、圣政、朝纲、台纲、吏部、户部、礼部、兵部、刑部、工部十门。《新集》续记至元英宗至治二年（一三二二）。所记史实多为《元史》所未载，为研究元代政治、经济、法律、风俗的重要资料。但体例杂乱，记载多不扼要。传世有沈家本刻本及台湾故宫博物院影印元刻本。今人陈垣撰有《元典章校补》十卷。

詔令卷之一

世祖聖德神功文武皇帝

皇帝登寶位詔 庚申年四月初六日欽奉詔旨節文朕惟祖宗肇造區宇奄有四方武功迭興文治多闕五十餘年於此矣蓋時有先後事有緩急天下大業非一聖一朝所能兼備也先皇帝即位之初風飛雷厲將大有爲憂國愛民之心雖切於己尊賢使能之道未得其人方董夔門之師遽遺鼎湖之泣豈期餘恨竟弗克終肆予冲人渡江之後蓋將深入焉乃聞國中重以僉軍之擾黎庶驚駭若不能一朝居者予爲此懼驛騎馳歸目前之急雖紓境外之兵未戢乃會羣議以集良規不意宗盟輒先推戴左右萬里名

《大清律例增修统纂集成》四〇卷，（清）姚雨芗纂，胡仰山增修。

清同治七年（一八六八）刊本。版框高二〇毫米，宽一四一毫米，四周单边，白口，单鱼尾，每半叶九行，行二十一字，小字双行同。

此书继道光三年（一八二三）姚润所纂的《新增律例统纂集成》而成，将其后所订新例逐条校补，同时录同治六年（一八六七）以前上谕及各省咨情部示通行成案、秋审条款章程等引用的诸家注说、笺释。内分名例、吏、户、礼、兵、刑、工诸律目及总类比引律条、洗冤录、督捕则例附纂等篇目。为研究清代法律制度重要资料。

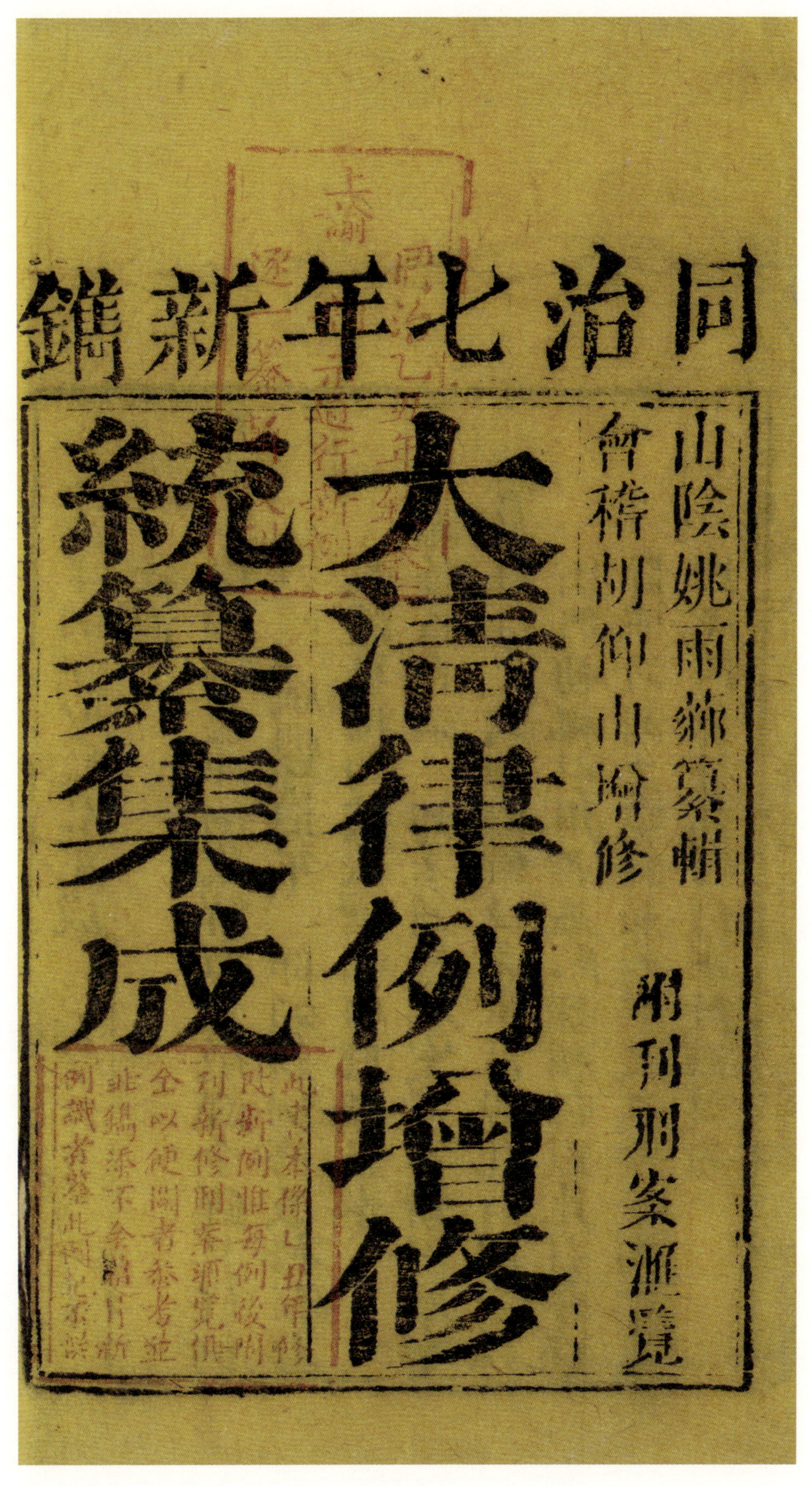

同治七年新鐫

山陰姚雨薌纂輯
會稽胡仰山增修

大清律例增修統纂集成

附刊刑案滙覽

世祖章皇帝御製大清律原序

朕惟
太祖
太宗創業東方民淳法簡大辟之外惟有鞭笞朕仰荷
天休撫臨中夏人民既眾情偽多端每遇奏讞輕重出
入頗煩擬議律例未定有司無所稟承爰敕法司
官廣集廷議詳譯明律參以國制增損劑量期於
平允書成奏進朕再三覆閱仍命內院諸臣校訂
妥確乃允刊布名曰大清律集解附例爾內外有

大清律例統纂集成卷一目錄

名例律目錄 共四十六條

五刑　十惡

八議　應議者犯罪

應議者之父祖有犯　職官有犯

文武官犯公罪　文武官犯私罪

犯罪免發遣　軍籍有犯

犯罪得累減　以理去官

無官犯罪　除名當差

大清律例增修統纂集成

嘉慶二十五年奉 上諭兵部奏擬發軍台贖罪摺內員尚有未完追賠銀兩請飭完繳一摺所該甚是福建已革同知徐汝瀾緣事擬發軍台前經該督奏請贖罪並據兵部行查戶工二部該革員尚有未完追賠銀七千七百餘兩定例不准援贖乃該督並不查明率行詳請具奏實屬違例著交部議

僧剛道紀令地方官遴擇取結咨補於有犯以將原結之地方官罰俸一年

僧道師徒共犯比依家人共犯律免科見共犯律備

竊盜犯收贖見犯罪共逃

誣輕爲重收贖見誣告

僧道犯罪令還俗見除名當差

應收贖而決配應決配而收贖

其應夾之人不得實供方夾一次再不實供再夾一次毋許任意多用若將應夾之人夾死其罪應死者罰俸一年罪不應死者降一級調用罪俱公若有意叠夾致死者革職私罪如有別項情由即照情由治罪至在京衙門將不應夾訊之人回堂行夾經堂官准行者該堂官罰俸六個月公罪

官員於犯人滿杖之外違例叠責致死者革職私罪如將無辜之人杖責致死者革職提問私罪府州降二級調用道員降一級調用臬司降一級留任督撫罰俸一年俱公罪揭報題參者免議不致死者問刑官降一級留任私罪上司免議

尼僧道犯罪問擬者須看此條並私創庵院及私度僧道如該徒流者則令還俗而後發

入連累并一應公錯過誤犯罪者聽准納贖如失察失閱防失盜之類

一太常寺厨役自係訂告詞訟過誤犯罪及因人連累問該杖罪者納贖仍發本寺着役徒罪以上及簽盜詐偽並有誣供犯姦等項即常赦所不原不分輕重俱的決發光祿寺應役乾隆五年改 見犯罪共逃

一僧道官有犯經官提問及僧道有犯簽盜詐偽並一應贓私罪名誆騙詐欺科索恐嚇責令還俗仍依律例科斷其公事失錯因人連累及過誤致罪者悉准納贖各還職爲僧爲道 見犯罪共逃

此例名勾除名當差並內有撥度牒还俗 居役及僧道犯姦教 庚神 免備

五 七

一子貧不能養贍致父母自盡
並因姦因盜致縱容之父母自盡及教令之父母被人謀故毆殺者
一祖父母父母被殺子孫受賄私和者
一毆傷期功尊長及逼迫功服尊長致死者
一姦本宗緦麻以上外姻舅母及同母異父姊妹者
一强姦小功以上親並强姦子婦未成者
一籍充人牙將領賣婦人逼勒賣姦圖利日月經久者
一奴婢及雇工人誘賣家長期親以下親屬者
一用藥餅及一切邪述迷拐幼小子女為從者
一惡徒圖財放火故燒官民房屋公廨倉庫並謀財挾仇放火當被救熄及已經延燒尚未搶掠案內罪應軍流者

上
太后尊號欽奉
恩詔內開一除十惡不赦外犯法婦人盡行赦免欽此臣等恭譯上年十一月初二日欽奉
恩詔除有關十惡外犯法婦人盡行赦免並無謀故殺真正人命不赦之條誠以婦人犯法之案本屬無多即犯謀殺故殺亦應在准免之列惟其中情節亦有輕重懸殊臣等公同酌議請將婦女犯謀故殺各案內如有關十惡仍應不准其寬免其餘有犯無論斬絞軍流徒杖其情罪倘無關十惡均應欽遵
恩詔盡行赦免以期仰副我
皇上錫類深仁覃敷闓澤之至意如蒙
俞允所有臣部現在查辦各省已未入秋審人犯除已經具奏之新疆廣東雲南廣西貴州福建浙江四川省綫決一次及應

卷四名例律上

常赦所不原

隨時酌量情節另行核辦至軍台効力官犯例無由部章程由臣部移咨兵部核辦謹將情罪重大及有關十惡不准減等人犯查照向辦條款開列清單恭呈
御覽伏候 命下臣部即將現審案內尚未起解府軍流徒人犯先行核辦並飛咨各該督撫將軍都統府尹一體欽遵辦理所有臣等酌擬減等章程理合恭摺具
奏請 旨道光三十年三月二十八日奉 旨依議欽此[illegible]
光三十年四月十一日[illegible]准咨

刑部咨行查本年恭逢 恩赦查辦軍流以下案犯內與婦女未成混不在不准減免之列惟近來各省辦理淫兇婦女未成之案層見疊出此等淫惡之徒因婦女力難抗禦肆無忌憚任意行淫核其情節實與兇惡棍徒無異兇惡棍徒現均不准援免若竟將行兇之犯概予免釋實不足以懲强暴而維風化本部現在詳細酌核應一概不准援免相應咨各該督通行在案嗣後遇有此等案件一律遵照辦理可也 咸豐元年四月二十六日准咨

《钦定宫中现行则例》四卷，清内务府敬事房条录。

清光绪刻本。版框高二〇六毫米，宽一四六毫米，四周双边，白口，单鱼尾，每半叶八行，行二十字。

《钦定宫中现行则例》为光绪初年续修的政书，辑录清初至光绪有关宫内太后、皇后以至太监诸人、各事等条例、事例而成。分训谕、名号、玉牒、礼仪、宴仪、册宝、典故、服色、宫规、宫分、车舆、铺宫、遇喜、安设、进春、谢恩、钱粮、岁修、太监、太监服色、门禁、处分二十二类。可补《清会典》所未详。

欽定宮中現行則例

訓諭

康熙十八年十二月初三日

上諭宮內各處燈火最為緊要凡有火之處必著人看守不許一時少人總管等不時巡察

康熙四十年三月初七日

上諭朕聞宮內太監三五成羣結盟聚黨此由總管不能壓服首領首領不能壓服散衆全無法度以致如

目録類

崇文總目二十卷 宋王克臣等奉勅撰

郡齋讀書志四卷後志二卷考異一卷附志三卷 宋晁公武撰趙希弁補

遂初堂書目一卷 宋尤袤撰

直齋書録解題二十二卷 宋陳振孫撰

文淵閣書目四卷 明楊士奇撰

欽定天禄琳琅書目十卷

千頃堂書目三十二卷 國朝黄虞稷撰

子略四卷目録一卷 宋高似孫撰

漢藝文志考證十卷 宋王應麟撰

授經圖二十卷 明朱睦㮮撰

經義考三百卷 國朝朱彝尊撰

右目録類經籍之屬十一部四百三十三卷

集古録十卷 宋歐陽修撰

法帖刊誤二卷 宋黄伯思撰

籀史一卷 宋翟耆年撰

隷續二十一卷 宋洪适撰

石刻鋪敘二卷 宋曽宏父撰

蘭亭考十二卷 宋桑世昌撰

寶刻叢編二十卷 宋陳思撰

寶刻類編八卷 不著撰人名氏

金石録三十卷 宋趙明誠撰

法帖釋文十卷 宋劉次莊撰

隷釋二十七卷 宋洪适撰

絳帖平六卷 宋姜夔撰

法帖譜系二卷 宋曹士冕撰

蘭亭續考二卷 宋俞松撰

輿地碑目四卷 宋王象之撰

古刻叢鈔一卷 明陶宗儀編

第四单元 艺文见存

西汉成帝河平三年（前二六年），刘向奉诏整理皇家藏书，编成中国第一部图书分类目录《别录》，记录上古至西汉的文化典籍，中国古典目录学由此产生。其后相继产生了《汉书·艺文志》《隋书·经籍志》《崇文总目》《四库全书总目》等影响深远的目录学著作。这些著作不但著录了历代典籍的存佚状况，也反映了历代学术的发展流变和优劣得失。清代学者章学诚在其《校雠通义》中将目录学功能归纳为「辨章学术，考镜源流」。因此，目录学与中国古代学术紧密相关，是我们了解和研究中国古代文化和学术发展的一把钥匙。

《钦定四库全书简明目录》二〇卷

清纪晓岚抄本。

清乾隆三十八年（一七七三）开设四库馆编修《四库全书》，永瑢领衔编撰，纪昀任总纂官，至五十二年（一七八七）缮写完毕，历时十五年。全书将古代重要典籍完整抄录，分编于经、史、子、集四部四十四类之下，共收图书三千四百五十七种，七万九千零七十卷；另有存目书六千七百六十六种，九万三千五百五十一卷。共缮写七部，分藏于北京宫中文渊阁、圆明园文源阁、沈阳文溯阁、承德避暑山庄文津阁、扬州文汇阁、镇江文宗阁、杭州文澜阁，另有副本一部藏于北京翰林院。全书丰富浩瀚，包罗宏大，实为中国古代思想文化遗产之总汇。在编书过程中，也查禁、销毁了近三千余种，六七万卷以上「悖逆」「违碍」书籍，种数几与四库现收书相等。并根据统治需要，又对不少书籍的内容做了删改。

乾隆四十六年（一七八一）成书后，馆臣为《四库全书》的图书提要汇编，对正式入库书三千四百七十种及存目书六千八百十九种，各辨其源流，考证异同，评论得失。当时大批名流学者，如于敏中、金简、纪昀、陆锡熊、任大椿、戴震、邵晋涵、程晋芳、周永年、朱筠、姚鼐、翁方纲、王念孙等，均参预纂修，撰写提要。此书虽出自众手，实际由纪昀审阅改定。《四库全书总目提要》编成后，因卷帙繁多，又按《总目》次序编排，省略存目著录，删减提要原文，只列著录书名、卷数和撰著人的时代、姓名，编成《四库简明目录》，便于检览。

纪昀（一七二四至一八〇五），字晓岚（一字春帆），晚号石云，谥文达，清直隶河间献县（今属河北）人。清代著名学者、目录学家。

讀易大旨五卷　國朝孫奇逢撰
周易稗疏四卷附考異一卷　國朝王夫之撰
易酌十四卷　國朝刁包撰
田間易學十二卷　國朝錢澄之撰
易學象數論六卷　國朝黄宗羲撰
周易象詞二十一卷附尋門餘論二卷圖書辨惑一卷　國朝黄宗炎撰
周易筮述八卷　國朝王宏撰
仲氏易三十卷　國朝毛奇齡撰
推易始末四卷　國朝毛奇齡撰
春秋占筮書三卷　國朝毛奇齡撰
易小帖五卷　國朝毛奇齡説易之語
喬氏易俟十八卷　國朝喬萊撰
讀易日鈔六卷　國朝張烈撰
周易通論四卷　國朝李光地撰
周易觀彖十二卷　國朝李光地撰
周易淺述八卷　國朝陳夢雷撰
易原就正十二卷　國朝包儀撰
大易通解十五卷　國朝魏荔彤撰
易經衷論二卷　國朝張英撰
易圖明辨十卷　國朝胡渭撰
合訂删補大易集義粹言八十卷　國朝納喇性德撰
周易傳註七卷附周易筮考一卷　國朝李塨撰
周易劄記二卷　國朝楊名時撰
周易傳義合訂十二卷　國朝朱軾撰
周易玩詞集解十卷　國朝查慎行撰
易説六卷　國朝惠士奇撰
周易函書約存二十四卷約註十八卷別集八卷　國朝胡煦撰
易箋八卷　國朝陳法撰
楚蒙山房易經解十六卷　國朝晏斯盛撰
周易孔義集説二十卷　國朝沈起元撰
易翼述信十二卷　國朝王又樸撰
周易淺釋四卷　國朝潘思榘撰
周易洗心九卷　國朝任啟運撰
豐川易説十卷　國朝王心敬撰
周易述二十三卷　國朝惠棟撰

《直斋书录解题》二二卷，（宋）陈振孙撰。

清武英殿聚珍本。版框高一三〇毫米，宽九八毫米，左右双边，白口，单鱼尾，每半叶九行，行二十一字。

《直斋书录解题》是南宋时期著名藏书家和目录学家陈振孙的私人藏书目录。全书共著录图书三千零九十六种，五万一千一百八十卷，较为全面反映了南宋以前的图书存佚情况。全书把历代典籍分为五十三类，为每书写一篇叙录，称之为解题。解题详载卷数和撰人姓名，并品题书中的得失，考证极精，使书目起到「考镜源流，辨章学术」的作用。清代以前多为抄本流传，后出武英殿聚珍版，随后苏、杭等地刊刻，成为通行本。

陈振孙，生卒年不详，原名瑗，字伯玉，号直斋，安吉（今属浙江）人。南宋大藏书家、目录学家。

直齋書錄解題卷一

宋 陳振孫 撰

易類

周易注六卷略例一卷繫辭注三卷

魏尚書郎山陽王弼輔嗣注上下經撰略例晉太常潁川韓康伯注繫辭說序雜卦自漢以來言易者多溺於象占之學至弼始一切掃去暢以義理於是天下後世宗之餘家盡廢然王弼好老氏魏晉談元自弼輩倡之易有聖人之道四焉去三存一於道闕矣

《天一阁书目》一〇卷，（清）范懋柱辑。

清嘉庆十三年（一八〇八）阮氏文选楼刻本。版框高二〇〇毫米，宽一四二毫米，左右双边，白口，单鱼尾，每半叶十行，行二十二字。

天一阁是我国现存历史最悠久的私家藏书楼。范钦建于嘉靖年间。范氏以藏书丰富著称，乾隆中修《四库全书》，进呈家藏书六百九十六种，为私人进书之冠。范氏将家藏图书按《四库全书总目》分类，编成《天一阁书目》。本目首列御赐书、御题书、御赐图、进呈书。本目经、史、子、集四部各一卷，末附补遗、范氏著作两类，计八百八十种。本目于书名、卷数下记版本，其下记撰者时代姓名，抄本间记栏格颜色，并多录原书序跋。藏书皆明天启以前旧本，说经诸书及前人诗文集未传世者收录尤备。每书记作者、卷目、版本，多数书都摘取序跋，略述梗概。此书原为四卷，后又析为十卷。

该书主要版本有嘉庆十三年（一八〇八）仪征阮元文选楼刊本；光绪十五年（一八八九）无锡薛氏刻本；民国十九年（一九三〇）宁波市政府油印本；《天一阁藏书考》附录本；民国二十九年（一九四〇）鄞县重修天一阁委员会刊本。

范懋柱（约一七一八至一七八八），字汉衡，号拙吾，鄞县（今浙江宁波）人，系著名藏书家范钦后代。

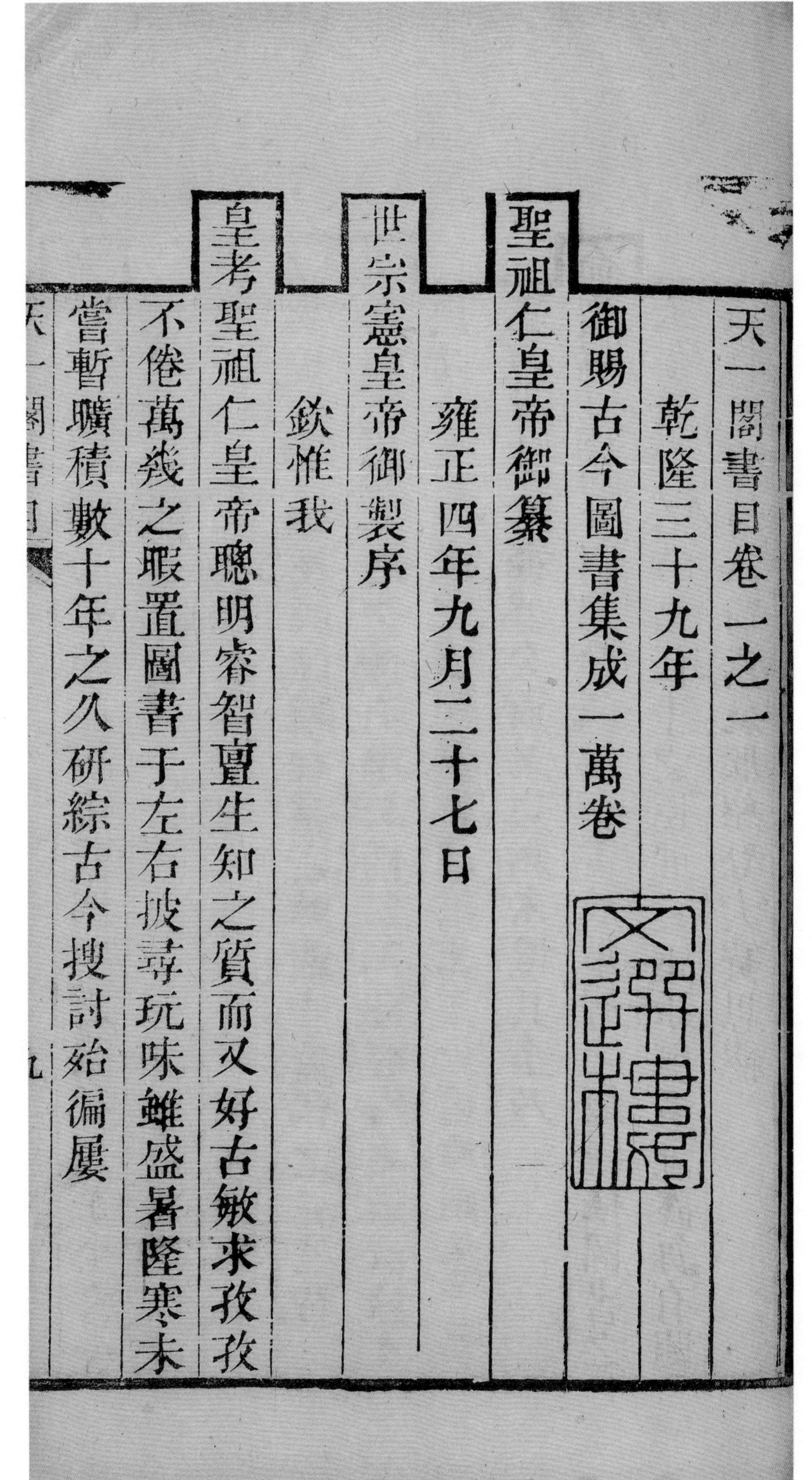

天一閣書目卷一之一

乾隆三十九年

御賜古今圖書集成一萬卷

聖祖仁皇帝御纂

雍正四年九月二十七日

世宗憲皇帝御製序

欽惟我

皇考聖祖仁皇帝聰明睿智亶生知之質而又好古敏求孜孜不倦萬幾之暇置圖書于左右披尋玩味雖盛暑隆寒未嘗暫曠積數十年之久研綜古今搜討殆徧屢

翁曾源手批《钦定四库全书简明目录》二〇卷。

清刊本。版框高一二二毫米，宽九七毫米，左右双边，白口，无鱼尾，每半叶九行，行十八字。

翁曾源（一八三六至一八八七），字仲渊，号实斋，江苏常熟人。清同治二年（一八六三）殿试第一，授修撰。

欽定四庫全書簡明目錄

卷一

經部一

易類

卷二

經部二

書類

經部三

詩類

欽定四庫全書簡明目録　總目　一

五代會要長興三年令刊印九經漢乾祐元年國子監奏九經內補刊周禮儀禮公羊穀梁周廣
順三年田敏進印板九經五經字樣各二部一百三十冊顯德二年尹拙刊釋文三十卷玉海端拱二
年易正義刊成淳化元年春秋正義刊成三年詩正義刊成五年禮記刊成咸平二年命邢昺等
校正五經始備三年又刊周禮儀禮公穀並重訂孝經論語爾雅四年告成

天上又無買山之資言旋舊里讀書之念殆有不復再得者矣　不禁爲之三嘆　丙辰
六月七日識

錢磬室藏書記云百計尋書志亦迂愛護不異隋侯珠有假不返遭神誅子孫不寶
真其愚刊木印鈐之所儲書首末葉

修伯兄以是書假予録竟凡即歸之蓋不敢有假不返也己未仲秋朔翁曽源謹識

何義門所評通志堂九經解之誤謬予嘗得舊本數種校通志本其中誤處有　如義門所云者知曩日東海之刻太草草矣當與同志訪求善本一一校正東海刊刻之謬未知他日克償此志否也癸卯七月立秋日燈下綜經堂主人志

祝穆云建寧麻沙崇化兩坊産書號為圖書之府

趙希鵠云宋稱蜀本最善今已少見之則精以吳為最多閩為最越次之直重以吳為最直輕閩為最越又次之

玉海祥符七年又刊易詩正義天禧五年令國子監又重刊各正義

葉夢得云今天下印書以杭州為上蜀本次之福建最下京師印本不減杭州但紙不及耳

李心傳云監本者紹興末年所刊經無禮記史無漢唐後乃補刊

予向讀古人文好摘其字句每怪古人所云本之六經然後可作文深以其言為不然後讀明人宗湘與友人論文書深契予旨其後年漸長讀韓歐曾王之文愈多乃知文本於詩禮其流連光景以寫其性情者詩之教也義正詞嚴不容苟作者禮之教也詩禮之教興而文章乃可無愧古人矣書之以自勵學勤識

予自十齡即喜書鄉居尠聞見每遇湖州書賈携有舊本必為考其源流所自癸卯來京師就琉璃廠肆書閱宋元舊刊及舊人抄本所見愈多力所能購者即以善價購之計得萬卷朝夕以資娛覽己酉　聞　先祖妣之訃家屬南旋書亦隨之而無人愛惜率為人竊去　通籍後回鄉里則曩日所秘惜者均歸不知何人之手然予好書之心尤甚於往日觀天一閣之書於四明硤石有蔣氏者善藏書往觀者累月每思今世俗本流傳有莫可是正者計當就永樂大典校之而散館改農曹從此浮沉郎署鞅掌簿書回望玉堂如在

《钦定天禄琳琅书目》一〇卷，（清）于敏中等撰。

清光绪十年（一八八四）长沙王氏刊本。版框高二〇〇毫米，宽一四五毫米，左右双边，黑口，双鱼尾，每半叶九行，行二十三字，小字双行同。

清乾隆四十年（一七七五），皇帝命于敏中等把昭仁殿所藏的宋、金、元、明刊版及影写宋本，编纂成《天禄琳琅书目》十卷，并收入《四库全书》史部目录类。嘉庆二年，乾清宫大火，殃及昭仁殿，此书尽毁，又命彭元瑞等依前编例，编修《天禄琳琅续编》二十卷。

《天禄琳琅书目》写本大体上可分为：四库抄本、内府抄本、私人抄本和域外抄本。该书虽然早在乾隆四十年（一七五五）就已成书，但多以抄本的形式流传，直到光绪年间才有两种刻本，即清光绪十年（一八八四）长沙王先谦刻本和清光绪年间江标刻本。

于敏中（一七一四至一七八〇），字叔子，号耐圃，江苏金坛人。乾隆二年（一七三七）状元，历任内阁学士、军机大臣、文华殿大学士等职。曾充《四库全书》馆总裁，著有《素余堂集》等。

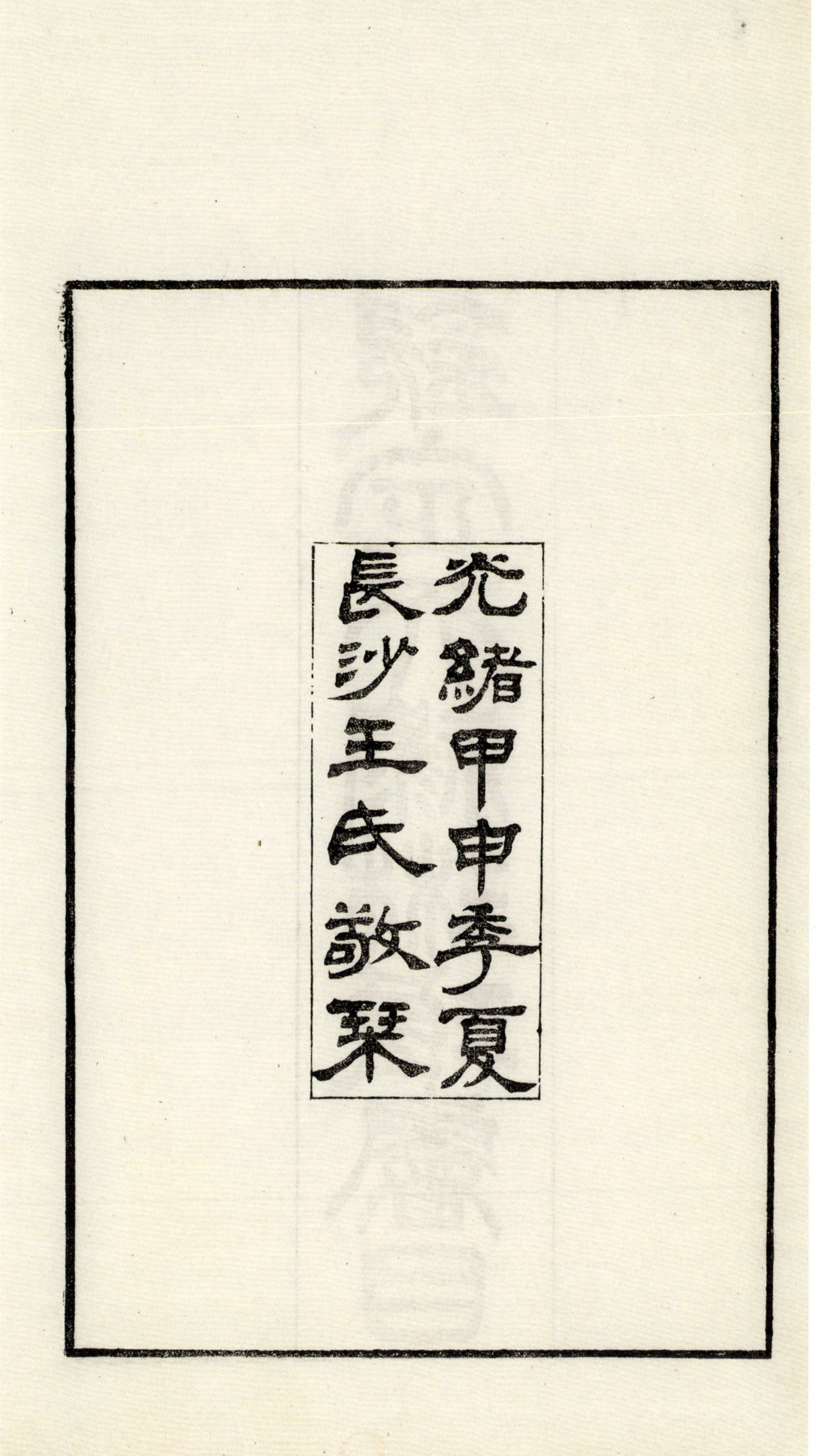
光緒甲申季夏
長沙王氏敬栞

御製題昭仁殿詩

芸帷木榻想貽湻

聖日常懸麗柍棖六十一年茲惕息百千萬世永昭仁

好書敢謂承

先志新德惟期澡我身檐嚮周廬列書室每聞佔畢達楓

宸

皇祖在御時常寢興於此予不敢居因以貯天祿琳琅諸

善本時一褱回曷勝今昔之思敬成長律丁卯初冬

御製詩　一

欽定天祿琳琅書目卷一

宋版經部

周易一函五冊

上下經六卷魏王弼注繫辭以下三卷晉韓康伯

注周易略例一卷王弼著唐邢璹注俱唐陸德明

音義共十卷

是書不載刊刻年月而字法圓活刻手精整且於

宋光宗以前諱皆缺筆又每卷末詳記經注音義

字數宋版多此式其爲南宋刊本無疑

卷一 一

《读书敏求记》四卷，附《补》一卷，（清）钱曾撰。

清道光十五年（一八三五）阮氏小琅嬛仙馆增补本。版框高一九五毫米，宽一三五毫米，四周双边，白口，单鱼尾，每半叶十行，行二十二字。

《读书敏求记》是清代著名藏书家钱曾编成的善本书目。本书专门收录钱氏所藏图书中的宋、元精刻，记述授受源流，考订善刻异同及优劣，开启了私家编辑善本书目的端绪。全书按四部排列，下分若干子目。共著录书籍六百三十四部，书名、卷数之下，俱有解题，内容除开列版本、旧藏外，间或标明次第完缺。

《读书敏求记》成书后，流传三百年间，除传抄本外，主要刻本有：雍正四年（一七二六）赵孟升刻本、乾隆十年（一七四五）沈尚杰双桂草堂刻本、清道光五年（一八二五）阮氏小琅嬛仙馆刻本、道光二十七年（一八四七）潘仕诚刻海山仙馆丛书本、一九二六年章钰刻本。各本互有优劣，流传至今。

钱曾，字遵王，自号也是翁，别号贯花道人，虞山（今江苏常熟）人。家富图籍，撰有《述古堂藏书目》《也是园藏书目》等，其中《读书敏求记》是代表作。

讀書敏求記卷第一

也是翁錢曾遵王

經

程伊川易傳六卷

有宋談易諸家數宗康節辭演伊川羲畫周經判然兩途矣晦菴曰易傳不看本文亦自成一書葢得程子之深者也經籍志載作十卷吾家所藏宋刻本止六卷今考程朱傳義後二卷小序曰程先生無繫詞說卦序卦雜卦全解東萊精義載先生解并及遺書今並編入續六十四卦之後題之曰後傳庶程朱二

《元史艺文志》四卷，钱大昕撰。

清嘉庆刊本。版框高二〇七毫米，宽一五三毫米，左右双边，白口，单鱼尾，每半叶十行，行十九字。

明初修《元史》，不列艺文之科，清人钱大昕为其补《艺文志》，乃取当时文士撰述，录其简目，以补前史之缺。分经、史、子、集四部。每部各为一卷，其中再分子目若干。于辽、金作者附见于后。

钱大昕（一七二八至一八〇四），字晓征、辛楣，号竹汀，上海嘉定人。乾隆进士，清代著名考据学家。

元史藝文志第一

錢大昕補

自劉子駿校理祕文分羣書為六略曰六藝者經部也詩賦者集部也諸子兵書術數方技皆子部也世本戰國策楚漢春秋太史公書漢著紀則入之春秋類古封禪羣祀封禪議對漢封禪羣祀入之禮類高祖傳孝文傳入之儒家類是時固無四部之名而史家亦未別為一類也晉荀勗撰中經簿始分甲乙丙丁四部而子猶先於史至李充為著作郎重分四部五經為甲部史記為乙部

《拜经楼藏书题跋记》五卷，吴骞、吴寿旸撰。

清道光刻本。版框高一六七毫米，宽一二十毫米，四周单边，黑口，双鱼尾，每半叶十一行，行二十一字。

《拜经楼藏书题跋记》汇集吴骞及众多名人学士的赏鉴题识，著录拜经楼藏书三百零七种。由吴骞撰，子寿旸编次，是记载版本的家藏书目。每书辨其异同，兼及藏书印记、版刻行款、抄书年月，都较精确可据，对了解古籍之流传、版本之刊刻、群书之价值优劣等均有很高的参考价值。

此书流传主要有三个版本：一是道光二十七年（一八四七）蒋光煦宜年堂刻本；二是清光绪朱记荣槐庐家塾刻《校经山房丛书》本；三是民国十三年（一九二四）苏州文学山房活字印本。朱本据蒋本重刻，改正了蒋本几处明显的误字，但也有脱漏之处。文学山房本与朱本大致相同。

吴骞（一七三三至一八一三），字槎客，号兔床，海宁（今属浙江）人。著名藏书家，藏书之处名为「拜经楼」。

吴寿旸（一七七一至一八三一），字虞臣，号苏阁，吴骞之子。

拜經樓藏書題跋記卷一

海昌吳壽暘虞臣纂

周易兼義

宋本周易兼義十卷末一卷爲略例並附陸氏釋文每半葉十行每行大字十八小字二十四版心有校正重校等銜名葢明時修版古字率多改竄間有未經改盡者如明辨晢也兼三材而兩之故六傷於外者必反於家之類猶可見古本之彷彿首卷鈔補五經正義表後署永徽四年二月二十四日太尉揚州都督上柱國趙國公臣无忌等上爲錢孫保求赤影鈔宋本周易注疏中所有梓本皆無之乾隆庚子姚江盧抱經學士錄以

《士礼居藏书题跋记》六卷，（清）黄丕烈撰、潘祖荫、缪荃孙辑。

清光绪元和江氏据江阴缪氏刻本。版框高一七一毫米，宽一二四毫米，左右双边，黑口，单鱼尾，每半叶十一行，行二十三字。

《士礼居藏书题跋记》是清代吴县（江苏省苏州市吴中区）大藏书家黄丕烈所撰古籍题跋的最初汇刻本。黄丕烈，字绍武，号荛圃，「士礼居」是其书斋名。黄丕烈以「求古」为宗旨，终生致力于古籍善本书的搜集整理工作，并为古籍撰写了大量的题跋。这些题跋记于古籍的书前卷尾，对每本书的版刻时代、卷帙完缺、翻刻始末、流传经过，乃至版刻精粗、行款疏密及各本的文字异同、优劣高低，均有详细的描述和严格的鉴别，使读者见跋如见其书，具有很高的学术价值。

黄丕烈（一七六三至一八二五），字绍武，号荛圃，江苏吴县人。清著名藏书家、校勘学家。

潘祖荫（一八三〇至一八九〇），字伯寅，号郑庵，江苏吴县人。咸丰二年进士，官至工部尚书。

缪荃孙（一八四四至一九一九），字炎之，一字筱珊，号艺风，江苏江阴人。光绪进士，清经学家。

士禮居藏書題跋記卷一

周禮二卷 殘蜀大字本

倚樹吟軒楊氏余幼時讀書處也其主人延名師課諸子有伯子才而夭余就讀時與仲氏偕時同筆硯情意殊投合也其家有殘宋蜀大字本周禮秋官二冊蓋書友詭稱樣本持十金去以取全書久而未至亦遂置之余稍長喜講求古書從偕時乞得登諸百宋一廛賦中偕時亦不以余為豪奪也客歲偕時病歿年纔五十有四從此失一良友甚可傷也余今春耳目之力漸衰偶有小恙即畏風惡寒久不至外堂日於下樓西廂靜坐養痾檢點羣書偶及此冊因記曩事如此人往風微覩此贈物益增傷感而此殘鱗片甲猶見蜀本規

也其
向謝世
謝氏本影
一本庶幾稱
訛脫不足觀學
猶不惜捐多金購
可貴若此余患其久

第五单元

金石耀古

将文字刻铸于青铜或碑石之上以求长久流传，是古代中国一种重要的文化传统。《墨子·明鬼》中有言：「琢之盘盂，镂之金石，传遗后世子孙者知之。」这些器物在汉代已经开始被好古者收藏，直到宋代，最终形成了专门研究金石的学问。欧阳修是金石学的开创者，其学生曾巩在《金石录》中最早提出「金石」一词。清乾隆年间曾据清宫所藏古物御纂《西清古鉴》等书推动了金石研究的复兴。受乾嘉学派求实证古的学风影响，学者们利用金石文字来证经补史。清代金石学进入鼎盛，王鸣盛等人正式提出「金石之学」这一名称。研究范围也有所扩大，对铜镜、兵符、砖瓦、封泥等开始有专门研究，鉴别和考释水平也显著提高。随着史学观念的进步，金石文字研究渐纳入现代考古学与史学的研究范畴。这些著作所录碑帖器物，如今虽多已不存，但今日所观书中所载金石古物，亦宛如亲见；碑刻文字，仍然耀烁古今。

《泊如斋重修宣和博古图录》三〇卷，（宋）王黼编。

明万历十六年（一五八八）程氏泊如斋刻本。版框高二四八毫米，宽一五六毫米，四周单边，白口，单白鱼尾，每半叶八行，行十七字。

《宣和博古图》又称《博古图》，此书始修于大观初年，宣和年间赵佶敕王黼重修。全书三十卷，记录当时宣和殿所藏古代铜器。共分二十类，计八百三十九件。每类有总说，每器皆摹绘图形、款识，记载大小、容量、总量，并附考证。所绘图形皆注明比例。其考证精详，每据实物订正《三礼图》之误。此后刻本间有更改漏缺。以明嘉靖七年（一五二八）蒋暘翻刻元至大重修本为佳。通行较广的是清乾隆十七年（一七五二）黄晟的亦政堂重修宝古堂本。

王黼（一〇七九至一一二六），初名甫，字将明，开封祥符（河南开封）人。崇宁进士。

博古圖録序
伊惟古始飲茹雎盱鼎飪象於庖犧備物圖
於神禹遐哉邈乎不可紀而傳已厥有傳者
歷選郅隆迄于閏枡圖芳勒伐之遺飾禮陳
常之緒古今鑒定犁然可據者麟麟炳炳有
足徵焉嘗試論之鼎一也而有鼒鼐鉽禹之
殊觀尊一也而有彝舟罍卣之異制周敦漢
甗損益三代之文乙斝丁觚錯落初筵之軌
本立堂藏板
丁南羽
吳左干
繪圖
博古圖
劉季然書錄

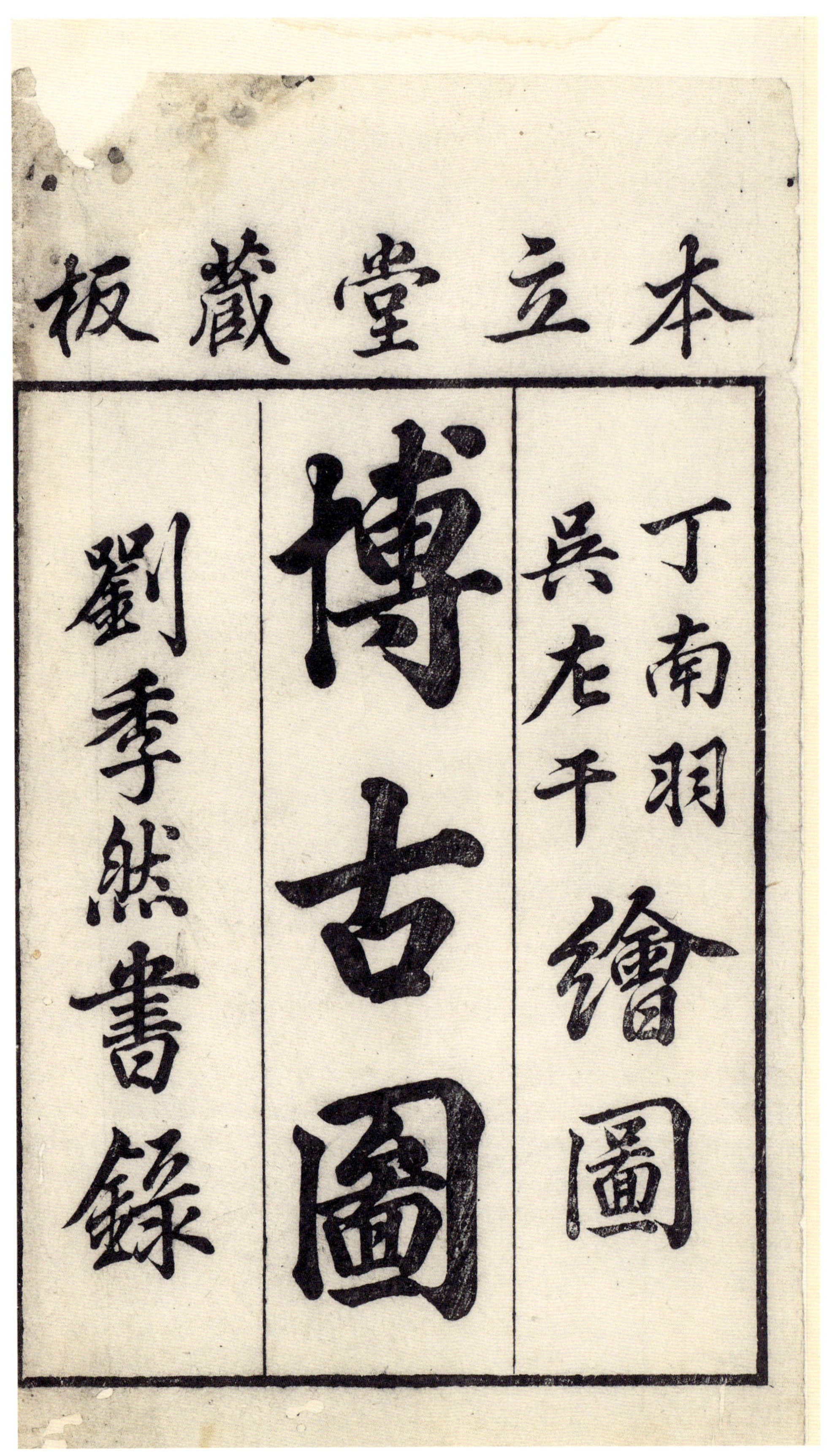

本立堂藏板

丁南羽 吳左千 繪圖

博古圖

劉季然書錄

博古圖録序

伊惟古始飲茹雎盱鼎飪象於庖犧備物圖於神禹遐哉邈乎不可紀而傳已厥有傳者歷選郅隆迄于閏枅圖芳勒伐之遺飭禮陳常之緒古今鑒定犁然可據者麟麟炳炳有足徵焉嘗試論之鼎一也而有鼒鼐鉞鬲之殊觀尊一也而有彝舟罍卣之異制周敦漢甗損益三代之文乙斝丁觚錯落初筵之軌

泊如齋重修宣和博古圖録卷第一

鼎鼒總説

鼎一　二十六器

商

父乙鼎　銘二十字

瞿父鼎　銘二字

子鼎　銘一字

庚鼎　銘一字

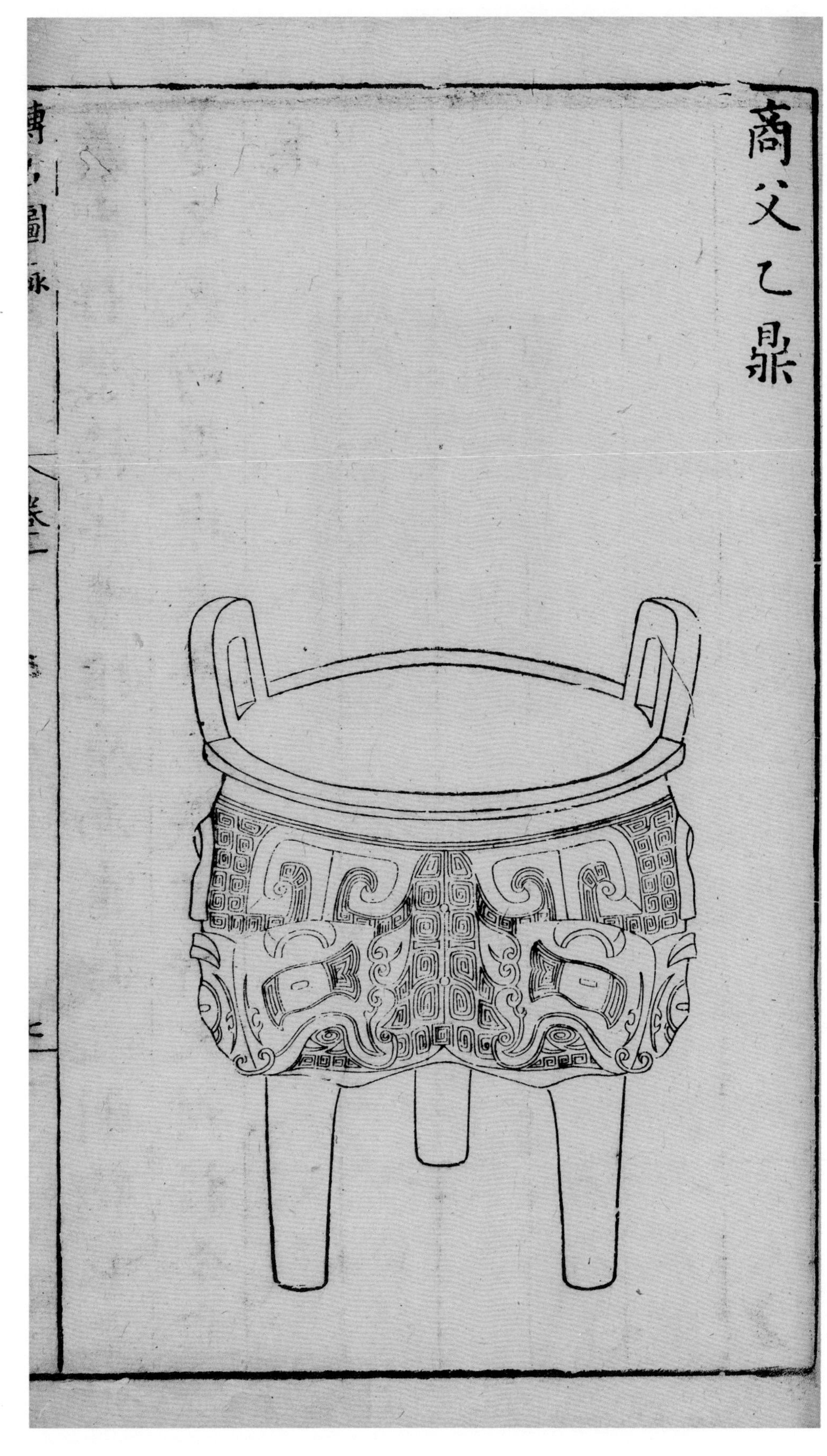
商父乙鼎

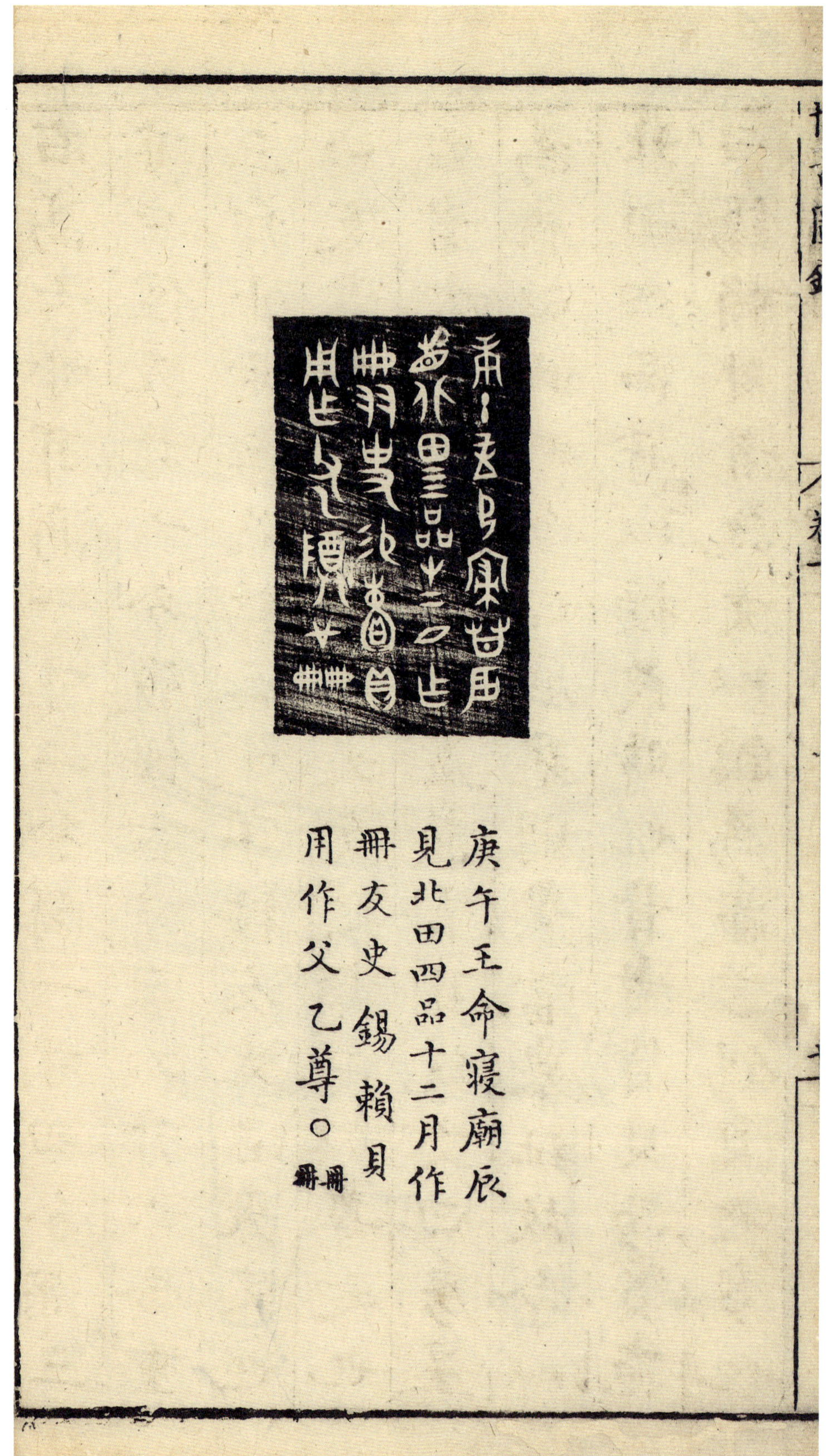

庚午王命寢廟辰
見北田四品十二月作
冊友史鍚賴貝
用作父乙尊○冊冊

右高七寸耳高一寸二分闊一寸四分深三寸口徑五寸六分腹徑六寸容二升六合重三斤十兩三足銘三十字按友史者太史也曰友者如成王稱太史友之類所以尊之也古者太史順時覛土蓋農官耳説文曰房星為辰田候也今曰辰見則農當舉趾故命以北田四品所以授民時也昔者貨貝而寶龜曰錫賴貝者説文以賴為贏言錫貝之多也

《西清古鉴》四〇卷，附《钱录》一六卷，（清）梁诗正等编。

清乾隆十四年（一七四九）武英殿刻本。版框高二百六毫米，宽一二三毫米，四周单边，白口，双鱼尾。

《西清古鉴》是清代官修金石学著作。乾隆十六年（一七五一）成书，乾隆二十年内府刊行。此书收录清宫廷所藏商周至唐铜器一千五百二十九件，多为商周彝器。皆摹绘器形及铭文，间出考释，附《钱录》十六卷，著录历代钱币五百六十七枚。体例摹仿《博古图》，但所收伪器颇多，绘图不注比例，铭文往往失真，考订亦不精审。

梁诗正（一六九七至一七六三），字养仲，号芗林，又号文濂子，钱塘（今浙江杭州）人。雍正八年探花，官至东阁大学士，卒谥文庄。

西清古鑑卷一目錄

鼎一

商

祖鼎有銘
父乙鼎一有銘
父乙鼎二有銘
父乙鼎三有銘
父乙鼎四有銘
丁鼎有銘
父丁鼎一有銘

西清古鑑卷一目錄一

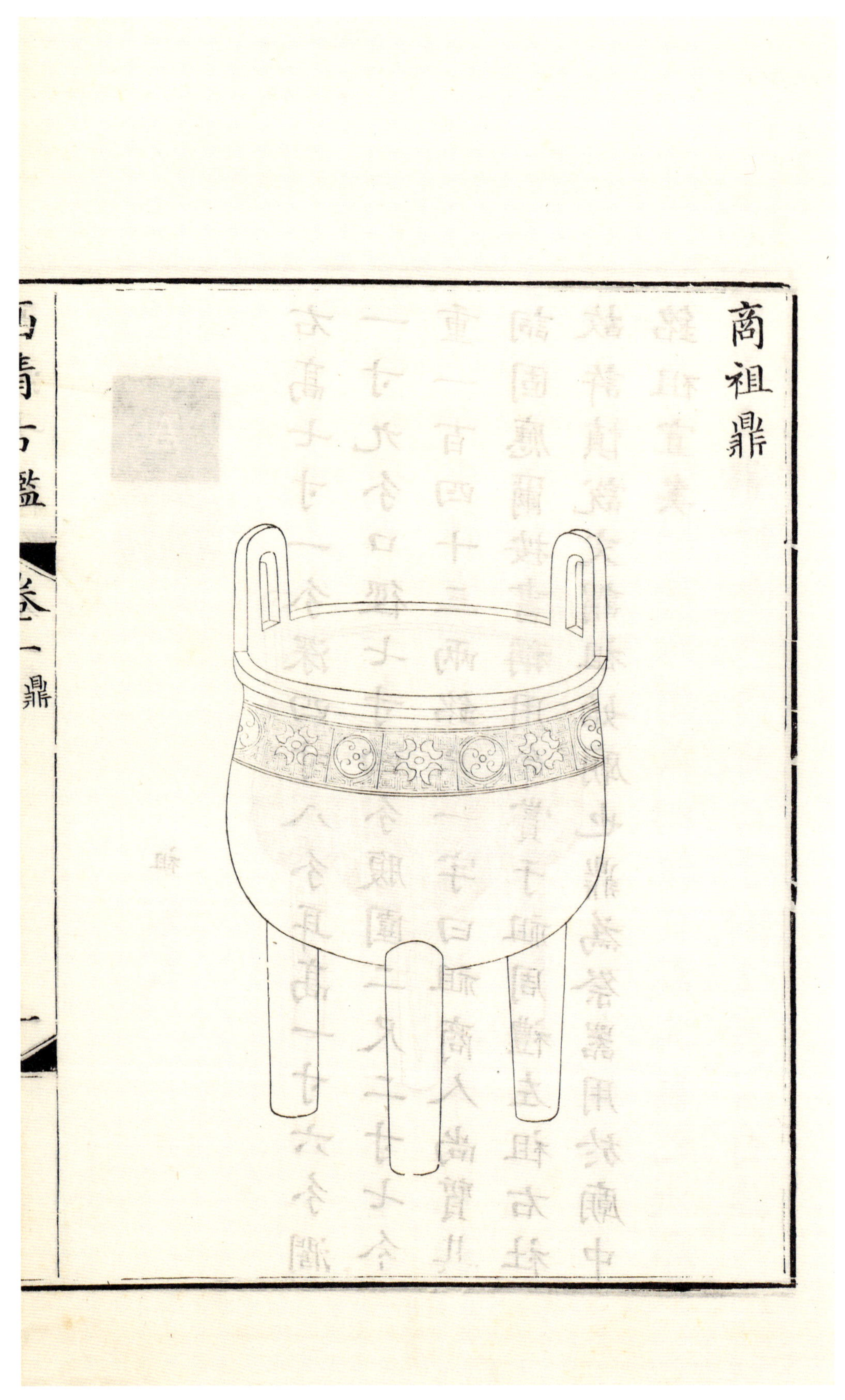
商祖鼎
西清古鑑
卷一
鼎

祖

右高七寸一分深四寸八分耳高一寸六分濶一寸九分口徑七寸四分腹圍二尺二寸七分重一百四十三兩銘只一字曰祖商人尚質其詞固應爾按書稱用命賞于祖周禮左祖右社故許慎說文謂祖始廟也鼎爲祭器用於廟中銘祖宜矣

子父乙

子父乙

右高五寸三分深二寸七分耳高一寸四分濶如之口徑五寸一分腹圍一尺六寸六分重六十一兩宋博古圖於凡銘父乙者必舉天乙祖乙以實之而卷首父乙鼎又云不知為何乙然商器稱祖稱父母稱兄者不一下多綴以十干黃長睿張掄諸人謂或以紀日或其器之次序是不必概斷為人名也曰子則主器者自識

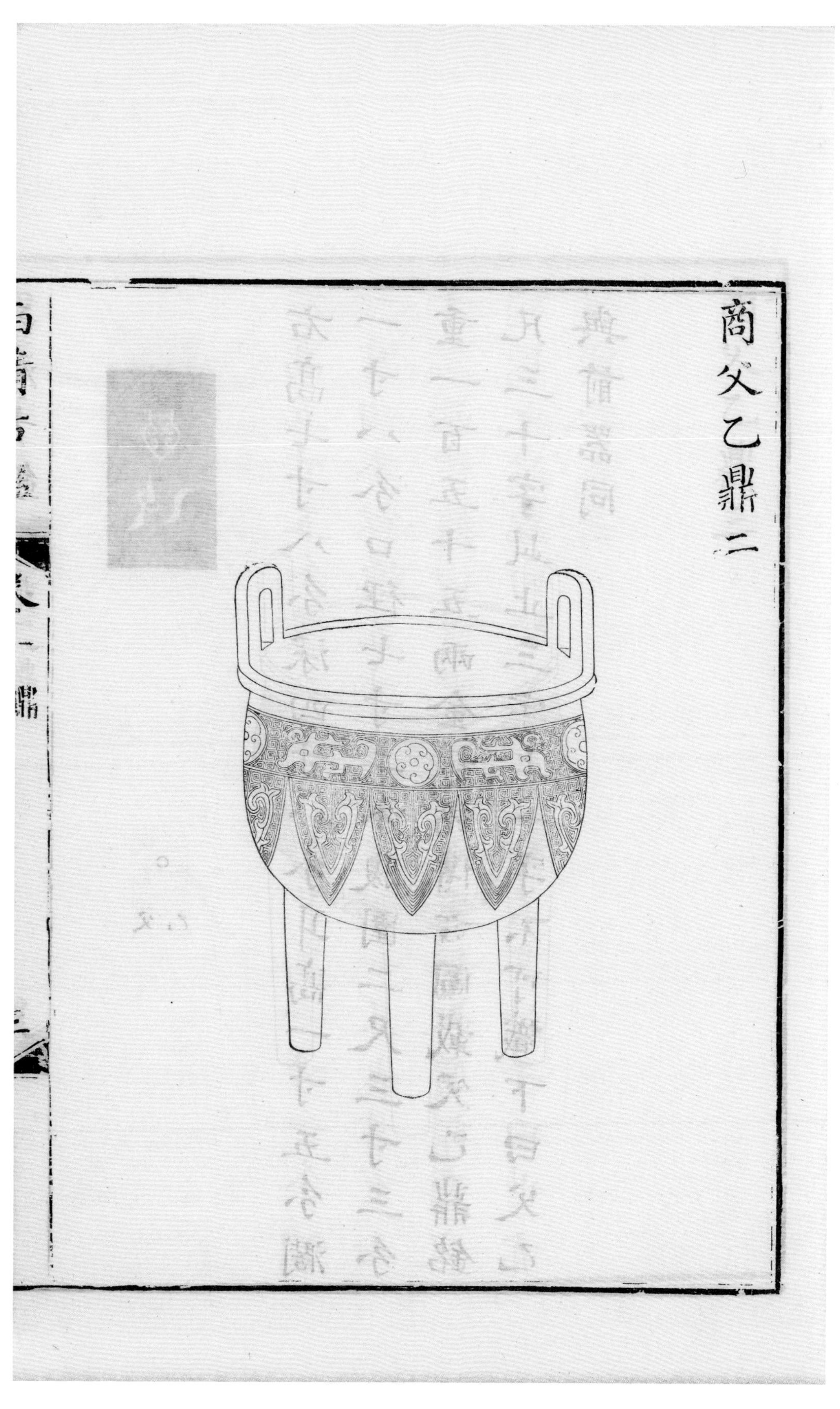

商父乙鼎二

《攀古楼彝器款识》二卷，（清）潘祖荫撰。

清同治十年（一八七一）吴县潘氏京师滂喜斋刻本。版框高二〇一毫米，宽一三八毫米，四周单边，白口，单鱼尾，每半叶十行，行二十四字。

此书收录商周青铜器五十件，由吴大澂绘图，王懿荣楷书，周悦让、张之洞、王懿荣、吴大澂、胡义赞及潘祖荫考释。图、字、考释三者精善，但未见尺寸大小。潘祖荫收藏极丰，但有此重器如大盂鼎、大克鼎、王孙钟、沇儿钟等却未见入编。有同治十一年（一八七二）自刻本，一九一三年西泠印社翻刻本。

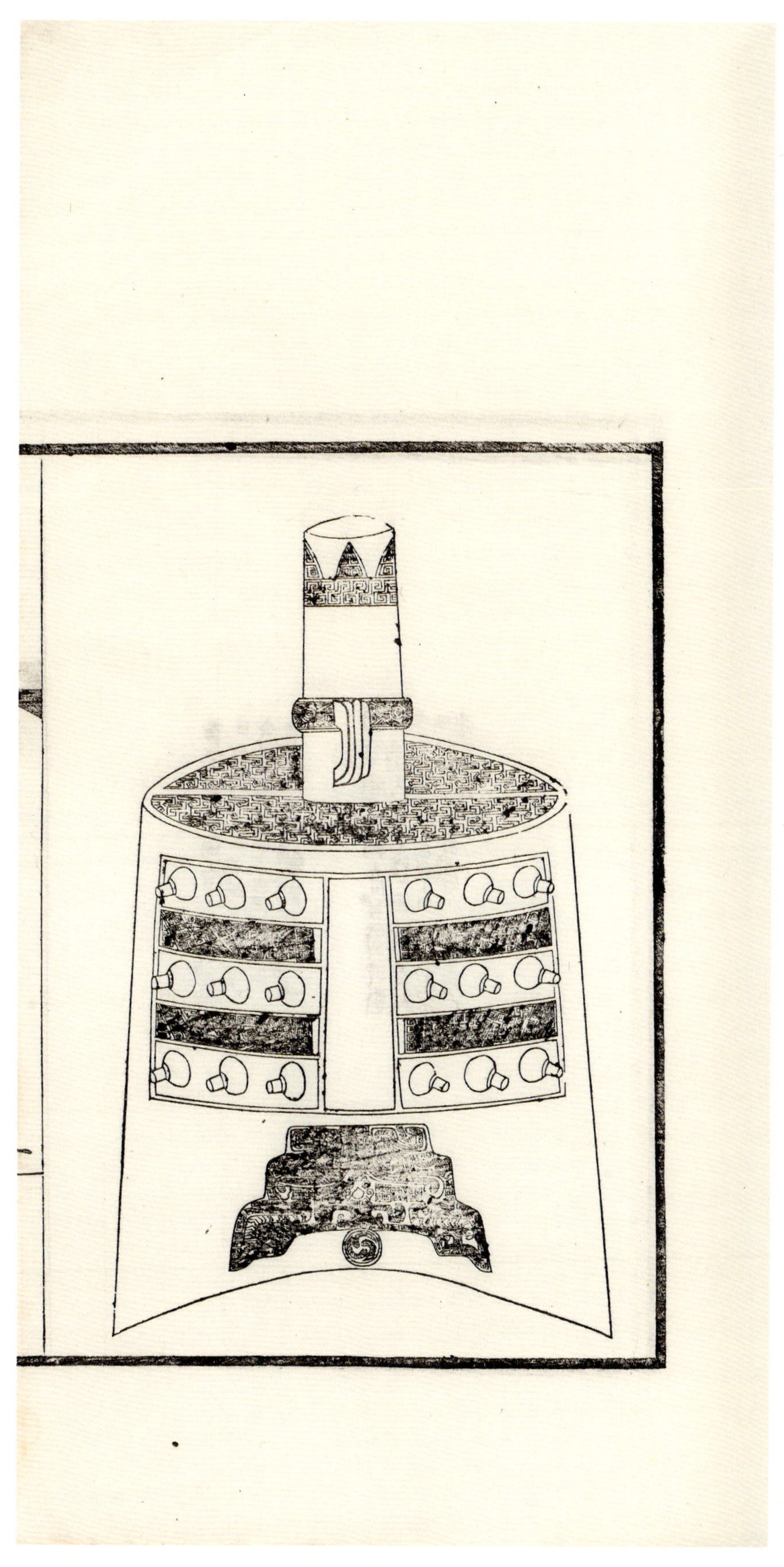

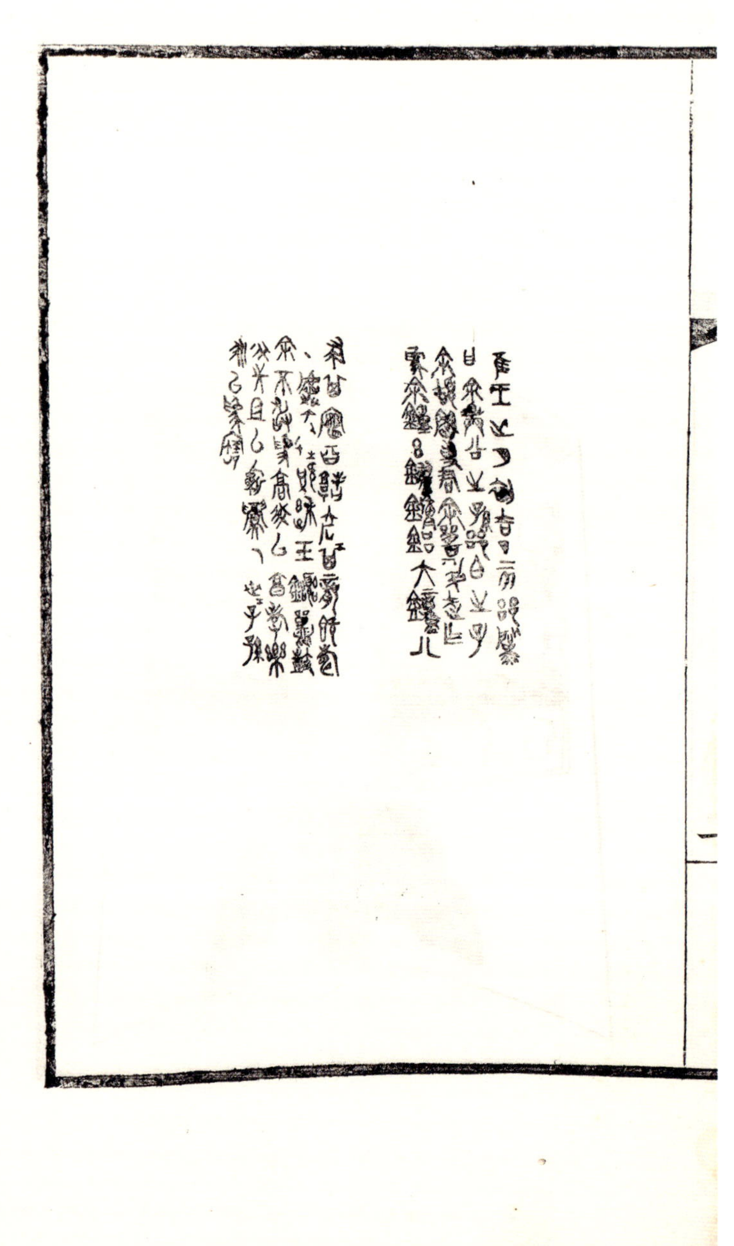

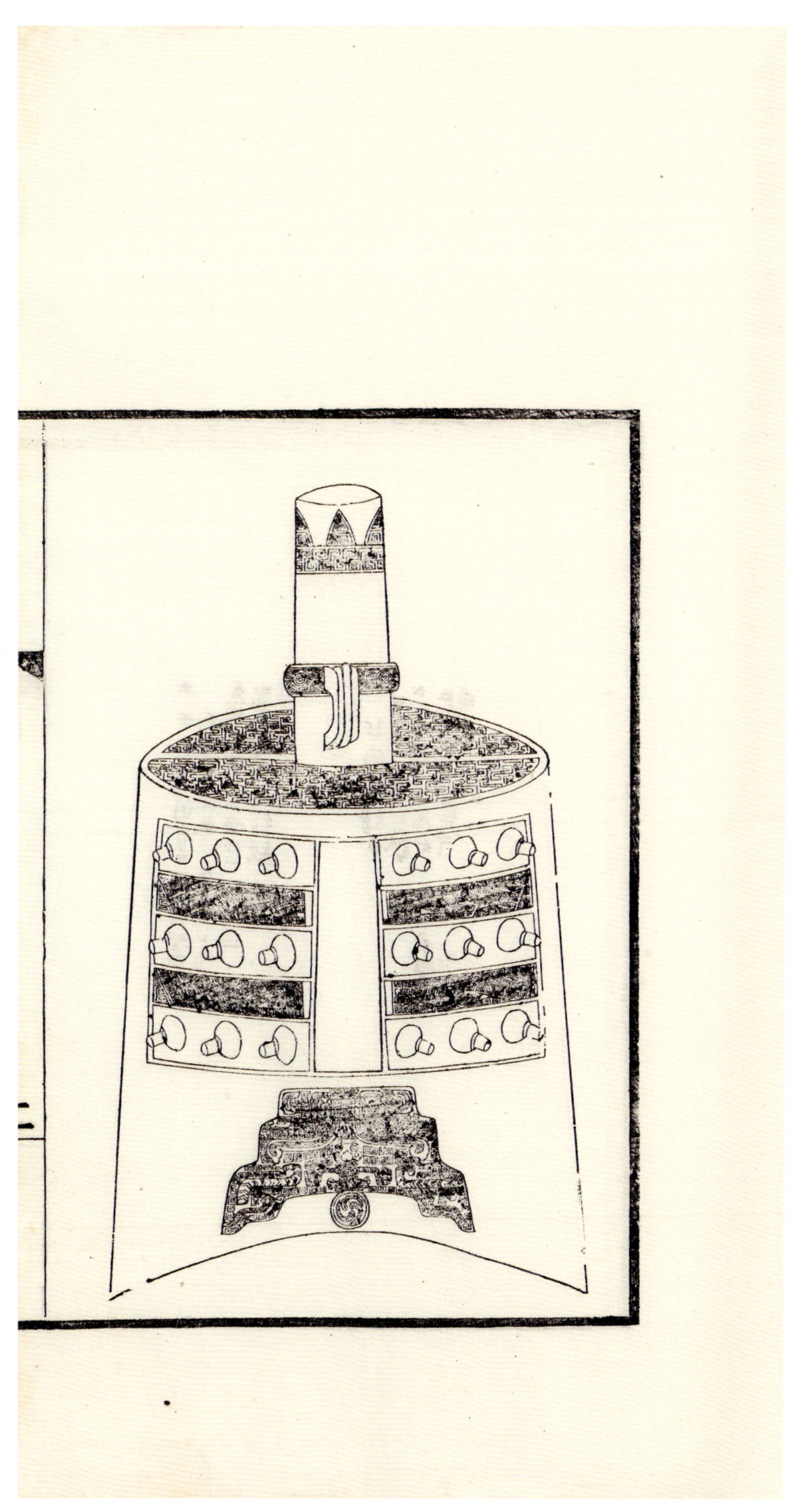

郘鐘

周孟伯說左氏春秋襄公十年傳季武子救台遂入鄆取其鐘以為公盤十九年傳季武子以所得于齊之兵作林鐘而銘魯功焉云云則茲銘乃郘[illegible]與敵戰勝以所得兵作器而紀其功之辭也嘼疑即戰省妥武即救甯武圖之義謂克敵也大鐘既下一字形與古文䜌之[illegible]為近說文䜌亂也一曰治也一曰絲不絕也从言絲呂員切玉篇䜌理也六書正譌䜌繫也六書統䜌與鑾同總要䜌聲音諧也从音絲取連續義小篆从言作䜌云云則初釋作既亂與既龢義亦相近而不如以繫與諧釋之尤為明切矣亦或本作變省變更也周

五

無疑餘義文也與阮氏積古齋款識所著邾公二鐘異字並同鼓右云共公之孫鼓左云其縣四堵又云我以享孝樂我先祖按此當是莒公孫以武事作鐘祀于共公廟者故得用四堵也大鐘既三字下是龢字

蔭按此鐘咸豐間河岸出土為向來著錄家所未見今所得此鐘四歌鐘三編鐘一款識在鼓左右字刻文細小為款識所僅見是古之韻文詳各家釋文中

《金石录》三〇卷，（宋）赵明诚撰。

清乾隆二十七年（一七六二）卢见曾雅雨堂刊本。版框高一八七毫米，宽一四二毫米，四周单边，白口，单鱼尾，每半叶十行，行二十一字。

宋徽宗宣和末年，赵明诚与其妻李清照仿欧阳修《集古录》体例，编成《金石录》三十卷。前十卷著录铜器铭文和先秦至北宋一千九百余种石刻目录，碑目下多注明碑文撰书者、立石日期。后二十卷乃赵氏为部分器物、碑刻所作题跋五百余条。是书为现存最早的碑刻目录和研究专著之一。

赵明诚（一〇八一至一一二九），字德父，密州诸城（今山东）人。宋代金石学家，官至知湖州军州事。

金石録卷第一

宋東武趙明誠編著

目録一

三代 秦 漢

第一古器物銘一
第二古器物銘二
第三古器物銘三
第四古器物銘四
第五古器物銘五
第六古器物銘六

《雍州金石记》一〇卷，附《记余》一卷，（清）朱枫撰。

清乾隆《惜阴轩丛书》本。版框高一七五毫米，宽一二五毫米，四周单边，黑口，单鱼尾，每半叶十行，行二十二字。

雍州为周、秦、汉、唐故都地，碑碣之富，甲于海内。此书仿顾亭林《金石文字记》例，或录其全文，或挈其要略，所收金石多为前人所未见，并皆能考证史事，辨别异同，对研究金石学有一定的参考价值。

朱枫，生卒年不详。字近漪，号排山，仁和（今属浙江杭州）人。

雍州金石記卷一

朱楓近漪著　　三原李錫齡孟熙校刊

秦

嶧山石刻　李斯篆書

秦刻久亡宋鄭文寶以徐鉉摹本刻石在陝西西安府儒學石裂爲三共二百二十二字石刻二面鄭記録於左

秦相李斯書嶧山碑跡妙時古殊爲世重故散騎常侍徐公鉉酷耽玉箸垂五十年時無其比晚節獲嶧山碑摹本師其筆力自謂得思於天人之際因是廣　己之

雍州金石記卷一　一　惜陰軒叢書

《金石萃编》一六〇卷，（清）王昶撰。

清同治十年（一八七一）青浦王氏经训堂刻本。版框高一八七毫米，宽一三九毫米，左右双边，黑口，单鱼尾，每半叶十行，行二十一字。

《金石萃编》成书于嘉庆十年（一八〇五），以石刻为主，兼录铜器及其他铭刻，计一千五百余种，时代自先秦以迄辽金。书中先为石刻、铜器标目，下记形制、存地，摹录原文，继以汇集诸家考释及王氏考释或按语。

王昶（一七二四至一八〇六），清代学者、书法家。乾隆十九年（一七五四）进士，官至刑部右侍郎。

金石萃編卷一

賜進士出身　誥授光祿大夫刑部右侍郎加七級王昶譔

周宣王石鼓文

鼓凡十每鼓約徑三尺餘其第一十一行行六字第二九行行七字第三四皆十行行七字第五十一行行六字第六十十一行上半殘闕每行止存四字第九十十五行行五字其七八十三鼓剝蝕過甚行字數俱不可紀今在國子監大成門左右

第一鼓

遖車既工遖馬既同遖車既好遖馬既駜君子員〻邋〻員斿麀口速〻君子之求口角弓〻茲以寺遖敺其口其來趩〻[illegible]

《金石萃编补略》二卷，（清）王言撰。

清光绪八年（一八八二）杭州抱经堂书局刊本。版框高一八六毫米，宽一三九毫米，左右双边，黑口，单鱼尾，每半叶十行，行二十一字。

此书为补订王昶《金石萃编》而作，仿《萃编》体例，收录《萃编》所失录自汉至唐碑版四十余种。

王言，生卒年不详。字兰谷，仁和（今浙江杭州）人。嘉庆二十三年（一八一八）举人，曾任文林郎、严州府寿昌县学训导。

金石萃編補畧卷之一

勅授文林郎嚴州府壽昌縣學訓導王言撰

蒼公墓記

石長四尺三寸濶一尺二寸額有蒼公碑三字行書

□公者黃帝時□侯也姓蒼名頡觀鳥跡以□始制文字鬼遂夜哭黃帝時白日龍見帝亦乘龍遊行及蒼頡造書龍□潛藏白日上天而去□有文字恐人書□之而鬼哭龍藏也蒼公者黃帝時史官也蒼公創古文篆書是蒼□傳云兗州西南八十里有蒼公□學之臺□古今存焉蒼公墓者葬□雍州東北之同州界白水縣

《京畿金石考》上下卷，（清）孙星衍撰。

清乾隆五十七年（一七九二）刊本。版框高一七〇毫米，宽一三五毫米，左右双边，黑口，单鱼尾，每半叶十行，行二十二字。

此书为京畿直隶地区金石名目汇录，考宋人金石诸书及家藏直隶石刻，分附于郡县之下，厘为二卷，未见之碑及传闻之误则记其所出。每一条目下仅记该件时间、书体、书者、出土地点、现存地点，不作考释，不录释文。此书于考证京畿地区金石存留情况有参考价值。

孙星衍（一七五三至一八一八），字渊如，号伯渊，别署芳茂山人、微隐，阳湖（今江苏武进）人。清著名藏书家、目录学家、书法家、经学家。

京畿金石考卷上

順天府

大興 宛平 良鄉 固安 永清 東安 香河

通州 三河 武清 寶坻 甯河 昌平州

順義 密雲 懷柔 涿州 房山 霸州 文安

大城 保定 薊州 平谷

晉王密立魏征北將軍建成鄉景侯劉靖碑

元康四年九月刻石見水經注云㶟水逕薊縣故城

南大城東門內道左有魏征北將軍劉靖碑晉司隸

校尉王密表靖功加於民宜在祀典以元康四年九

《重定金石契》不分卷，（清）张燕昌撰。

清乾隆刊本。版框高一七五毫米，宽一四二毫米，四周单边，白口，单鱼尾。

此书内收金五十三种，石十二种，书内所录不限时代，兼收近制，金石器类包括钟鼎、泉币、官印、铁券、舍利塔、砖、瓦、砚等物，每物附张燕昌自摹其形制，后附文字，考其源流。

张燕昌（一七三八至一八一四），字芑堂，号文鱼，又号金粟山人，清浙江海盐（嘉兴）人。

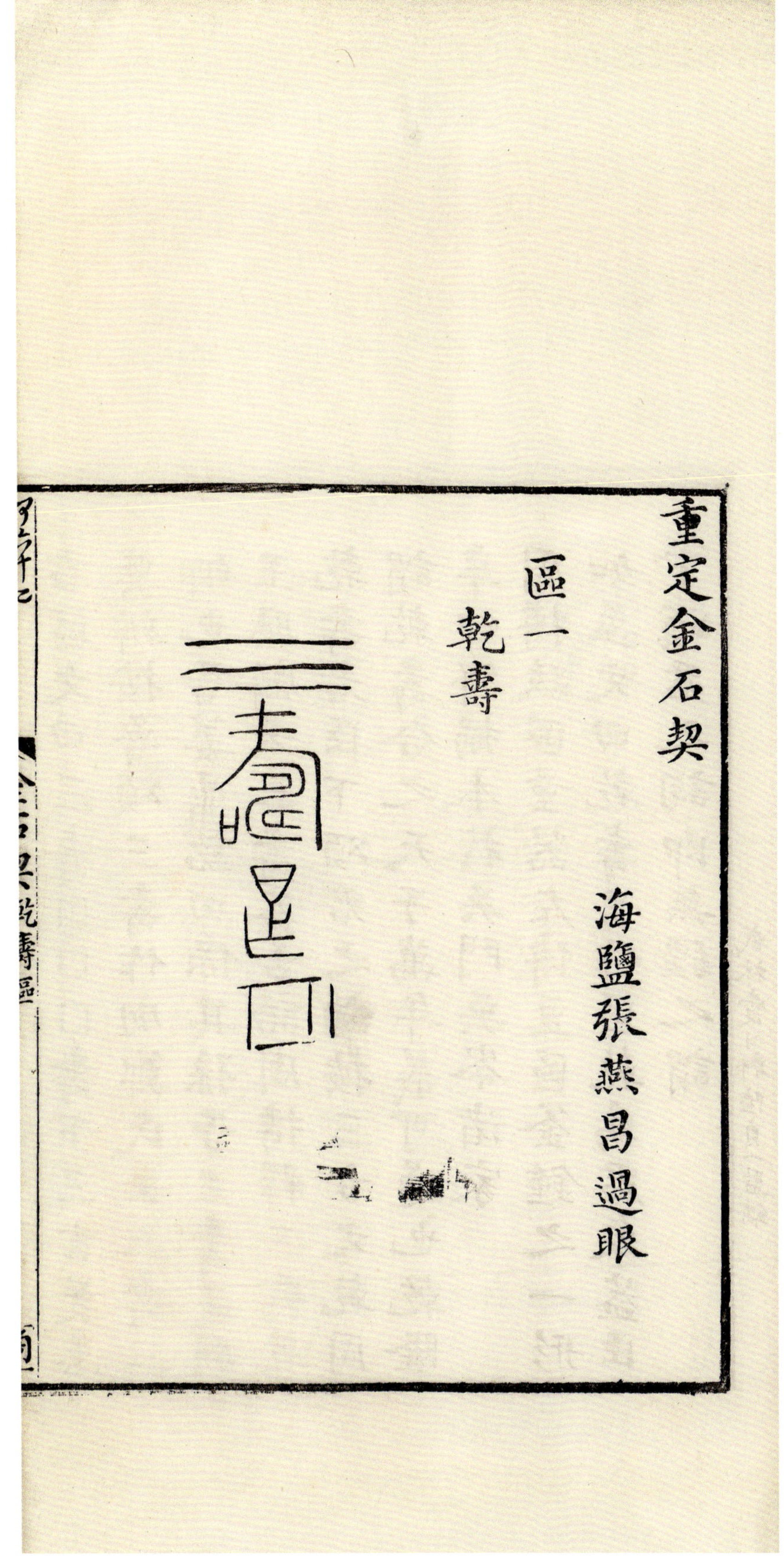
重定金石契

海鹽張燕昌過眼

區一

乾壽

三壽區

面

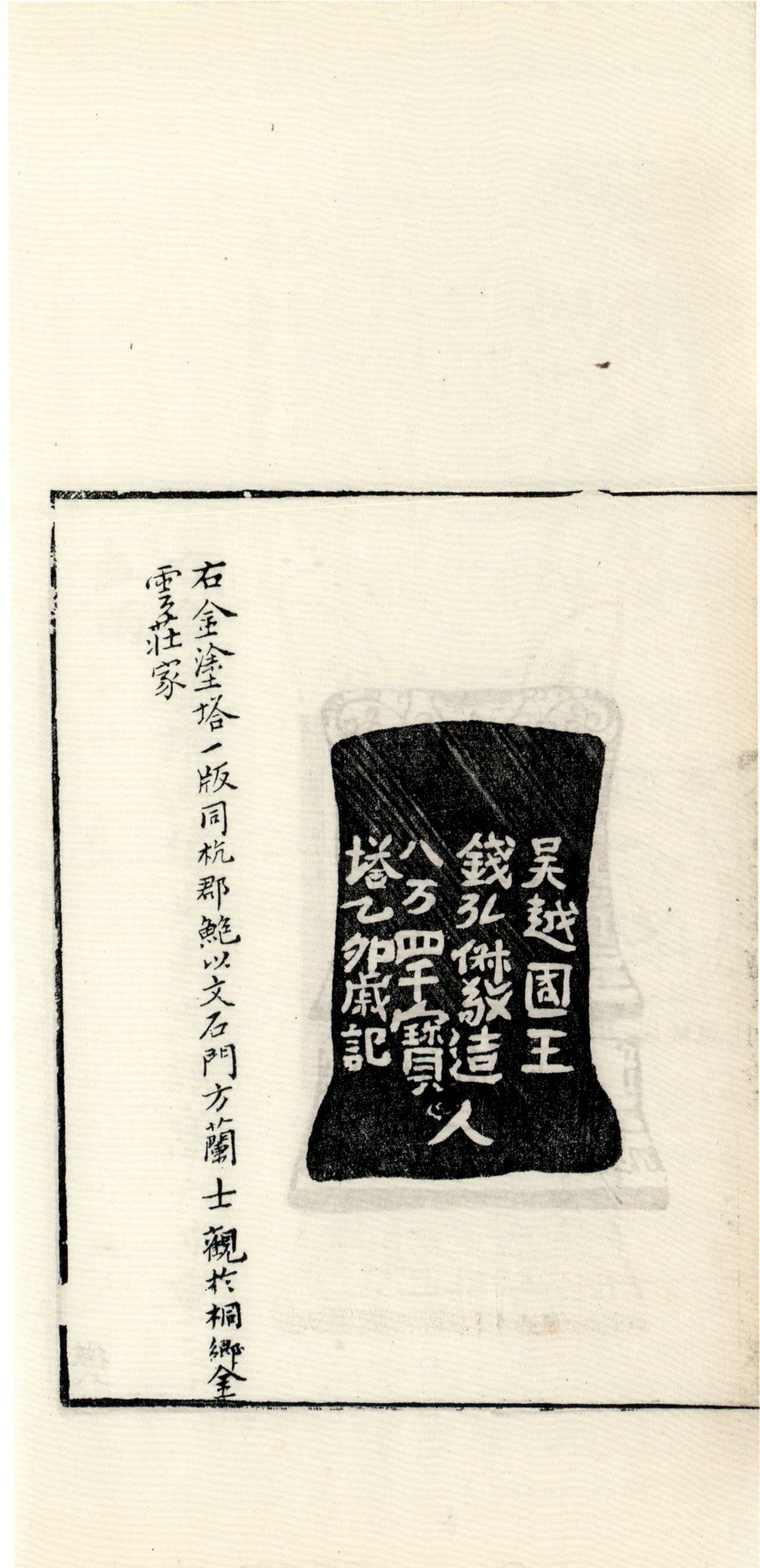

右金塗塔一版同杭郡鮑以文石門方蘭士觀於桐鄉金雲莊家

《选集汉印分韵》二卷，《续集》二卷，（清）袁日省、谢景卿撰。

清嘉庆二年（一七九七）刊本。版框高二二二毫米，宽一二五毫米，四周双边，白口，无鱼尾。

《选集汉印分韵》原为袁日省手稿本，后谢景卿得其手稿本，鉴于谬误错漏较多，官私印放置混乱，于是将该书因流溯源，悉为厘定，重新纂成付梓，著为续编。全书集汉魏印文，依韵排列。文字摹刻较近原迹。上卷收上平声、下平声；下卷收上声、去声、入声。书中所收汉代印文古朴浑厚，具有高度的艺术水平，成为印学书籍的范本。

袁日省，生卒年月、籍贯字号不详。清代学者。

谢景卿（一七三五至一八〇六），字殿扬，号云隐，广东南海（今佛山南海）人。

選集漢印分韻卷上

上平聲　袁日省予三甫原本　南海謝雲生摹録

一東

東

隴東太守章內

安東將軍章內

以上俱私印內後不注

同

峒

《隶释》二十七卷，《隶续》二十一卷，《汪本隶释刊误》不分卷，（宋）洪适撰。

清同治十一年（一八七二）刊本。版框高二〇九毫米，宽一六一毫米，四周单边，白口，单鱼尾，每半叶九行，行二十字。

《隶释》《隶续》为宋洪适撰的金石学著作。成书于南宋乾道二年（一一六六年），为现存最早的辑录考释汉晋石刻文字专著。续作《隶续》二十一卷。两书释汉晋石刻文字两百七十五种，始载碑刻全文，兼采汉画像石、汉青铜铁器铭文及砖文，后附考证，并绘图以示汉碑的不同式样，堪称精博。传世本仅明万历王云鹭刻本，《隶续》唯存抄本。清乾隆年间汪氏刻印两书不全，已非原书之旧。同治年间洪氏覆刻汪本，兼收黄丕烈《隶释刊误》。

洪适（一一一七至一一八四），初名造，字温伯，又字景温，入仕后改名适，字景伯，晚年自号盘洲老人，饶州鄱阳（今江西波阳县）人。南宋金石学家、诗人、词人。

隸釋卷第一

孟郁脩堯廟碑　帝堯碑

成陽靈臺碑并陰　高眹脩周公禮殿記

孔廟置守廟百石碑　韓勑造孔廟禮器碑并陰

韓勑脩孔廟後碑　史晨祠孔廟奏銘

史晨饗孔廟後碑

濟陰太守孟郁脩堯廟碑

漢永康元年缺月缺二字惟昔帝堯聖德慶邑叭䠙赫

赫蕩蕩㐳基赤精之胄為漢始別陵㮚炎熅上交倉

《陶斋吉金录》八卷，《续录》二卷，（清）端方辑。

清光绪三十四年（一九〇八）刊本。版框高二四八毫米，宽一七六毫米，四周单边，白口，无鱼尾。

端方笃嗜金石书画，汇集青铜器相关资料著成此篇。全书分为正录、续录、补遗，正录成书于光绪年间，续录、补遗成书于宣统年间。本书收录了商周至隋唐时期的青铜礼器、兵器、权量、造像等三百五十九件，还有很多珍贵的金石碑帖，书中不仅勾勒出了每个器具的形状，而且摹出相关文字，标注尺寸大小，全方位地展示该文物的细节特征。《陶斋吉金录》是古代藏品绘图巅峰之作的代表，为研究古代金石与考释提供了重要的物证与史料。

端方（一八六一至一九一一），字午桥，号陶斋，清末大臣，金石学家。满洲正白旗人，官至直隶总督、北洋大臣。

陶齋吉金錄卷一目錄

柉禁全圖 分圖列下

柉禁

鼎卣一

鼎卣二 銅勺坿

鼎尊

父乙盉

妣乙觚

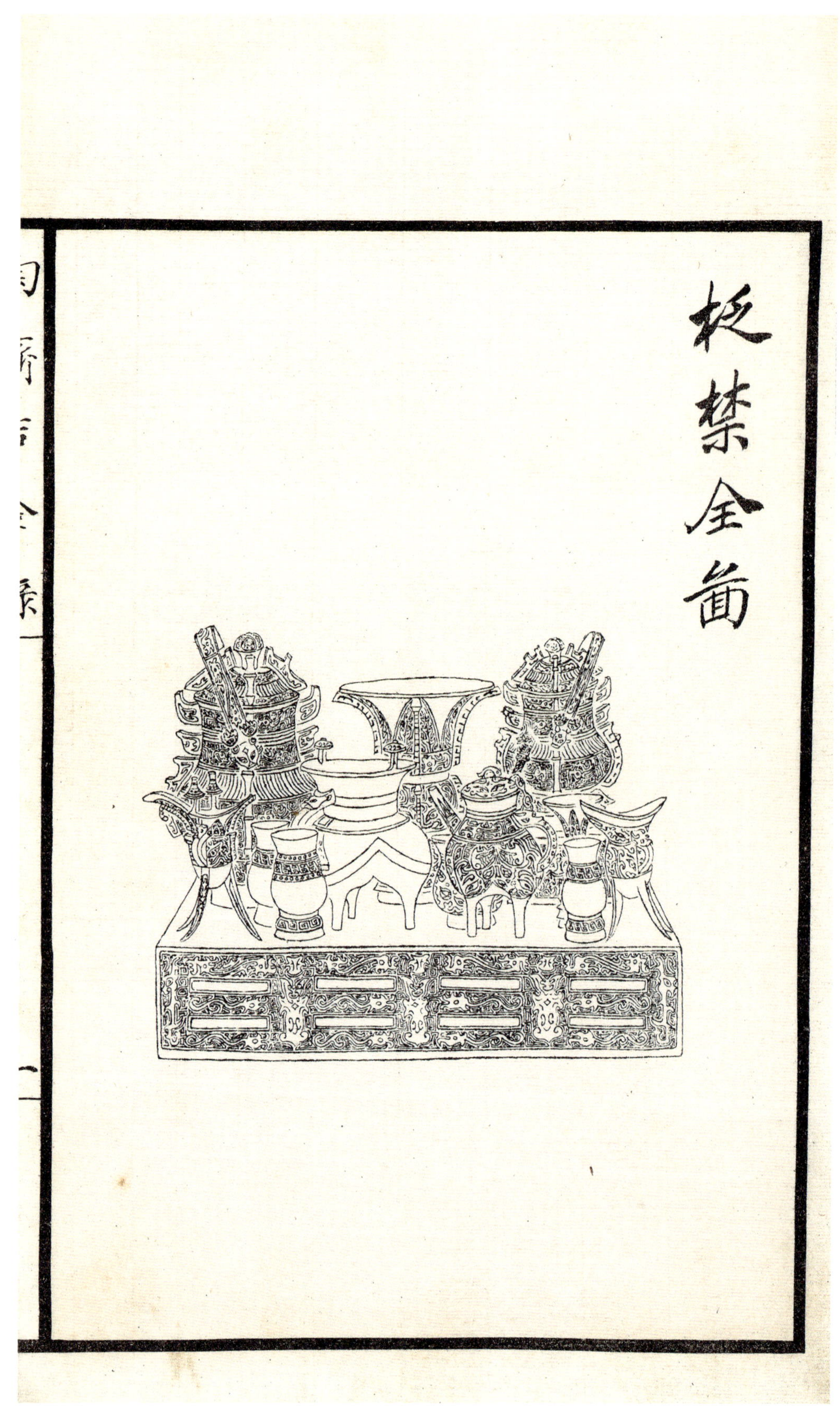

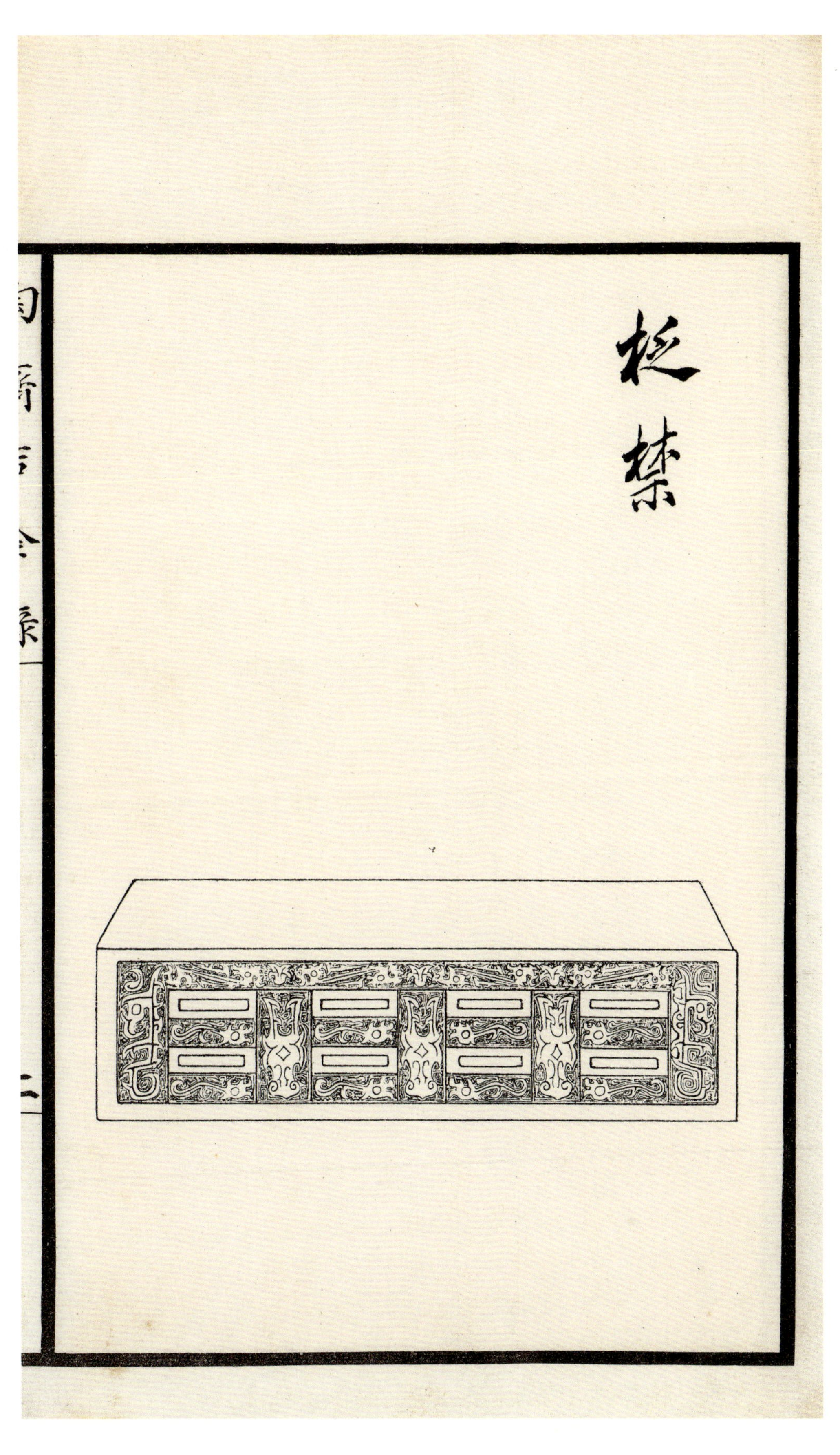

柉禁

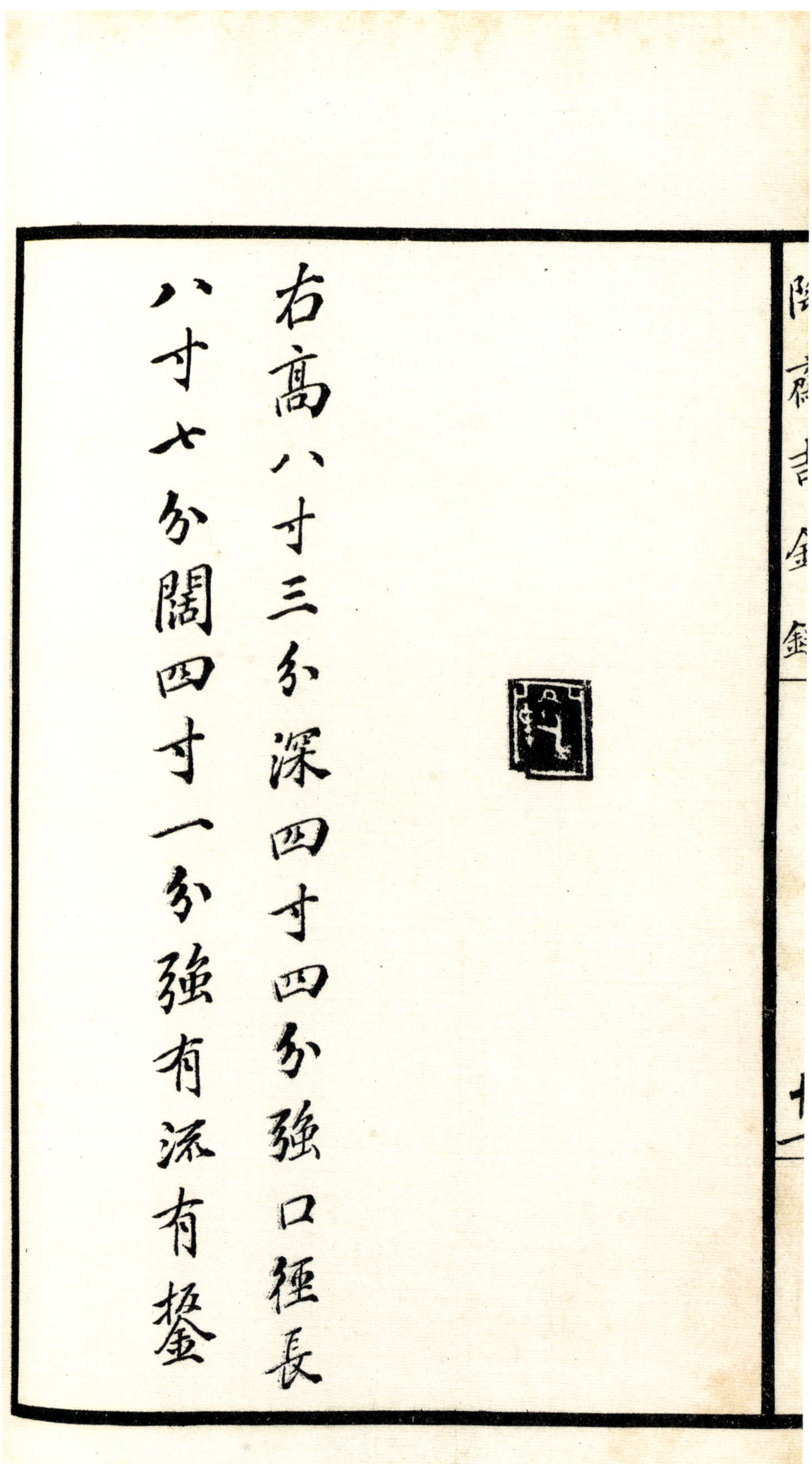

右高八寸三分深四寸四分強口徑長八寸七分闊四寸一分強有流有鋬

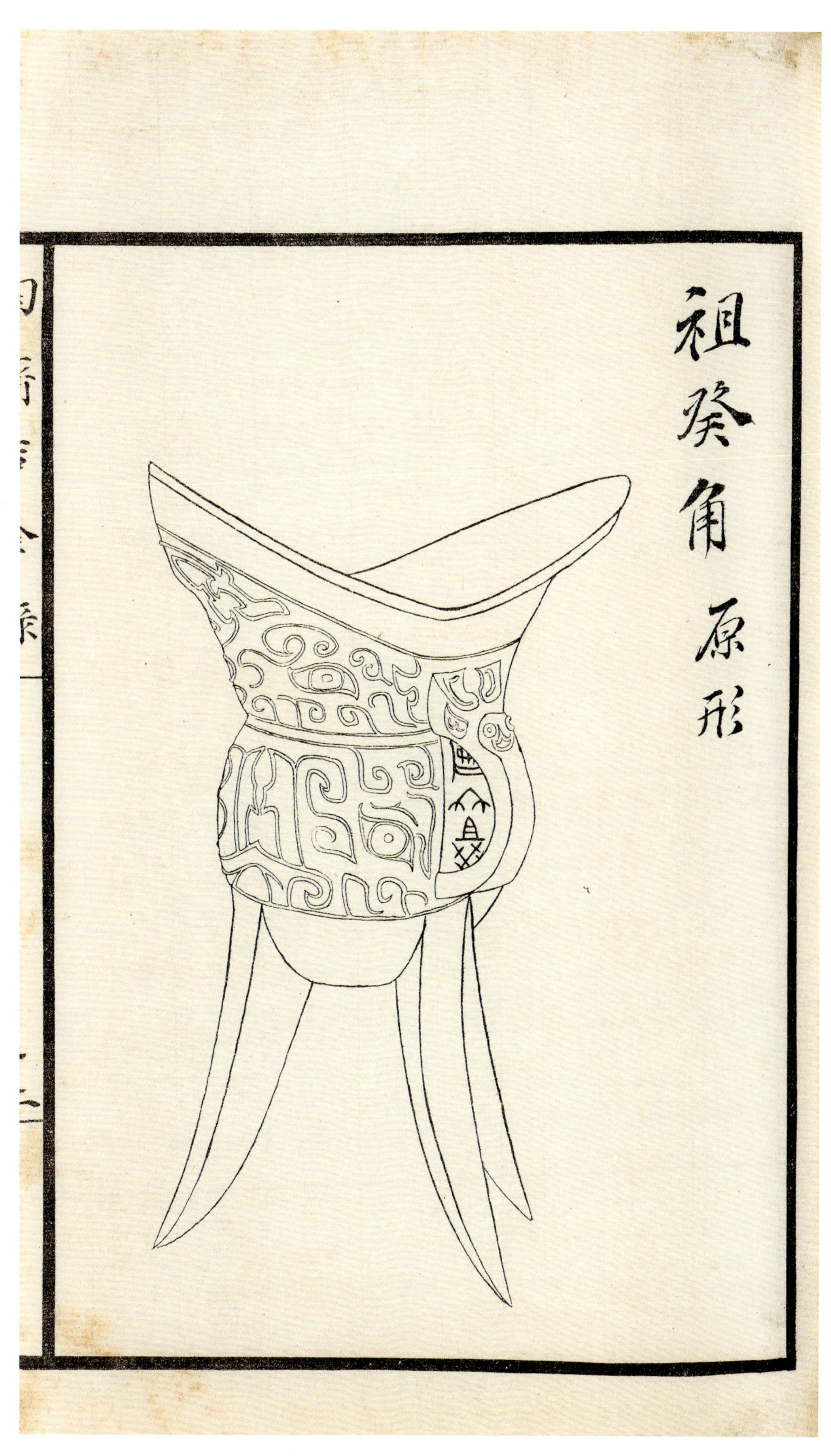
祖癸角原形

父甲觶原形

以傳宣統元年歲次己酉十二月
浭陽端方記

陶齋吉金續錄卷一目錄

龢父大林鐘
虢叔大林鐘
沇兒鐘
克鐘一
克鐘二
中鼎
手執干鼎

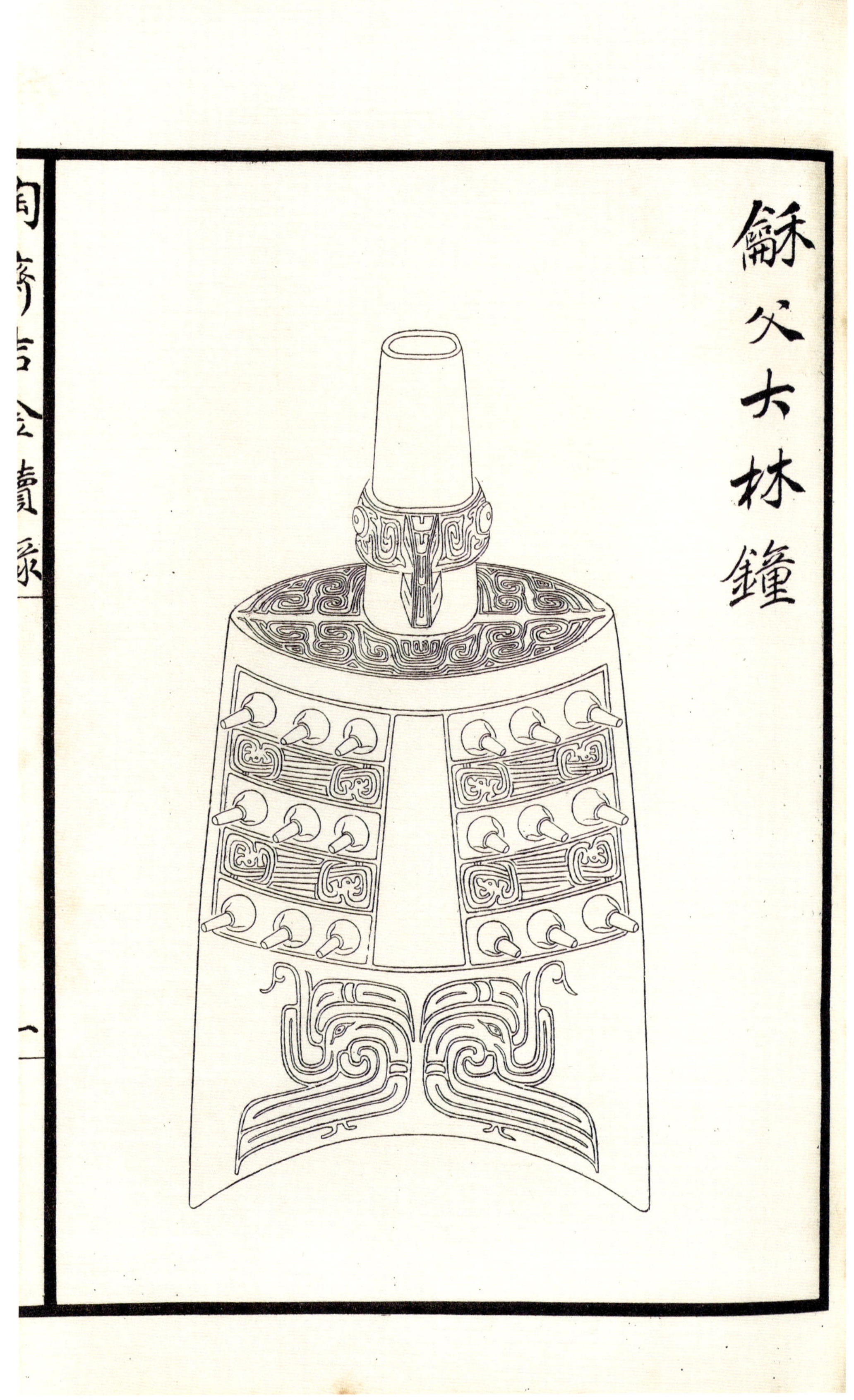
龢父大林鐘
陶齋吉金續錄
一

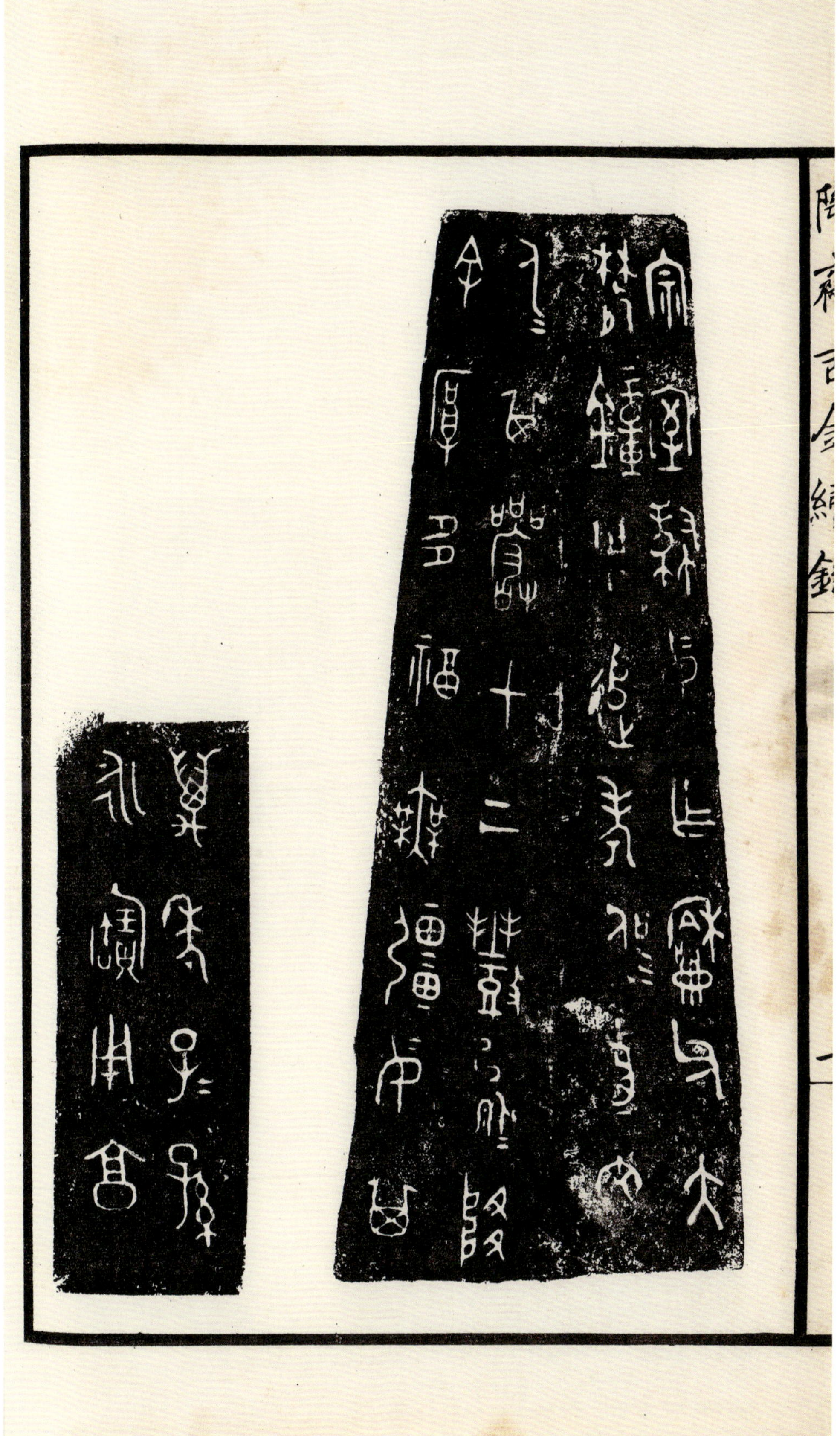

右高六寸五分深五寸口徑七寸六分腹徑八寸八分耳徑長四寸闊二寸二分

右高二尺二分甬高一尺五分徑四寸兩舞相距一尺三寸五分橫一尺五分兩銑相距一尺七寸二分橫一尺二寸九分

霽彝

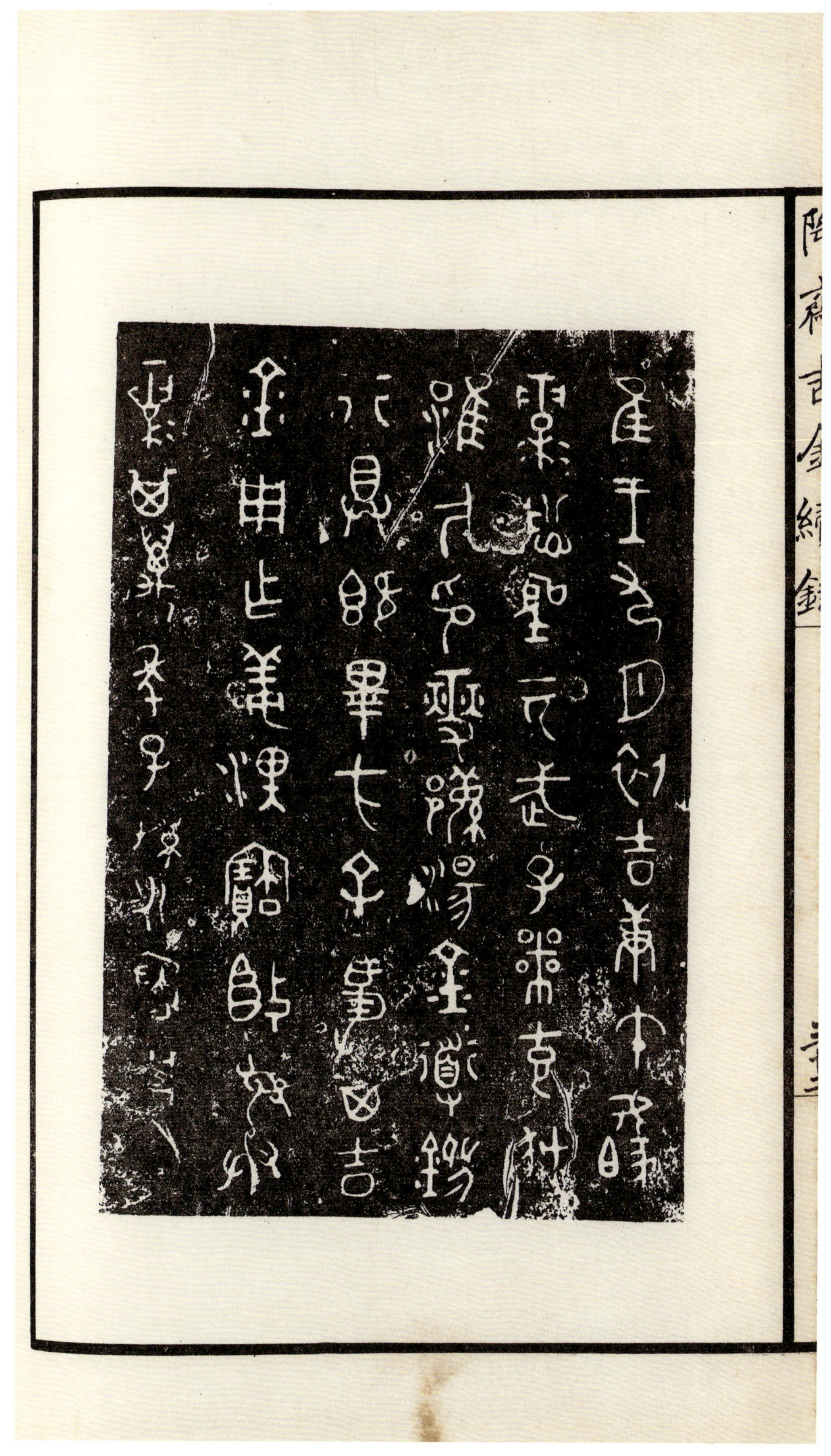
陶齋吉金續錄

《求古录》一卷，（清）顾炎武撰。

清光绪十四年（一八八八）《槐庐丛书》本。版框高一六四毫米，宽一二五毫米，左右双边，黑口，单鱼尾，每半叶十一行，行二十一字。

此书所录自汉代曹全碑下至明建文霍山碑，共计五十六种，每刻必载全文。用洪适《隶释》之例，仍皆志其地理，考其建立之由。古字篆隶，一一注释。其中官职年月，多可与正史相参。

顾炎武（一六一三至一六八二），初名绛，后改名炎武，字宁人，号亭林，昆山（今江苏昆山）人。明末清初杰出的思想家、学者、文学家。

予自少時即好訪求古人金石之文而猶不甚解及讀歐陽公集古錄乃知其事多與史書相證明可以補闕正譌不但詞翰之工而已比二十年閒周遊天下所至名山巨鎮祠廟伽藍之蹟無不搜尋登危峯探窮壑捫落石履荒榛伐頽垣發朽壤其可讀者必手自鈔錄得一文爲前人所未見者輒喜而不寐念古人遺刻且日遠日湮後之人未必如予即如予而數十百年之後又當磨滅幾許又歐陽趙氏二錄僅有其目而不著其文良以卷帙浩繁難於盡載而好古之君子不無遺憾乃取篋中所得重爲刪正去其大半擇可傳者錄之以遺諸後人其高文大篇已見於方志者不錄碑刻之摹拓

而傳於世者不錄近代詞人之作多有文集者不錄在乎闡幽表微備史乘之遺存前古之制然以布衣之賤出無僕馬往往懷豪舐墨躑躅於山林猨鳥之間而北方之人鮮能識字其或限於聞見窘於日力而山高水深爲登涉之所不及者即所至之地亦豈無挂漏又望後人之同此好者繼我而錄之也東吳顧炎武

求古錄　　　　槐廬叢書

崑山顧炎武撰　　吳縣朱記榮校刊

唐景雲二年敕

景雲二年六月二十三日皇帝敬憑太淸觀道士楊太希於名山所燒香供養惟靈蘊秘凝眞含幽綜妙類高旻之亭育同厚載之陶鈞蓄洩煙雲薇虧日月五枝標秀八桂流芳翠嶺萬尋青溪千刃古仞刃兩字通用魏橫海將軍呂軍碑仞字作刃蜺裳戾止恒爲碧落之庭鶴駕來遊即是玉京之域百祥覃於遠邇五福被於黎元往帝所以馳心前王由其載想朕忝膺寶位嗣守昌圖恐百姓之不寗慮八方之未泰式陳香薦用表深衷實冀明靈降兹休處所

《寰宇访碑录》十二卷，（清）孙星衍、邢澍撰。

清刊本。版框高一七七毫米，宽一一九毫米，左右双边，白口，单鱼尾，每半叶十一行，行二十二字，小字双行同。

《寰宇访碑录》是清代孙星衍、邢澍合撰的金石学著作，成书于嘉庆七年（一八〇二）。全书载录周秦至元代碑刻目录八千余种，其中包括部分文字瓦当。全书按年代序列，注明存石地点、拓本藏家、书体及立石年月。传世有嘉庆、光绪刊本。

孙星衍（一七五三至一八一八），字渊如，号伯渊，别署芳茂山人、微隐，阳湖（今江苏武进）人。清著名藏书家、目录学家、书法家、经学家。

邢澍（一七六〇至一八三〇），字雨民，一字自轩，号佺山，甘肃阶州（今陇南武都）人。

寰宇訪碑錄卷一

賜進士及第署山東提刑按察使分巡兗沂曹濟黃河兵備道陽湖孫星衍 同撰
賜進士出身浙江湖州府長興縣知縣階州邢澍

周

延陵鎮季子墓碑 孔子篆書 唐大歷十四年蕭定重刻有張從申跋 江蘇丹陽

附無年月古碑

岣嶁碑 篆書 湖南長沙

壇山刻石 篆書 太平寰宇記以爲周穆王時刻 直隸贊皇

比干墓題字 八分書 漢隸字原引石公弼跋云上世傳爲孔子書 河南汲縣

结语

史学是我国古代四大学术门类之一，在整个中国传统文化中占有重要地位。梁启超说：「中国于各种学问中，唯史学最为发达。史学在世界各国中，唯中国最为发达」。高度发达的史部之学，留下了浩如烟海的史类著作，正史之外，别史、杂史、传记等著作补充了正史的不足；舆地之学与历史发展相互影响，密不可分；典章政书记载历代先哲的政治智慧；目录文献是我们了解研究古代文化的一把钥匙；金石碑刻为我们了解历史提供更为宽广的视角和材料来源。史部书籍印刻了民族文化生长跋涉的生命历程。这些民族瑰宝历史上虽屡遭国家动荡及兵燹水火之厄，至今仍承载着优秀的民族文化，传承着古老的中国智慧，浸润了一代代自强不息的中国人为国家和民族的伟大复兴努力奋斗。

附录

馆藏未上展史部古籍表

书名	卷目	版本
百将图传	二卷	清同治八年江苏书局刻本
北虏事迹	不分卷	明嘉靖二十九年（一五五〇）吴郡袁氏嘉趣堂刻《金声玉振集》丛书本
北徼汇编	八〇卷	清同治四年刻本
贲园书库目录辑略	一卷	清渭南严氏孝义家塾丛书本
补正水经	四〇卷	清刻本
岑襄勤公奏稿	三〇卷	清刻本
宸垣识略	一六卷	清刻本
楚汉诸侯疆域志	二卷	清光绪十五年广雅书局刻本
从军纪略	二卷	清光绪十八年刻本
从西纪略	存卷二四	清道光吴江沈氏世楷堂刻本
皇朝事略	不分卷	清光绪二十九年（一九〇三）山东印书局石印本
地理全志	一卷	清光绪九年（一八八三）上海美华书馆铅印本
滇游路记	二卷	清道光二十七年刻本
东牟守城纪略	一卷	清同治八年（一八六九）刻本
读史方舆纪要	存卷一六至卷七一	清嘉庆十六年（一八一一）敷文阁刻本
读史方舆纪要	一三〇卷	清树萱草堂刻本

书名	卷目	版本
读史方舆纪要	一三〇卷	光绪己卯薛氏家塾修补校正足本
飞鸿堂印谱	四〇卷	清乾隆十三年（一七四八）汪氏飞鸿堂刻钤印本
陔余丛考	四三卷	清乾隆五十五年（一七九〇）刻本
庚子国变记	一卷	清刻本
古泉丛话	三卷	清同治十一年（一八七二）吴县潘祖荫滂喜斋刻本
广右战功	一卷	明嘉靖二十九年（一五五〇）吴郡袁氏嘉趣堂刻《金声玉振集》丛书本
国朝事略	三卷	清刻本
国朝先正事略	六〇卷	清光绪刻本
国初事迹	一卷	明嘉靖二十九年（一五五〇）吴郡袁氏嘉趣堂刻《金声玉振集》丛书本
汉武帝内传	一卷	清刻本
汉西域图考	七卷	清光绪八年阳湖赵氏寿谖草堂木活字印本
汉制考	四卷	清《四库全书》本
行素草堂金石丛书	一八种，一五四卷	清光绪吴县朱氏刻十三年（一八八七）汇印本
行素草堂目睹书录	一〇卷	清刻本
洪氏泉志校误	一五卷	清刻本
鸿雪因缘图记	六卷	清道光二十七年（一八四七）扬州刻本
华山碑考	四卷	清嘉庆十八年（一八一三）阮氏文选楼刻本
皇朝中外一统舆图	三十二卷	清同治二年（一八六三）湖北抚署景恒楼刻本

书名	卷目	版本
皇明名臣记	三〇卷	明隆嘉靖刻本
皇明平吴录	一卷	明嘉靖二十九年（一五五〇）吴郡袁氏嘉趣堂刻《金声玉振集》丛书本
汇刻书目初编	二〇卷	清光绪刻本
积古斋钟鼎彝器款识	一〇卷	清光绪九年（一八八三）常熟鲍氏后知不足斋刻本
畿辅通志	存金石卷	清刻本
恒轩所见所藏吉金录	不分卷	清光绪十一年（一八八五）石印本
嘉庆一统志表	二〇卷	中华民国二十四年（一九三五）印本
建炎以来朝野杂记	四〇卷	中华民国张钧衡辑逸文《适园丛书》本
江苏沿海图说	一卷	清光绪二十五年（一八九九）上海铅印本
孑遗录	一卷	清刻本
金石契	五卷	清光绪二十二年（一八九六）刘氏聚学轩刻本
金石三例	一〇卷	清光绪四年（一八七八）读有用书斋刻朱墨套印本
金石索	一二卷	清道光刻本
金石图	二卷	清刻本
金石图说	四卷	清光绪二十一年（一八九五）贵池刘氏聚学轩刻本
金石屑	不分卷	清光绪二年（一八七六）嘉兴鲍昌熙刻本
近世中国秘史	十八篇	清光绪三十年三刻本
晋略	六六卷	清光绪二年丙子六月味隽斋重刊本
九边图论	一卷	明刻本

书名	卷目	版本
攈古录	三卷	清刻本
来斋金石考略	三卷	清道光二十一年刻本
历代臣鉴	三七卷	明初刊本
历代地理志韵编今释，附皇朝舆地韵编	二〇卷，附二卷	清同治九年（一八七〇）合肥李鸿章刻本
历代名臣言行录	二四卷	清聚贤堂刻本
历代名臣言行录	二四卷	清嘉庆二年（一七九七）刻本
历代舆地沿革险要图	一卷	清光绪五年（一八七九）东湖饶氏刻本
历代宅京记	二〇卷	清嘉庆来贤堂刻本
两汉金石记	二二卷	清乾隆五十四年刻本
列女传	八卷	清道光刻本
烈女传	一六卷	清乾隆四十四年刻本
六朝事迹	一四卷	清道光二十年刻本
陆宣公奏议读本	四卷	清光绪二十六年（一九〇〇）会稽马氏石印本
罗马志略	一三卷	清光绪刻本
蒙古游牧记	一六卷	清同治六年刻本
明季南北略	四二卷	清光绪十三年（一八八七）上海图书集成印书局铅印本
集古印谱	六卷	季沧苇、袁抱瓮旧藏本
墨池编 附印典	二〇卷 附八卷	清康熙刻本
南渡录	四卷	清刻本

书名	卷目	版本
平定罗刹方略	四卷	清刻本
平定粤匪记略	一八卷附记四卷	清同治八年（一八六九）群玉斋刻本
平胡录	一卷	明嘉靖二十九年（一五五〇）吴郡袁氏嘉趣堂刻《金声玉振集》丛书本
平苗纪略	一卷	清同治十二年（一八七三）武昌郡廨刻本
北平录	一卷	明嘉靖二十九年（一五五〇）吴郡袁氏嘉趣堂刻《金声玉振集》丛书本
平蜀记	一卷	明嘉靖二十九年（一五五〇）吴郡袁氏嘉趣堂刻《金声玉振集》丛书本
平原拳匪纪事	一卷	清刻本
平浙纪略	一六卷	清同治刻本
平浙纪略	一六卷	清同治十二年（一八七三）浙江书局刻本
钱录	一六卷	清乾隆刻本
虚古手订金文集锦	不分卷	清虚谷写本
求古精舍金石图	四卷	清嘉庆二十三年（一八一八）陈氏说剑楼刻本
山右石刻丛编	四〇卷	清光绪二十七年（一九〇一）刻本
善本书室藏书志	四〇卷，附录一卷	清光绪二十七年（一九〇一）钱唐丁氏刻本
圣迹图	一卷	明刻本
圣迹图	一卷	清道光刻本
增补足本圣武记 附武事余记	一〇卷 附四卷	铅印本

书名	卷目	版本
十六国春秋	一〇〇卷	明刻本
籀古拾遗	上下卷	经微室著书
史记抄	卷二、卷九	明刻本
史记钞	存卷四五、卷九一	明泰昌元年（一六二〇）闵振业刻朱墨套印本
史记钞	卷三七	明刻本
史记钞	九一卷	清乾隆五十三年刻本
史通削繁	四卷	清道光十三年刻本
史通削繁	四卷	清光绪刻本
释氏稽古略	四卷	明崇祯刻本
书林清话	一〇卷	中华民国九年（一九二〇）长沙叶氏观古堂刻本
书目答问	一卷或不分卷	清光绪二年（）一八七六贵阳刻本
蜀鉴	一〇卷	清光绪五年（一八七九）吴兴吴氏诒谷堂刻本
宋名臣言行录	存续集卷二	明刻本
宋名臣言行录别	卷一二上	明刻本
宋名臣言行录别集	存卷八下、卷九下、卷十下、卷十一下后集卷十三、续集卷三	明刻本
宋元旧本书经眼录	三卷附录二卷	清刻本
苏州府志	八〇卷首一卷	清刻本
续修台湾府志	二六卷首一卷	清乾隆刻本

书名	卷目	版本
台湾郑氏始末	六卷	清吴兴刘氏嘉业堂刊本
太湖备考	卷首一卷、十六卷、纪略一卷	清乾隆刻本
天禄琳琅四库荟要排架图	不分卷	铅印本
天下郡国利病书	一二〇卷	清光绪五年（一八七九）蜀南桐华书屋薛氏家塾刻本
吴地记	一卷	清《四库全书》本
西陲要略	四卷	清道光十七年（一八三七）寿阳祁氏筠渌山房刻本
西陲总统事略	一二卷	清嘉庆十四年（一八〇九）刻本
西湖志纂	存首卷、十二卷、卷末	清乾隆二十三年（一七五八）赐经堂刻本
西京职官印录	二卷	清清乾隆十九年（一七五四）徐氏褱新馆刻本
西南纪事	一二卷或六卷	清光绪十年（一八八四）邵武徐氏刻本
西巡回銮始末记	六卷	清光绪刻本
西征日记	一卷	清光绪二十六年（一九〇〇）刻本
新疆方舆录	一卷	铅印本
新心别馆印存	不分卷	清同治三年（一八六四）刻钤印本
宣和博古籍图录	三〇卷	清乾隆十七年（一七五二）亦政堂刻本
新测云南全省详细地图	不分卷	清宣统三年（一九一一）中国地学会事务所印行
薛氏钟鼎款识	二〇卷	清嘉庆二年（一七九七）刻本
严州金石录	二卷	中华民国二十年（一九三一）吴兴刘氏嘉业堂刻本

书名	卷目	版本
剡录	一〇卷	清同治九年（一八七〇）剡县县署刻本
扬州风土小记	二卷	清抄本
集古印谱	六卷	明万历三年（一五七五）顾氏云阁刻钤印本
仪顾堂题跋	一六卷	清光绪刻本
彝军纪略	一卷	清光绪十二年（一八八六）崇阳刻本
艺风堂金石文字目	一八卷	清光绪三十二年（一九〇六）长沙王先谦刻本
殷商贞卜文字考	一卷	清宣统二年（一九一〇）玉简斋石印蟫隐庐丛书本
印文考略	一卷	清乾隆刻本
桯史	一五卷	明嘉靖刊刻本
御制资政要览	三卷 后序一卷	清顺治十二年（一六五五）内府刻本
元经薛氏传	一〇卷	明刻本
元史译文证补	三〇卷	清光绪二十三年（一八九七）元和陆润庠刻本
增补都门纪略	七卷	清光绪十四年（一八八八）京都刻本
战国策释地	二卷	清光绪十一年（一八八五）新阳赵氏刻本
长安获古编	二卷补遗一卷	清光绪三十一年（一九〇五）丹徒刘鹗刻本
长江图说	一卷	清同治十年（一八七一）湖北崇文书局刻本
贞丰里庚甲见闻录	二卷	清刻本
中外舆地全图	不分卷	清光绪二十九年（一九〇三）刻本
中西纪事	二四卷	清道光刻本

注：此附录按照书名首字拼音顺序排列

参考文献

工具书类

《简明中国古籍辞典》，吴枫主编，吉林文史出版社，一九八七年。

《中国古籍版刻辞典》，瞿冕良编，齐鲁书社，一九九九年。

《历代避讳字汇典》，王彦坤编，中州古籍出版社，一九九七年。

《中国历史纪年表》，方诗铭，上海书店出版社，二〇一三年。

《古籍宋元刊工姓名索引》，王肇文，上海古籍出版社出版，二〇一二年。

《明代刊工姓名索引》，李国庆，上海古籍出版社出版，二〇一二年。

《明人室名别称字号索引》杨廷福、杨同甫编，上海古籍出版社出版，二〇〇二年。

《清人室名别称字号索引（增补本）》，杨廷福、杨同甫编，上海古籍出版社出版，二〇〇二年。

《同书异名通检》，杜信孚编，江苏人民出版社，一九八二年。

《中国藏书家印鉴》，林申清，上海书店，一九九七年。

《明清著名藏书家·藏书印》，林申清，北京图书馆出版社，二〇〇二年。

专著类

《古籍版本学》，黄永年，江苏教育出版社，二〇一九年。

《古文献学讲义》，黄永年，中西书局，二〇一四年。

《文献学四讲》，黄永年，鹭江出版社，二〇〇三年

《古书版本常谈》，毛春翔，中华书局，一九六二年。

《文献学概要（修订本）》，杜泽逊，中华书局，二〇〇八年。

《古籍版本鉴定丛谈》，魏隐儒，王金雨编，印刷工业出版社，一九八四年。

《古书版本鉴定（修订本）》，李致忠，北京图书馆出版社，二〇〇七年。

《中国古籍版本学》，曹之，武汉大学出版社，二〇一五年。

《目录学发微》，余嘉锡，巴蜀书社，一九九一年。

《中国目录学史》，姚名达，上海古籍出版社，二〇〇五年。

《中国目录学史论丛》，王重明，中华书局，一九八四年。

《中国史学史》，金毓黻，中国文史出版社，二〇一六年。

《清代版本叙录》，翁长松，上海远东出版社，二〇一五年。

《清代内府刻书研究》，翁连溪，故宫出版社，二〇一三年。

《书林清话》，叶德辉，复旦大学出版社，二〇〇八年。

《史讳举例》，陈垣，中华书局，二〇一六年。

《史部要籍解题》王树民，中华书局，一九八一年。

《史部要籍概述》黄永年，江苏教育出版社，二〇〇八年。

《中国古代史史料学》，安作璋，福建人民出版社，一九九四年。

《中国古代史史料学》，陈高华、陈志超，北京出版社，一九八三年。

《中国古代史史料学》，何仲礼，上海古籍出版社，二〇〇四年。

《国语集解》，徐元诰、王树民、沈长云，中华书局，二〇〇二年。

《战国策笺注》，范祥雍、范邦瑾，上海古籍出版社，二〇〇六年。

《大唐西域记校注》，季羡林等，中华书局，一九八五年。

《中国古代地图的测绘》，葛剑雄，商务印书馆，一九九八年。

《< 水经注 > 研究史料汇编》, 郑德坤，吴天任，艺文印书馆，一九八四年。

古籍书影、图录类

《中国版刻图录（修订本）》，赵万里，文物出版社，二〇一四年。

《中国活字本图录》，宫晓卫、李国庆，齐鲁书社，二〇一〇年。

《中国国家图书馆古籍珍品图录》，任继愈，北京图书馆出版，一九九九年。

《明代版本图录初编》，潘承弼、顾廷龙编，开明书店影印本，中华民国三十年。

《清代版刻图录》，黄永年、贾二强，浙江人民出版社，一九九七年。

《清代版刻一隅》，黄裳，齐鲁书社，一九九二年。

《第一批国家珍贵古籍名录图录》，中国国家图书馆，中国国家古籍保护中心编，北京图书馆出版社，二〇〇八年。

《第二批国家珍贵古籍名录图录》，中国国家图书馆，中国国家古籍保护中心编，北京图书馆出版社，二〇一〇年。

《第三批国家珍贵古籍名录图录》，中国国家图书馆，中国国家古籍保护中心编，北京图书馆出版社，二〇一二年。

《哈佛燕京图书馆藏中文善本书志》，沈津，广西师范大学出版社，二〇一一年。

古籍书目、题跋类

《直斋书录解题》，陈振孙，上海古籍出版社，一九八七年。。

《四库未收书目提要》，阮元，商务印书馆，一九五五年。

《四库全书总目提要》，清永瑢等撰，中华书局，一九六五年。

《四库提要辩证》，余嘉锡，中华书局，二〇〇七年。

《增订四库简明目录标注》，邵懿辰，邵章续录，中华书局，一九五九年。

《郑堂读书记》，周中孚，上海书店出版社，二〇〇九年。

《增订书目答问补正》，清张之洞编，范希曾补正，中华书局，二〇一一年。

《藏园群书经眼录》，傅增湘撰，中华书局，二〇〇九年。

《藏园订补郘亭知见传本书目》，清莫友芝撰，傅增湘订补，中华书局，二〇〇九年。

《宋元旧本书经眼录》，莫友芝著，中华书局，二〇〇八年。

《仪顾堂书目题跋汇编》，陆心源著，中华书局，二〇〇九年。

《士礼居题跋记》，黄丕烈、潘祖荫，书目文献出版社，一九八九年。

《荛圃藏书题识》，黄丕烈，上海远东出版社，一九九九年。

《善本书室藏书志》，丁丙，浙江古籍出版社，二〇一六年。

《滂喜斋藏书记》，潘祖荫，民国十三年铅印本。

《千顷堂书目》，黄虞稷，上海古籍出版社，二〇〇一年。

《贩书偶记》，孙殿起，上海古籍出版社，一九九九年。

《贩书偶记续编》，雷梦水，上海古籍出版社，一九八〇年。

《中国古籍善本书目 · 史部》，中国古籍善本书目编辑委员会编，上海古籍出版社，一九九三年。

《中国古籍善本总目》，翁连溪编校，线装书局，二〇〇五年。

《中国善本书提要》，王重民，上海古籍出版社，一九八三年。

《中国古佚书辑本目录解题》，孙启治、陈建华，上海古籍出版社，二〇〇九年。

论文类

《< 世本 > 溯源与流传研究》，史宁达，二〇一九年上海大学历史学博士论文。

《历代 < 国语 > 版本汇录》，李佳，《古籍研究》二〇〇八年，卷上。

《罗泌 < 路史 > 版本考辨》，朱仙琳，《古籍整理研究学刊》二〇一二年第三期。

《< 稽古录 > 发微》，王瑞来，《史学史研究》，二〇一七年第三期。

《温睿临与 < 南疆逸史 >》，曹文婷，二〇〇九年内蒙古师范大学硕士研究生学位论文。

《< 孙月峰先生批评史记 > 研究》，徐菁，二〇一七年兰州大学硕士研究生学位论文。

《< 元朝秘史 > 版本流传考》，乌兰，《民族研究》，二〇一二年第一期。

《关于太平天国的 < 英杰归真 >》，曹志君，《学海》，一九九一年第一期。

《< 山海经 > 古籍版本考察——兼论 < 山海经 > 非全经注本》，张步天，《福建师大福清分校学报》，二〇一三年第三期。

《< 日下旧闻考 > 研究》，张璇，二〇〇九年首都师范大学硕士研究生论文。

《缪荃孙与光绪 < 顺天府志 >》，汪凤娟，《沧桑》，二〇一〇年第十二期。

《< 岱史 > 著录考》，康尔琴，《河南图书馆学刊》，二〇一〇年第三期。

《< 宣和博古图 > 版本考略》，刘明、甄珍，《图书馆理论与实践》，二〇一二年第五期。

《< 宣和博古图 > 的版本源流和文献价值》，王琼，《兰台世界》，二〇一三年第三期。

《宣化图书馆藏 < 明代博古图 > 浅议》，张晓敏，《文物春秋》，二〇〇六年第二期。

数据库

中国基本古籍库：http://dh.ersjk.com/

中国国家数字图书馆 · 中华古籍资源库：http://www.nlc.cn/dsb_zyyfw/gj/gjzyk/

世界数字图书馆：ttps://www.wdl.org/zh/sets/

红叶山古籍文库：https://hongyeshan.com/post/category/

书格数据库：https://new.shuge.org

古籍网：http://www.bookinlife.net/

籍合网：http://www.ancientbooks.cn

图书在版编目（CIP）数据

传承之道：深圳博物馆藏史部古籍善本．下 / 深圳博物馆编．-- 北京：文物出版社，2020.10

ISBN 978-7-5010-6805-0

Ⅰ．①传… Ⅱ．①深… Ⅲ．①史籍－善本－汇编－中国 Ⅳ．① Z422

中国版本图书馆 CIP 数据核字 (2020) 第 176162 号

传承之道

深圳博物馆藏史部古籍善本（下）

编　　者：深圳博物馆

责任编辑：王　伟
责任印制：陈　杰
出版发行：文物出版社
社　　址：北京市东直门内北小街 2 号楼
网　　址：http://www.wenwu.com
邮　　箱：web@wenwu.com
经　　销：新华书店
印　　刷：雅昌文化（集团）有限公司
开　　本：889mm x 1194mm　1/16
印　　张：28.25
版　　次：2020 年 10 月第 1 版
印　　次：2020 年 10 月第 1 次印刷
书　　号：ISBN 978-7-5010-6805-0
定　　价：396.00 元
